マクラメ Lesson Book

結びのモチーフとアクセサリー

いちむらもとこ

macramé
Introduction

「マクラメ」（Macrame / macramé）とは、結ぶことで模様を作り出す装飾の技法を総称しています。「結ぶ」という単純で誰もが親しみやすい手法であることから、世界中で発展してきました。

中でも細い「ワックスコード」を使ったアクセサリー制作は“マイクロマクラメ”と呼ばれ、ひとつの特化したジャンルとして人気を集めています。

本書にはワックスコードならではの結び方のコツ、結び終わりの始末、図の見方など、初心者が知りたいポイントをたくさん盛り込みました。小さいながらも工夫いっぱいのモチーフやパターンも、たっぷり掲載。組み合わせ次第で、簡単なものでも手が込んだものでも、アレンジ自在。ワックスコードでマクラメの魅力を堪能してみませんか。

Contents

Gallery

Part.1 ワックスコードを知ろう

Part.2 石を包む「フレーミング」

Lesson.1

Part.3 モチーフを作る

幾何学 I

Lesson.2

幾何学 II

Lesson.3

植物

作品の数字について

Part. 2～4に記載されている01～㊲の数字は、テクニック・モチーフを示しています。
01～32のアレンジ作品には、どのテクニック・モチーフが使用されているか01～㊲の数字で示してあります。テクニック・モチーフのレシピも参考にし、制作してください。

Gallery

Gallery Ⓐ

Plaid brooch

チェック柄ブローチ

作り方 ▶ P.100

A-1

A-2

ブロックチェック柄の丸い編み地は、
芯にメタルパーツを使用。
周りはフリルをあしらって愛らしく。

Gallery Ⓑ

Kaleidoscope pendant

万華鏡ペンダント

作り方▶P.102

ひし形のくり返しで作る

透かし模様は、万華鏡のよう。

2つ穴のビーズがポイント。

Gallery C

Stone ring

石包みリング

作り方 ▶ P.104

石の幅に合わせて太く編んだリング。
出合ったり離れたりする
結び目のラインが美しい。

Gallery D

Rectangle ring

ながしかくリング

作り方▶P.118

長方形のシンプルな形に、

ラインを1本アクセントに。

気分に合わせて色遊びを楽しんで。

Gallery E

Butterfly bracelet

ちょうちょブレスレット

作り方▶P.106

羽を広げたちょうちょが、石の両サイドに。

甘いキャンディーみたいな石を見つけて、集まってきたよう。

ちょうちょは「葉」の結び方の応用。
4枚の葉を結んで作ります。

Gallery F

Cross pendant

クロスペンダント

作り方▶P.108

ゴシックなクロスのペンダント。
十字の先端にはそれぞれ、
王冠のようなモチーフを。

Gallery G

Lantern pierce

ランタンピアス

作り方▶P.110

ランタンモチーフを縦長にアレンジ。

ポッと灯った優しい灯りが、耳元でゆらゆら。

Gallery H

Bouquet brooch

ブーケブローチ

作り方 ▶ P.112

何種類もの葉や花を集めて、
リースブーケのように飾ったブローチ。
鳥の羽も葉の形です。

Gallery I

Stone bracelet

石包みブレスレット

作り方▶P.114

クリスタルガラスやシェルなど、
きらめきに目を奪われるカボションを包み、
繊細なブレスレットに。

Gallery J

Frame pendant

がくぶちペンダント

作り方▶P.116

オーバルの石を、

模様編みで四角く囲んで。

フレームに入れたように

存在感が引き立ちます。

Part.1 ワックスコードを知ろう

ワックスコードとは？

ワックスコード＝ロウ引きされている糸のこと。ロウ引きは、コードに蝋燭と同じ「蝋」を染み込ませる加工。この加工が、耐久性や防水性をアップさせてくれます。
また、ポリエステル 100% の場合が多く、火の熱で溶けるため、結び目がほどけないように溶かして接着する「焼き留め（止め)」ができるのが大きな特徴です。
この焼き留めで作業効率が上がるとともに、作品が美しく仕上がります。

革小物、靴の縫い糸としても使われるワックスコード。
色数が豊富なのでアクセサリーにも最適。

ワックスコードの特徴・魅力

ビーズ・パーツに通しやすい

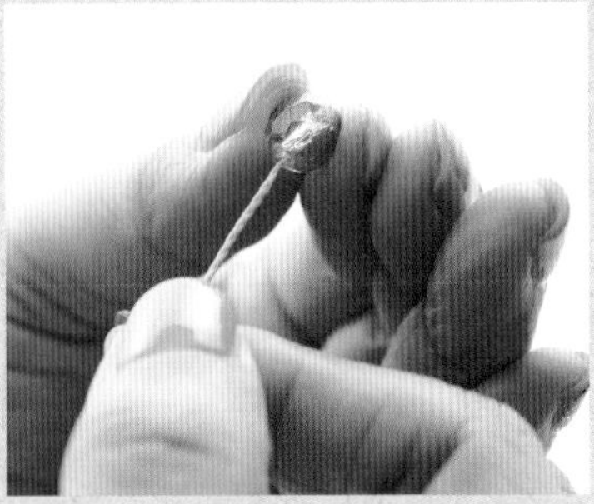

ロウ引きされているので、コードの繊維がほどけにくく、細く尖らせることができます。ビーズやパーツの穴に通しやすく、アクセサリー作りに向いています。

端を「焼き留め」で始末できる

結び終えたコードの端はライターの熱で溶かして簡単に始末できます。

金属アレルギーの方に優しい

金具を使わずにコードだけで留め具を作ることができるので、金属アレルギーの方も安心して身に着けられます。

掲載作品に使用しているワックスコード

マクラメワックスコード（ブラジル LINHASITA 社『Micro Macrame』）
ポリエステル 100% のロウ引きコード。白くなりにくい性質のロウが使われていて、劣化しにくいのが特徴。
豊富な色数も魅力のひとつ。
くすみカラーから鮮やかなものまで、グラデーションを作りやすいラインナップです。

color chart

サイズ：3種類　1.0mm ／ 0.75mm ／ 0.5mm（色によってラインナップが異なります）
一部、作品に使用していないカラーがあります。

道具と材料

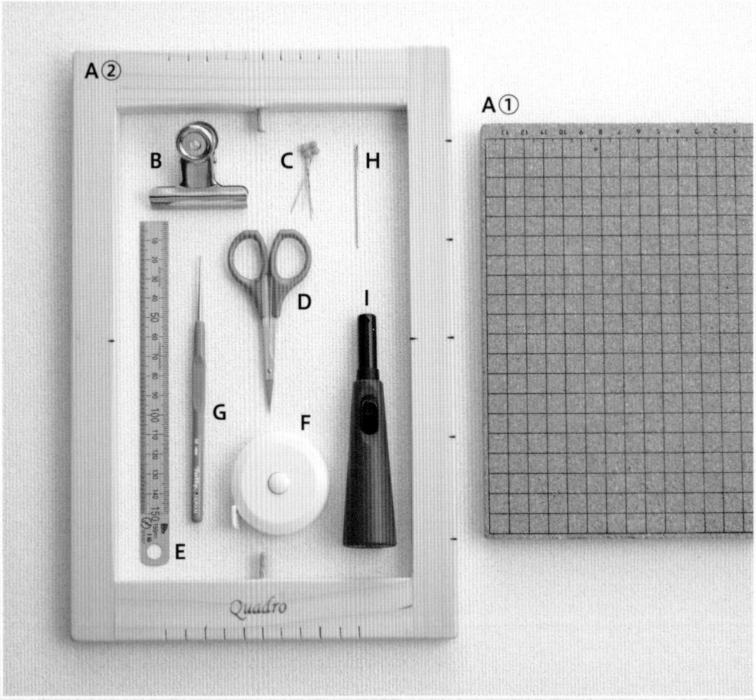

A ボード（①コルクボード ② Quadro クオドロ）／コードを固定するための作業台。コルクボードは厚み 1.5cm、A4 サイズほどのものが使いやすいでしょう。コードが固定できれば、バインダーや分厚い雑誌なども使用できます。

B クリップ　C まち針／マクラメの場合、コードの固定は作品を美しく仕上げる要です。結び方や結ぶ場所によってコルクボードにまち針で固定したり、クリップで固定したりしながら作ります。クオドロなど専用の道具を使うと便利です。

D はさみ／コードの先が割れないように、よく切れるはさみを用意しましょう。

E 定規　F メジャー／測る長さが長めなので、30cm 以上のものもあると便利。

G 目打ち／結び目を整えたり、間違ったときにほどくのに使用。

H 毛糸とじ針／石包みの作品で、渡り糸にコードを足すときなどに使用。針穴にコードが通るものを用意しましょう。

I ライター／コードの端を火で溶かす「焼き留め」で始末します。

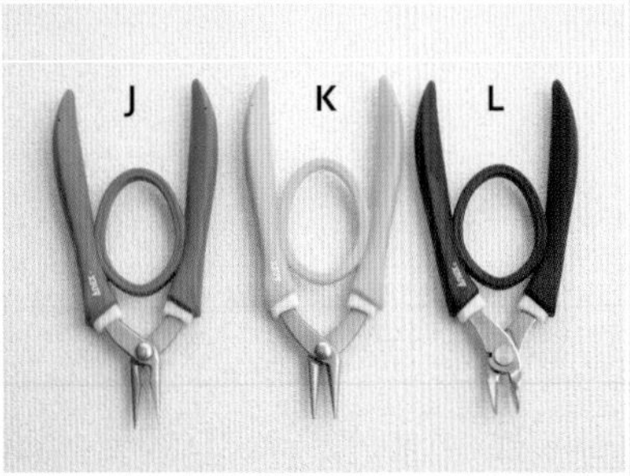

J 平やっとこ　K 丸やっとこ　L ニッパー／アクセサリーに加工する際、使用する工具。

ライターの選び方

ライターはコードの始末で何度も使うので、ガス充填式のもので、炎のサイズが小さくできるもの、弱い力で押せる仏壇用がおすすめ。

あると便利な道具

Quadro「クオドロ」

木枠の上下に溝のある、マクラメ専用の道具。上下の溝にコードをかけてしっかり固定できます。枠の中があいていることにより裏からも手が入れられ、芯糸をピンと張った状態で作業できます。平結びやフレーミングがストレスなくできて便利。

【実用新案登録第 3232342 号】

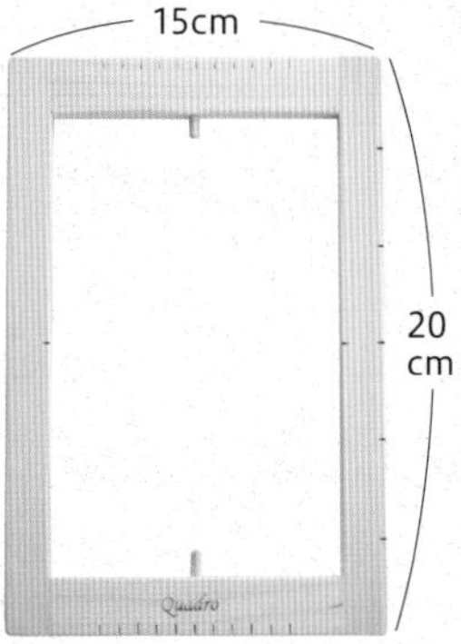

引き締め棒

フレーミングでは、石を包むときにコードを力一杯引き締めて結びます。引き締めが甘いと石が抜ける原因に。溝のある棒に巻き付けて引き締めると、素手よりも力が加えやすくなります。

ワックスコード

ポリエステル製やナイロン製のロウ引きのコード。メーカーによってワックスの量や素材、太さが異なります。焼き留めで端の始末ができるものを選びましょう。本書の作品には「マクラメワックスコード」（ブラジル LINHASITA 社『Micro Macrame』）を使用しています（詳細は P.17 参照）。

【サイズ例】

1.0mm：丸大ビーズが通る
0.75mm：丸小ビーズが通る
0.5mm：丸小ビーズが通る

天然石（カボション、ラウンド）

天然石素材のビーズやパーツ。
カボション（穴無しタイプ）は裏が平らなものがおすすめ。

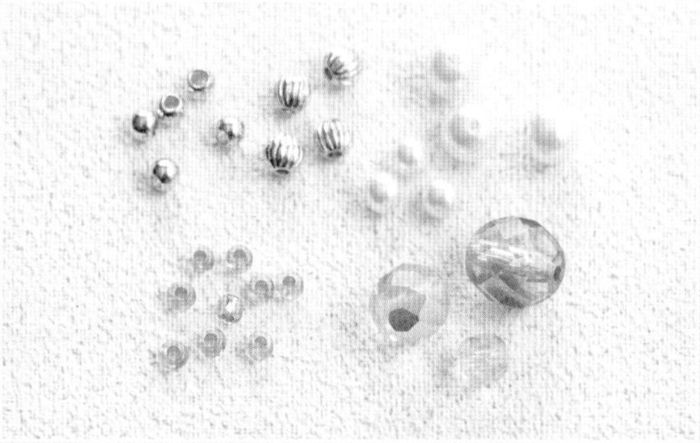

ビーズ

ガラス、パール、メタル素材などお好みで選びましょう。

金具類

アクセサリーに仕上げる際に使う金具です。好みのサイズや色を選びましょう。

a 丸カン・C カン
b カニカン・引き輪・アジャスター
c ボールチップ・つぶし玉
d ひも留め金具
e マンテル
f 9ピン・Tピン
g ピアス金具
h メタルバー
i メタルリング
j ブローチ金具
k ネックレスチェーン

マクラメの基本テクニック

作業前のセット方法

コードをカットしたら、まずは指定の位置にコードを固定します。しっかり固定することで結びやすく、結び目をしっかり引き締められるため美しく仕上がります。専用の道具でなくてもお好みの道具でかまいません。どの固定の仕方でも、結びやすいようにその都度、固定位置を変えながら作業しましょう。

※ Quadro「クオドロ」を使用する場合は付属の説明書を参照してください。

【コードの長さについて】材料のコードは、作り始めは10cm（クリップで固定できる長さ）残して固定し、作り終わりは20cm（手で握りしっかり引っ張れる長さ）残ることを目安に算出しています。

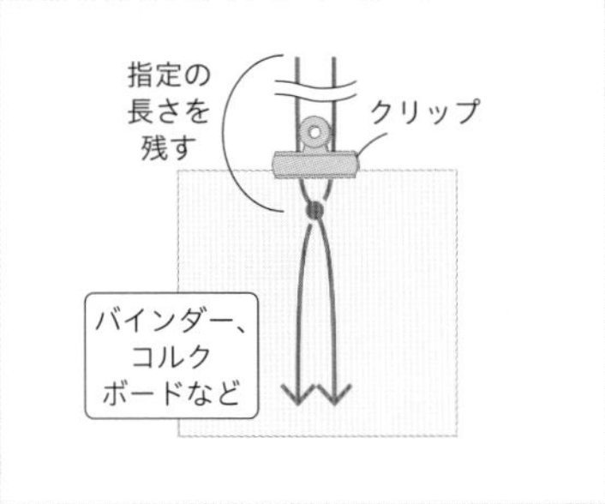

ボード&クリップ

コードの上側を指定の長さ残し、クリップでボードの上部に固定します。結び始めはクリップのすぐ下にきます。

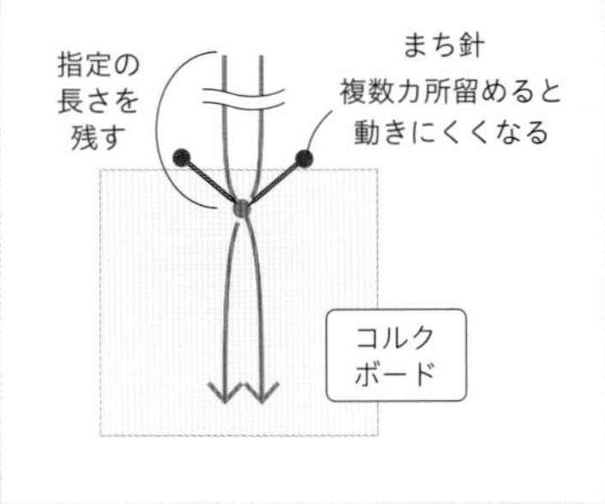

ボード&まち針

コードの上側を指定の長さ残して配置し、ボードにまち針を刺して固定します。続けて最初の1目を結び、その結び目にまち針を刺し直して固定し直すとよいでしょう。

コードの固定の仕方

ボードにまち針で固定する場合、コードの先端でひと結びし、結び目に斜めにまち針を刺すと安定します。

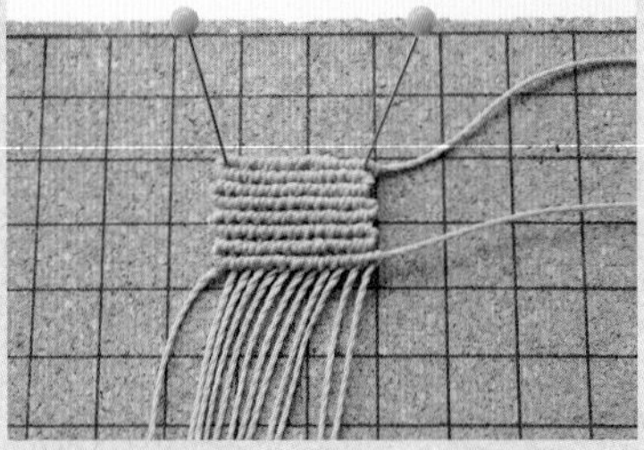

ある程度編み地ができあがったら、編み地に直接まち針を刺して固定します。結ぶ方向に合わせて編み地を回転し、こまめに固定し直しましょう。

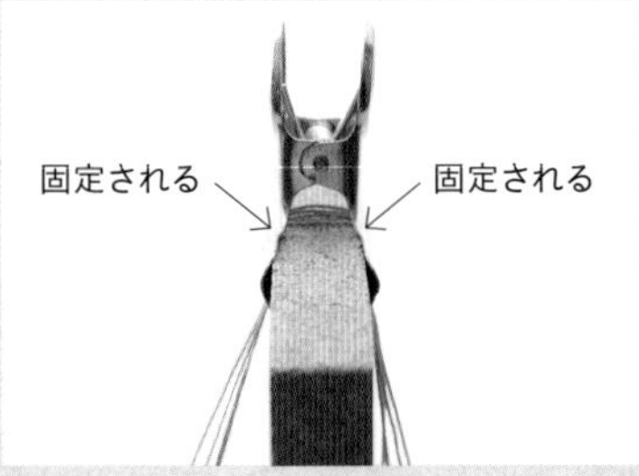

ボードにクリップで固定する場合、コードをボードの縁に沿わせて後ろにもっていき、クリップで留めます。2ヵ所で固定されて動きにくくなります。

ビーズの通し方

1

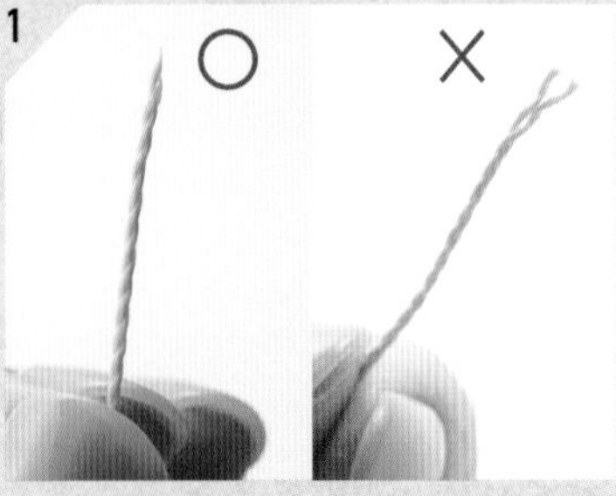

コードの先が割れていたらカットし直します。割れる原因になるので、先端を指で撚らずに、染みているロウを利用して指で押さえるように尖らせます。

2

コードの先端ではなく1.5cmほどのところを軽く持ち、穴に真っ直ぐ通します（ビーズは動かさない）。

Point

それでもビーズの穴に通らないときは、こちらを試してみましょう。

・コードの先を平たく潰し、斜めにカットし直す
・穴をよく見て、先端をすべて入れる
・穴の途中で止まったら、少し回転させながら通す

焼き留めの仕方（コードの始末）

※ライターを使用する際は、火の取り扱い、火傷に注意してください。

1

ライターの炎を一番小さく設定します。

2

結び目を改めてしっかり引き締め、1〜2mm残してコードを1本カットします。

3

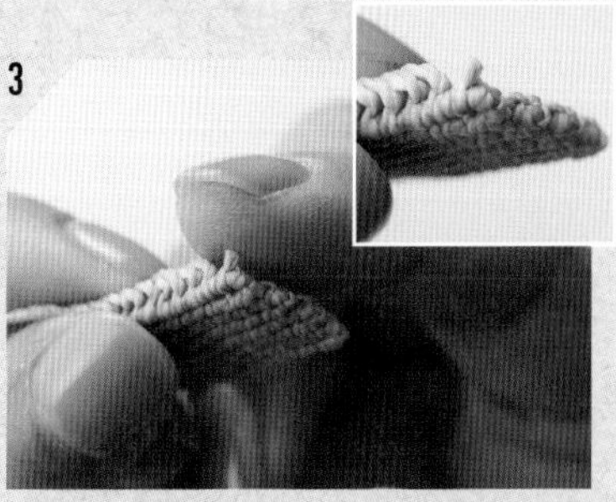

カットしたコードを、できるだけ編み地の裏側に向け先端を立てます。他のコードが溶けないようによけておきます。

4

ライターの炎を近づけて、コードを溶かします。炎の下の青い部分に近づけます（ライターを斜めに傾け、青い部分を増やす）。

5

溶けた部分を指で軽く押さえ、馴染ませます。

6

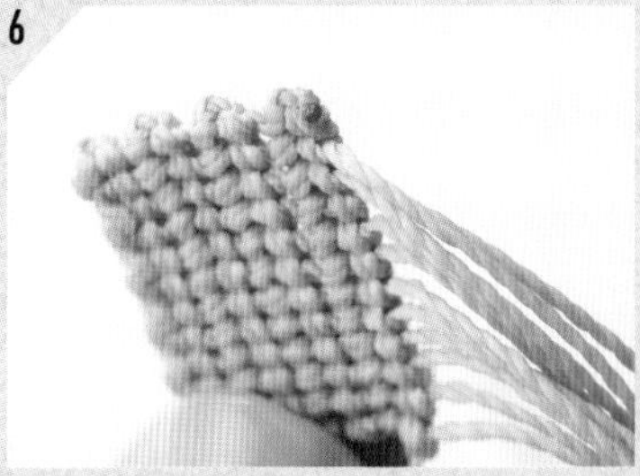

焼き留めの完成。

Point

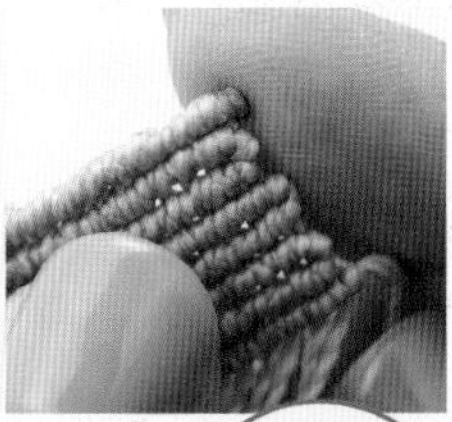

芯糸を焼き留めする場合は結び目から抜けないよう、やや長く（2〜3mm）残してカットし、同様に始末します。
※火傷に注意

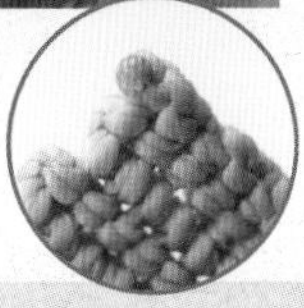

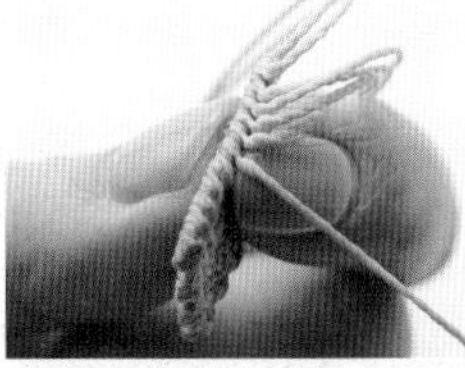

焼き留めする直前に、必ず結び目を引き締めます。このとき、編み地の裏側にコードを引いて倒すようにします。

複数本をまとめて始末しようとせず、1本ずつ焼き留めすると失敗がなく、きれいに仕上がります。

きれいに作るコツ

たくさんのコードが編み地から出ている場合、今結ばないコードはよけ、クリップで留めておきましょう。コードを間違うことがなく、作業がスムーズです。

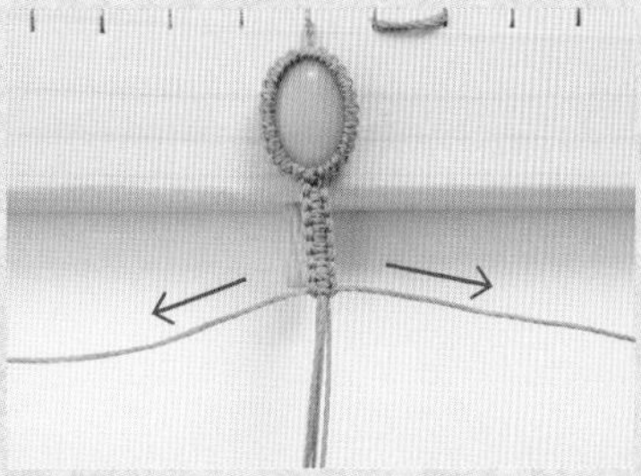

同じ結び方が続くとき、常に一定の力で引き締めると均一に仕上がります。

Part.2

石を包む「フレーミング」

裏面がフラットな、 穴の無い石＜カボション＞を
タッチング結びの帯で包む「フレーミング」のテクニック。
石に合わせて結び目の段数をぴったりに調整するのがコツ。

01-2
シングルフレーム
▶P.30

03
ダブルタッチングフレーム
▶P.34

02
シングルフレーム応用
飾り編み
▶P.32

01
シングルフレーム
▶P.24／30

technique

01 カボションの厚みに合わせて結んだ帯で包む「フレーミング」の基本テクニックです。
02 01のフレーミングを終えた後、新たなコードで飾りを結んだもの。
03 01のフレーミングの帯にさらにタッチングでコードを足し、2段に見えるように飾ります。

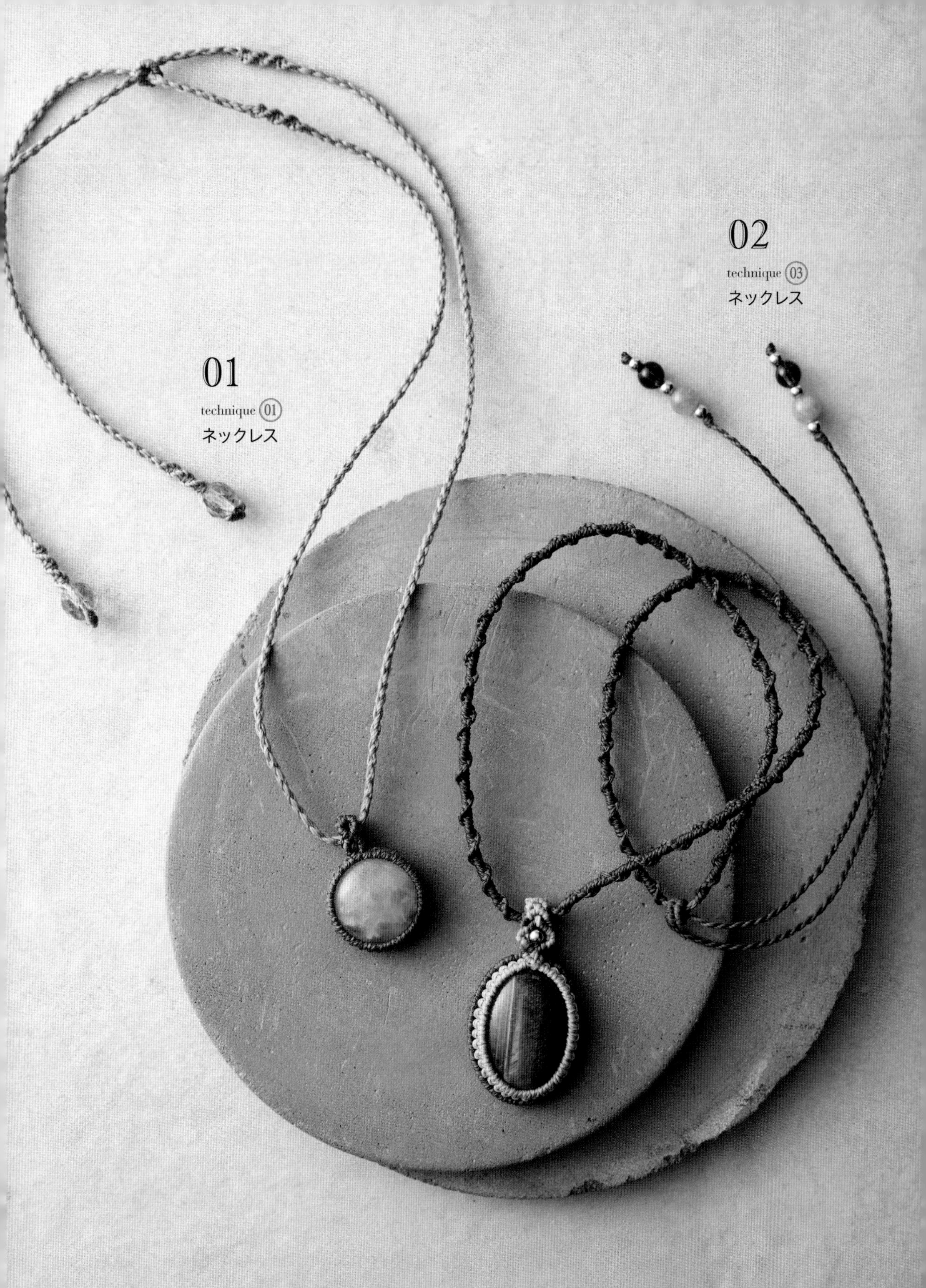

01【ネックレス】シングルフレームだけでも、カボションの形が変われば印象もガラリとチェンジ。▶ P.31

02【ネックレス】ダブルタッチングフレームは内側のコードを淡い色、外側を濃い色にすると形が引き締まります。▶ P.35

Lesson.1　フレーミングの基本／シングルフレーム

01　シングルフレーム

P.22

●サイズ：縦 2.7 ×横 1.5cm

材料　※ネックレスは含まない。

ワックスコード　0.75mm　ライトブラウン

糸 a 70cm ×2本

糸 b 130cm ×1本

天然石カボション

グリーンメノウ 18 × 13mm　1個

結び方手順

① タッチング結びの帯を作る

② 石を包む

③ バチカンを作る

コードのセットの仕方

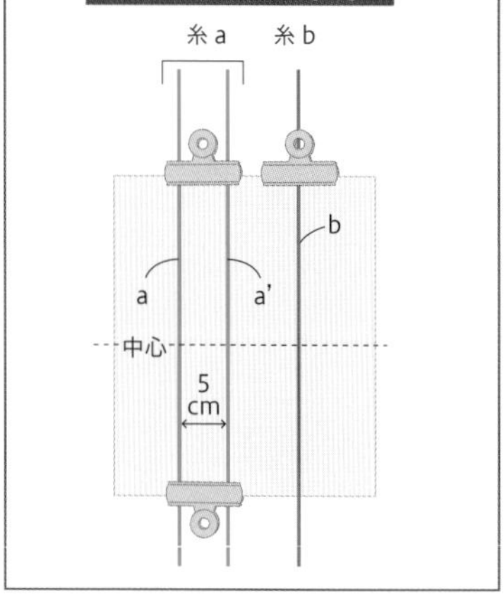

※ここからはコードと石の色は作品と異なります。
※材料を参考にコードをカットしておきます。

コードをセットする

糸 a 2本の中心をボードの中心と合わせて、5cm 幅で平行に並べ、上下を固定します。糸 b の中心もボードの中心に合わせ、結びやすいように端をボードの上部に固定します。

※ここではボード＝クオドロを使っています。コルクボードやバインダーの場合も同様に並べ、上下をクリップで固定します。

Point

中心から結ぶことで、結び終わりの糸が同じ長さになります。

1

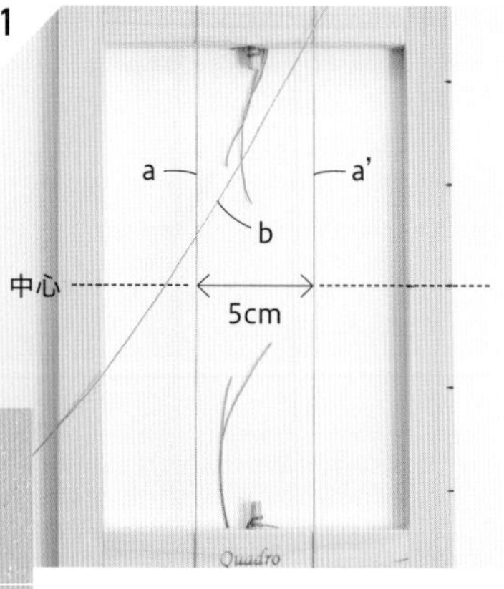

記号図

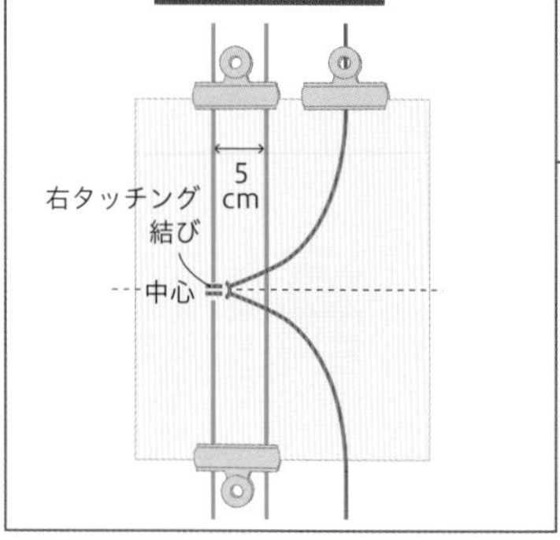

タッチング結びの帯を作る

2

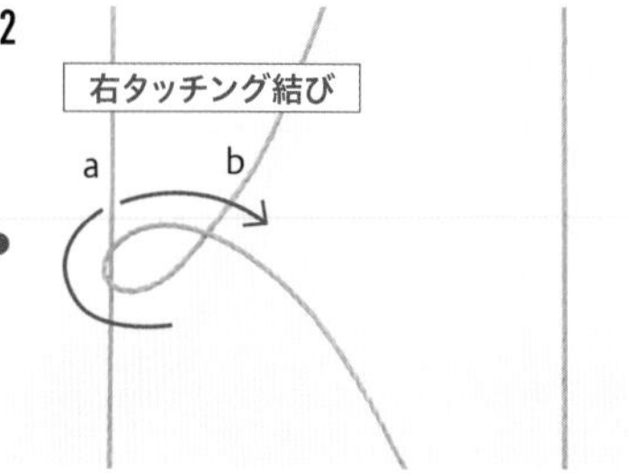

a、a' を芯にして、b でタッチング結びをしていきます。まずは左側の a に右タッチング結び（P.124）をします。a の右に b を置き、a の上に b をのせ、そのまま裏側に向けて1巻きし、b の上にのせます。

3

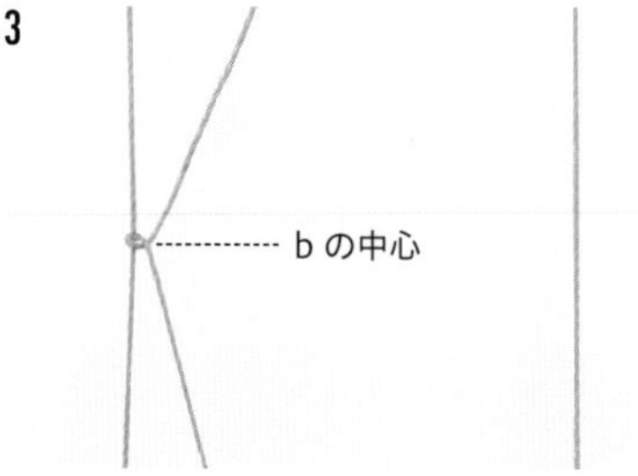

b の中心が結び目になるように、結び目を引き締めます。

4

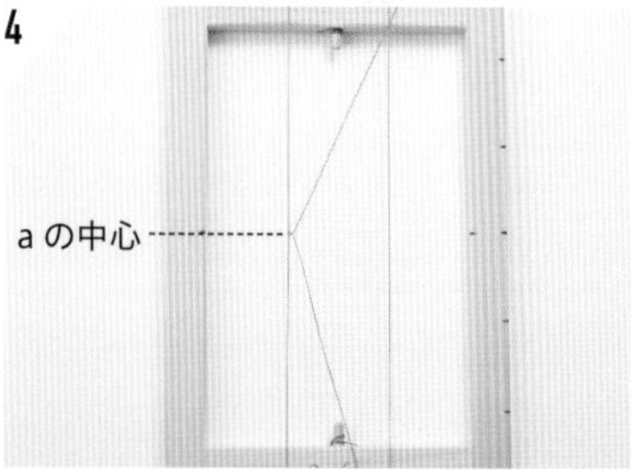

ここで、結び目が a の中心にくるように整え、結び始めの位置を決めます。

5

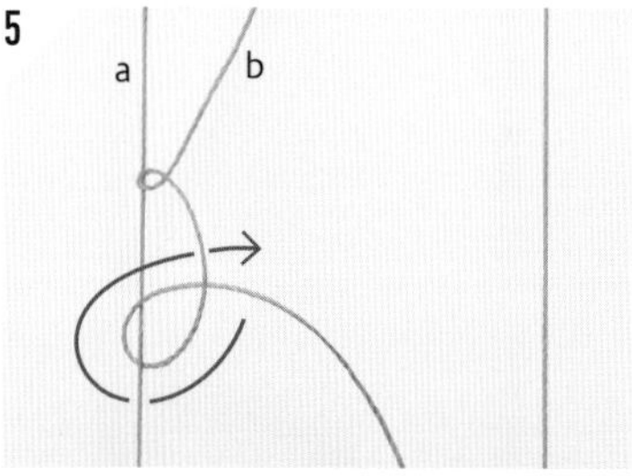

もう一度 a の右に b を置き、今度は a の裏から表に向けて1巻きし、b の下を通します。

6

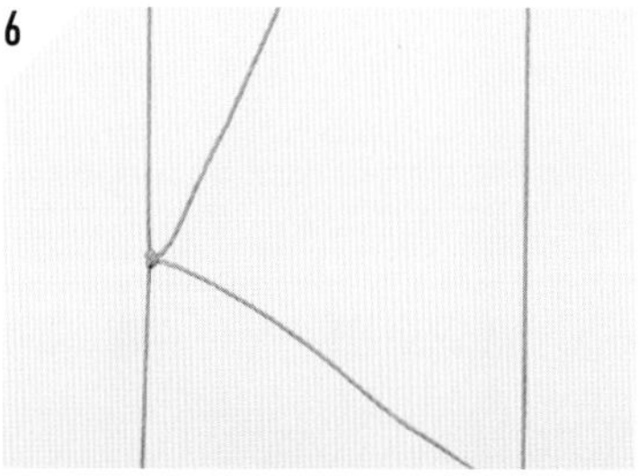

結び目を引き締めます。右タッチング結びができました。**【2～6で右タッチング結び1回】**

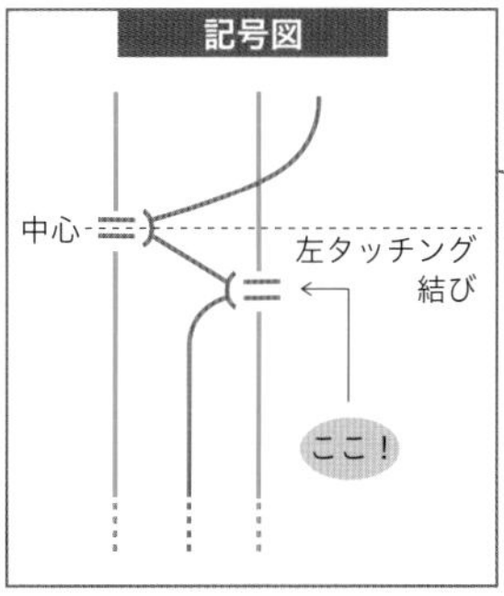

Point

芯糸を挟めることにより、より芯糸を強く張ることができ、1段めを基準にしてコードを引きながら幅を調整しやすい。

7

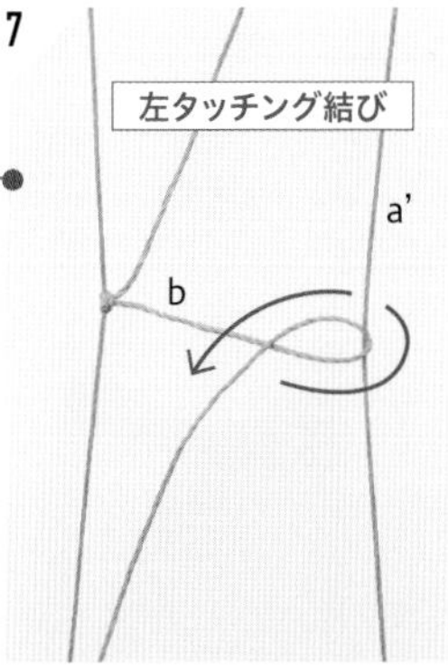

続けて、右側のa'を芯にしてbで左タッチング結び（P.124）をします。a'にbをのせ、そのまま裏側に向けて1巻きし、bにのせます。

8

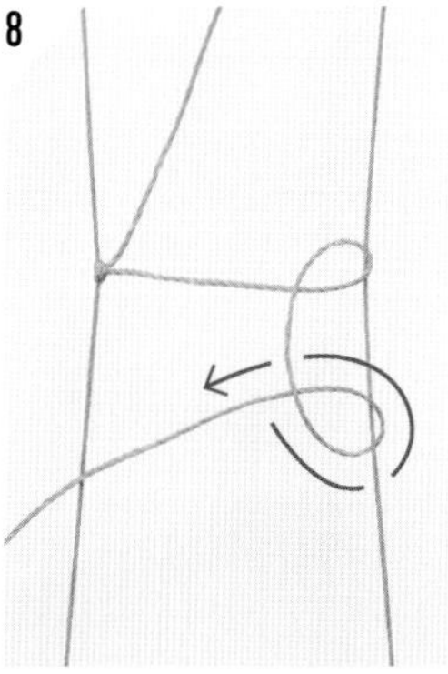

もう一度糸a'の裏から表に向けて1巻きし、bの下に通します。結び目はまだゆるめておきます。

9

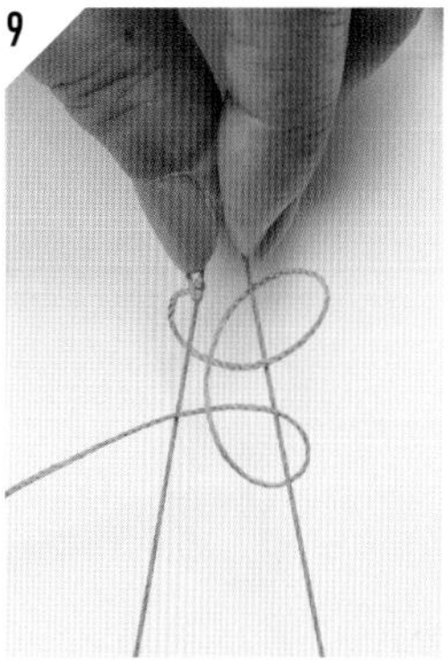

aとa' 2本を指でつまみ、できあがりの帯の幅が8mmになるように幅を狭めます。

10

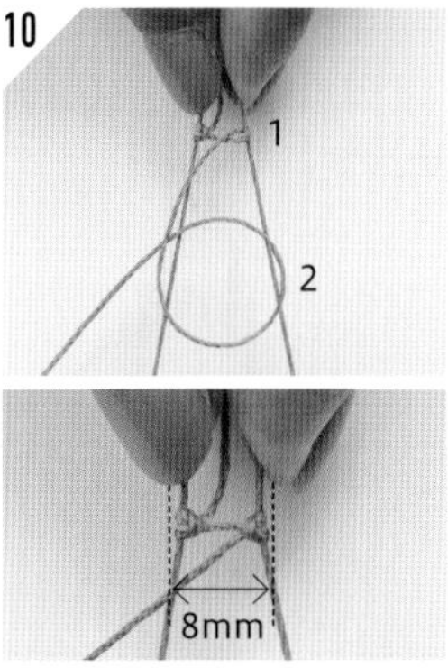

ゆるく結んだbを1、2の順番で引き締めます。左タッチング結びができました。左右1回ずつで1段とします。

11

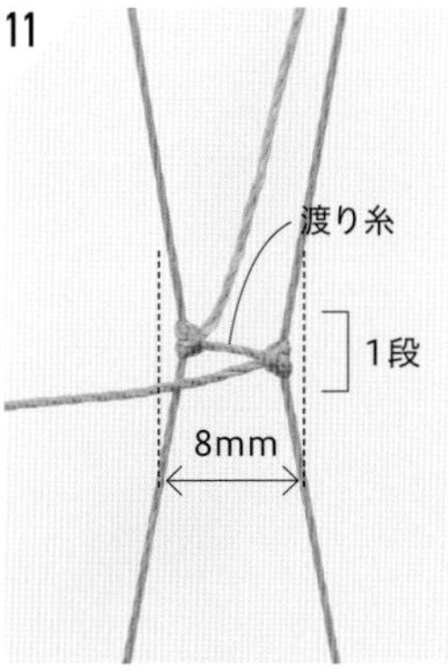

1段結んだところ。できあがりの帯の幅が8mmになるように整えます。定規で測って確認しましょう。

12

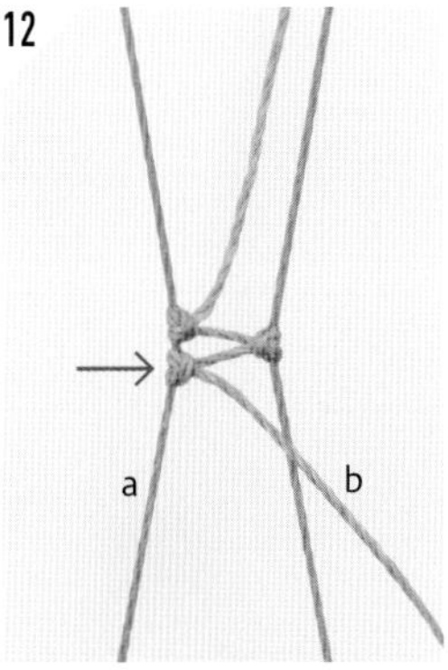

8mmの幅を保ちながら、左側のaを芯にしてbで右タッチング結びをします（**2**～**6**と同様）。

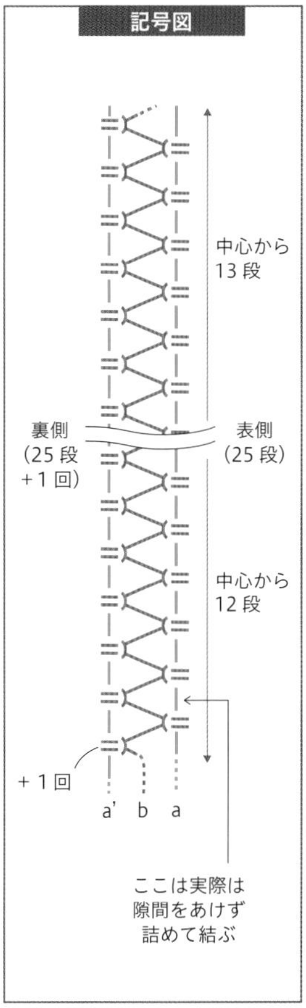

13

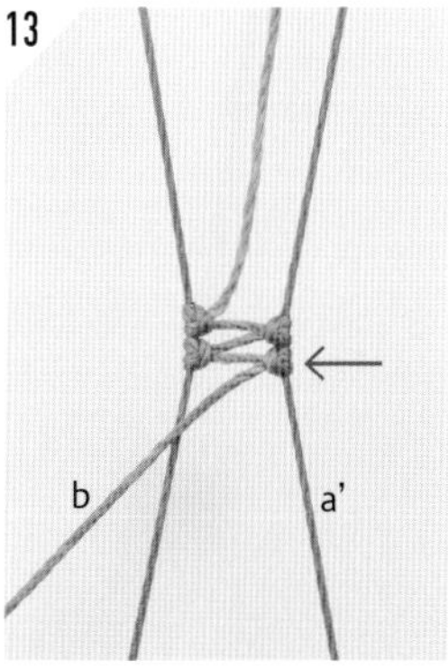

右側のa'を芯にしてbで左タッチング結びをします（**7**～**10**と同様）。

14

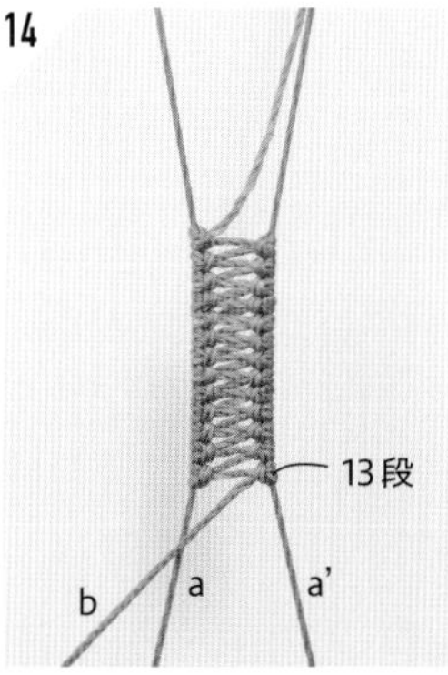

同様にくり返し、全部で13段結びます。

15

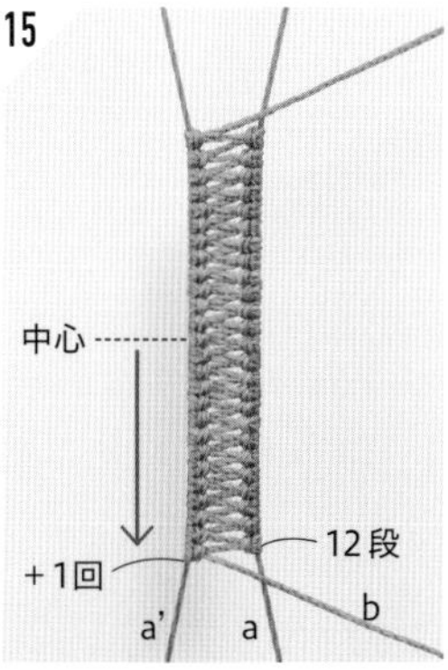

ボードの上下を返し、反対側にも同様にしてタッチング結びを12段結びます。さらに、左側のa'を芯にしてbで右タッチング結びを1回します。右（表側）25回、左（裏側）26回の帯ができあがりました。

16

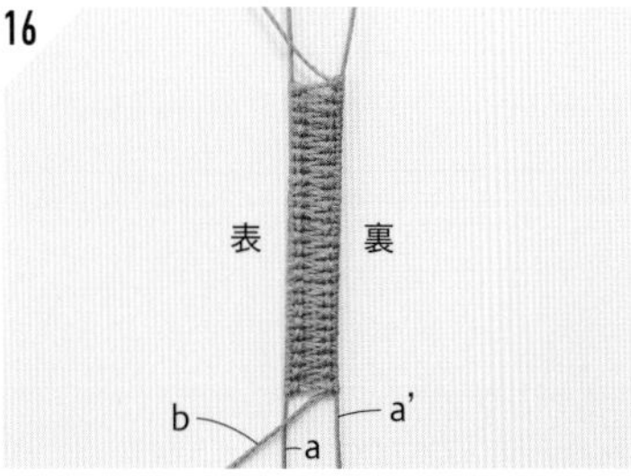

結び目の間を詰めながら、帯を真っ直ぐに整えます。

石を包む

17

ボードから外し、天然石カボションに帯をぐるりと巻き付け、サイズが合うか確認します（1周より1回足りないくらいがよい）。合わない場合、結び目の数を増減させて調整します。

18

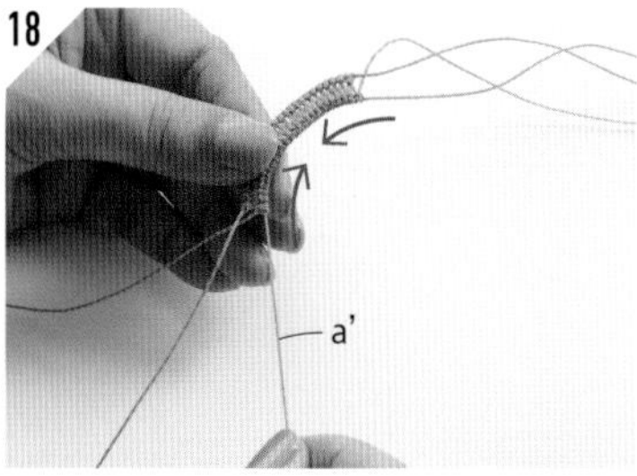

カボションをいったん外し、裏側（1回多く結んだ側）の結び目を a' の中心に向かって両端から少し詰めます。

記号図

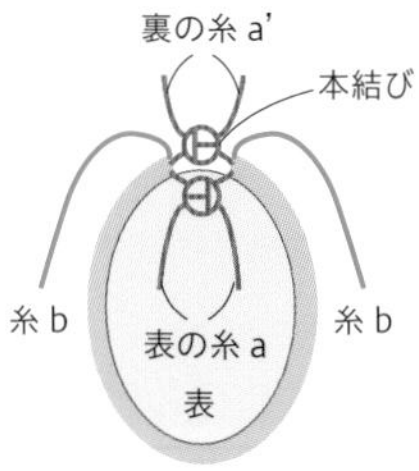

【側面図】

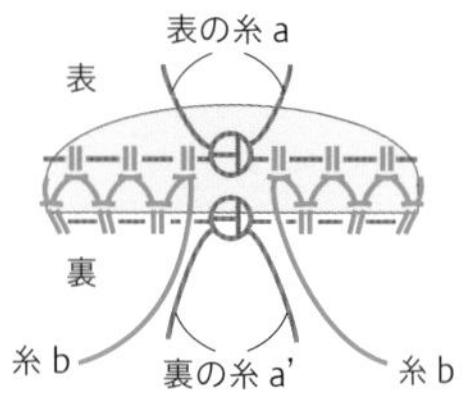

19

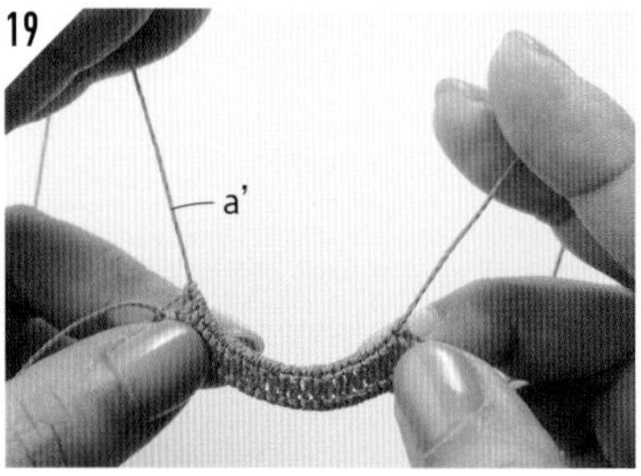

表側は詰めないので、写真のように帯がカーブします。

20

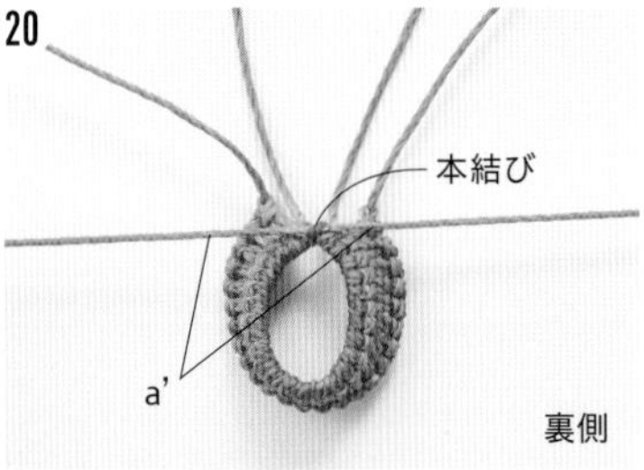

詰めた裏側の a' の両端を本結び（P.121）します。カボションの裏側の円周より少し小さくなるように、本結びを引き締めます。これがフレームの底になります。

21

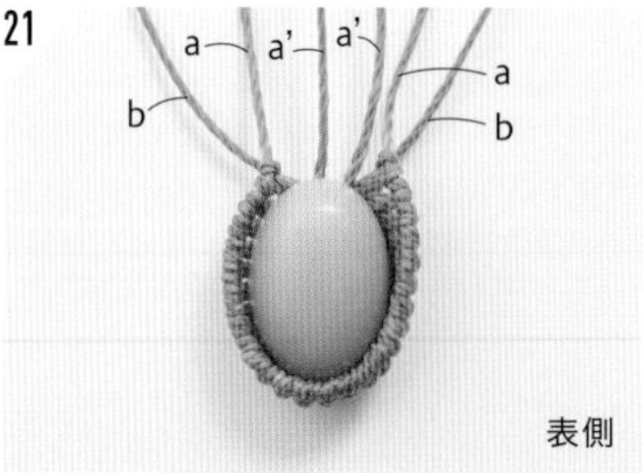

カボションを、表を上にして **20** で作った底にのせます。

22

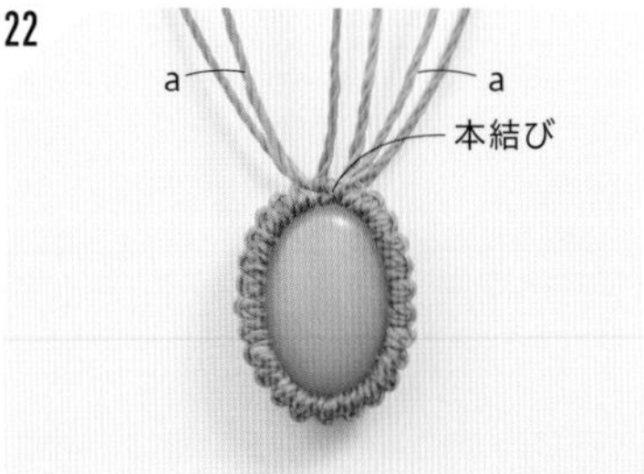

カボションを包んだまま、表側の a の両端を本結びします。裏側と表側が固定できました。

Point

本結びの結び目はしっかり引き締めること。素手ではなく、棒に巻き付けると固く引き締められます。※写真は「引き締め棒」(P.18) を使用。

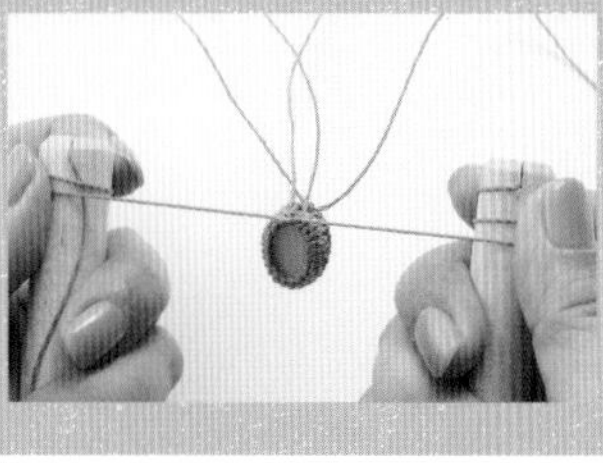

23

目打ちで結び目の間隔を均等に整えます。

シングルフレームの完成！

24

カボションを包めました。シングルフレームの完成。

バチカンを作る

25

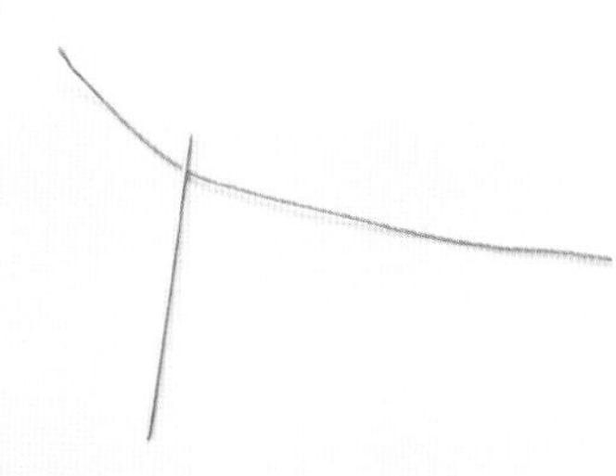

続きのコードでバチカンを作ります。まずはボードにカボションを固定します。余っているコード（材料外）を15cm程度にカットし、とじ針に通します。

26

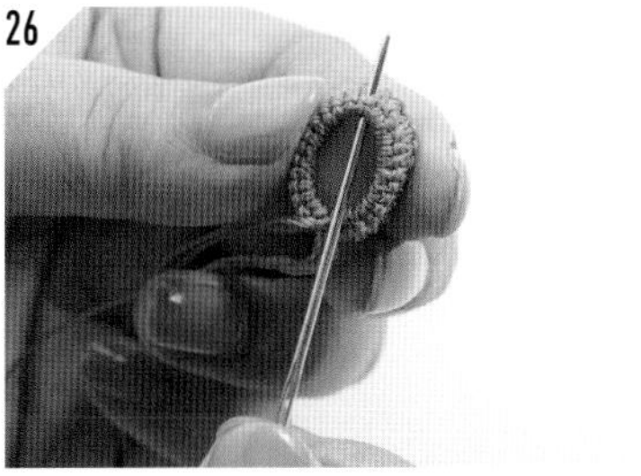

フレームの渡り糸の間に針を入れ、コードを通します。

27

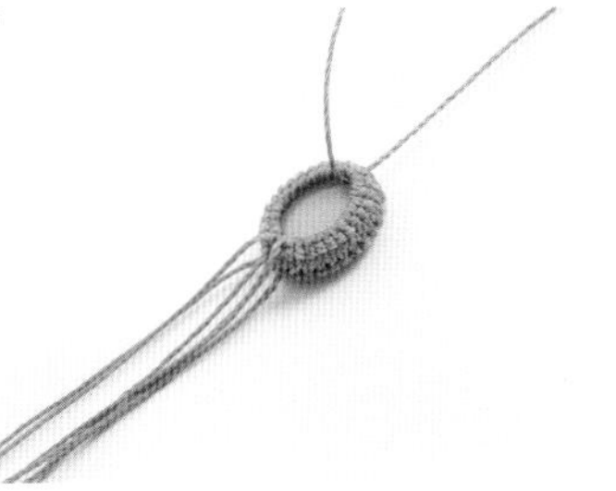

コードを通したところ。

28

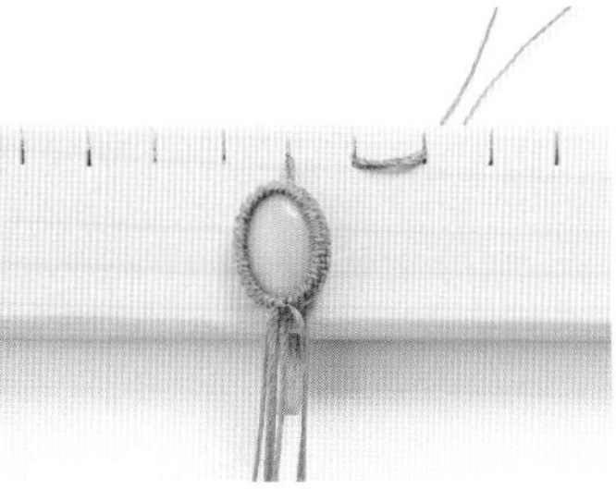

このコードをボードに固定します。※マクラメボード（コルクボード）はまち針で固定。まち針が使えないものはクリップで固定。

29

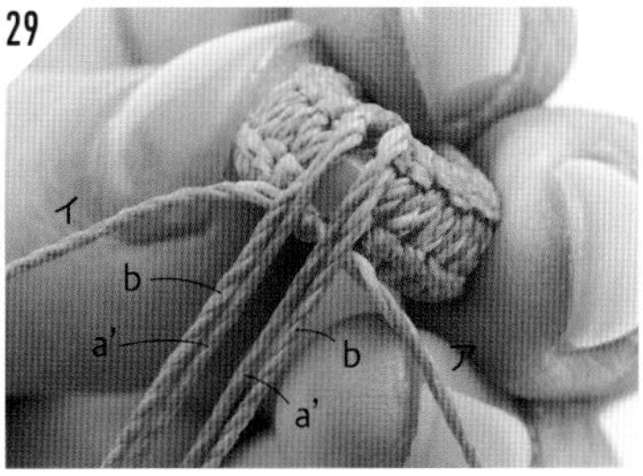

裏側のa' 2本・b 2本の合計4本を芯にして、表側のa 2本（ア、イとする）で左上平結び（P.122）をしていきます。

30

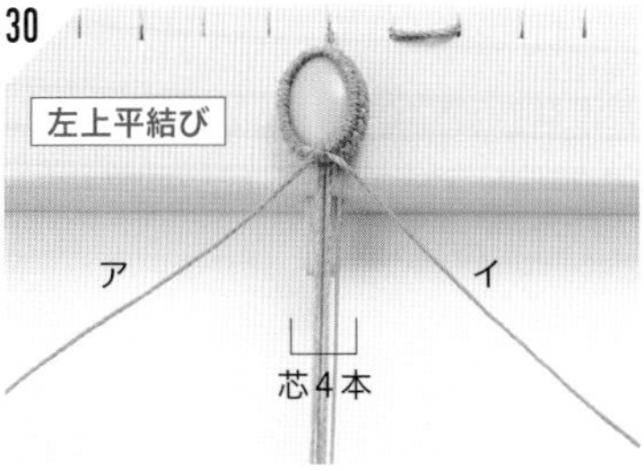

芯4本をそろえます。芯はボードの下側に固定すると結びやすいです。

31

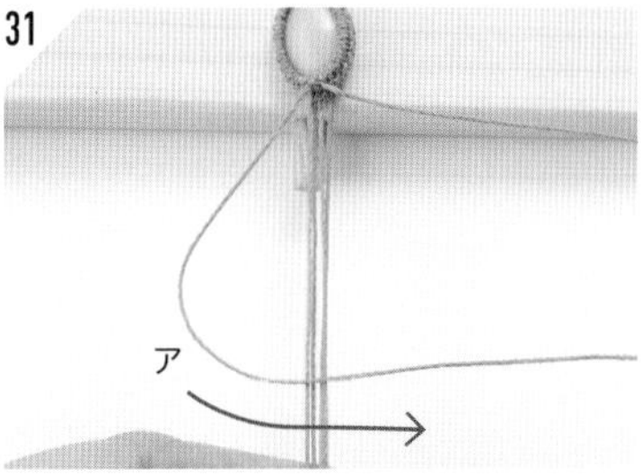

左上平結びをします。まずは左側のアを芯の上にのせます。

32

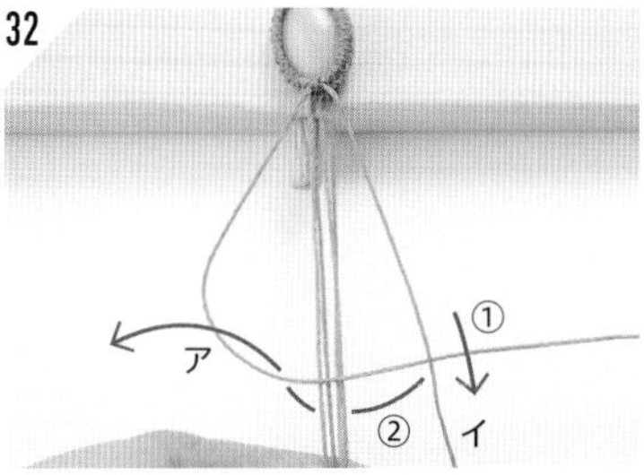

アに右側のイをのせ、芯の下から左の輪に通します。

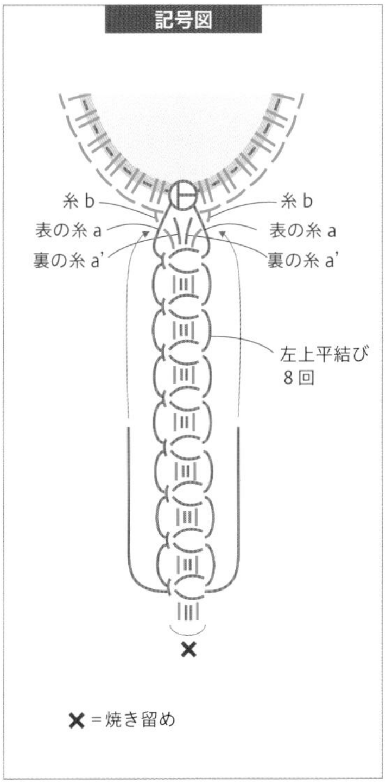

33

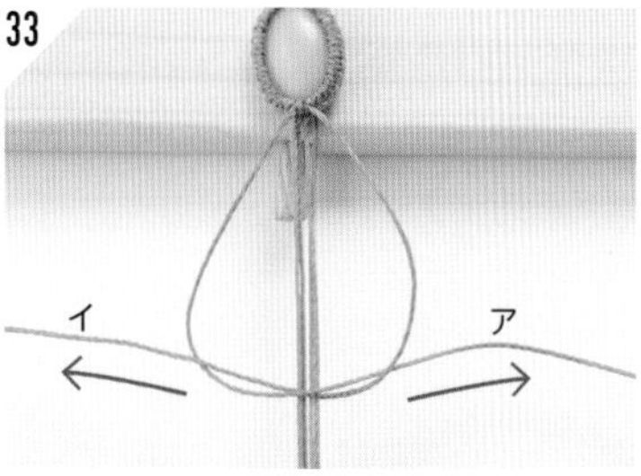

ア、イを左右に引いて引き締めます。

34

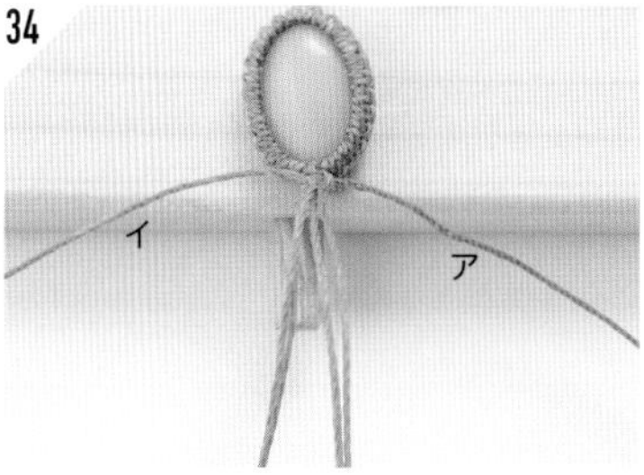

引き締めたところ。

Point

バチカンは、カボションの表側から裏側へ輪になるように作ります。最初の平結びは、芯を表側に立ち上げ、結び目が表側にくるように整えましょう。

35

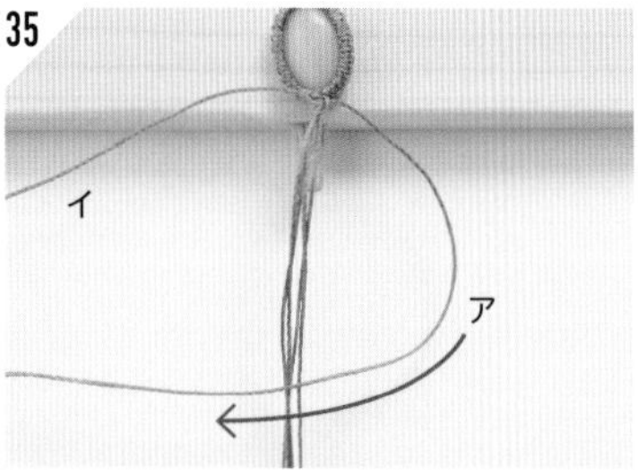

続けて **31** とは逆に、右側のアを芯の上にのせます。

36

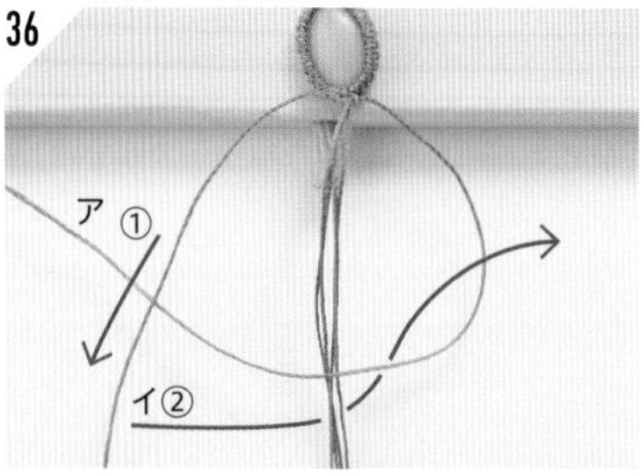

その上に左側のイをのせ、芯の下から右の輪に通します。

37

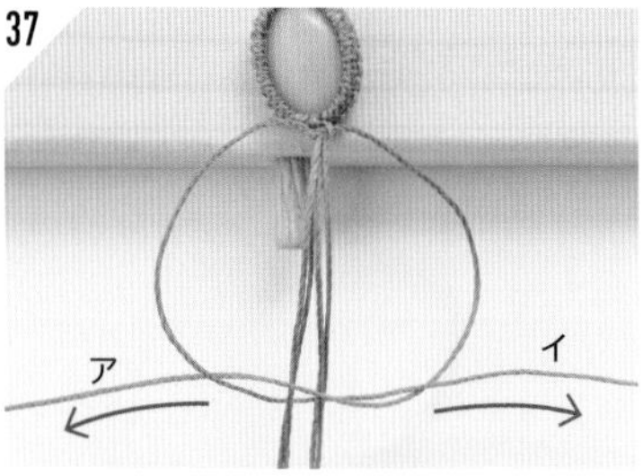

ア、イを左右に引き締めます。

38

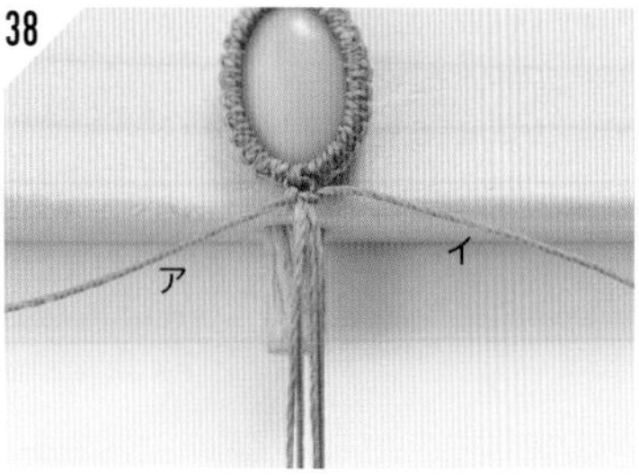

左上平結びができました。【**31**～**38** で平結び1回】

39

横から見ると、カボションの表側に結び目ができています。

40

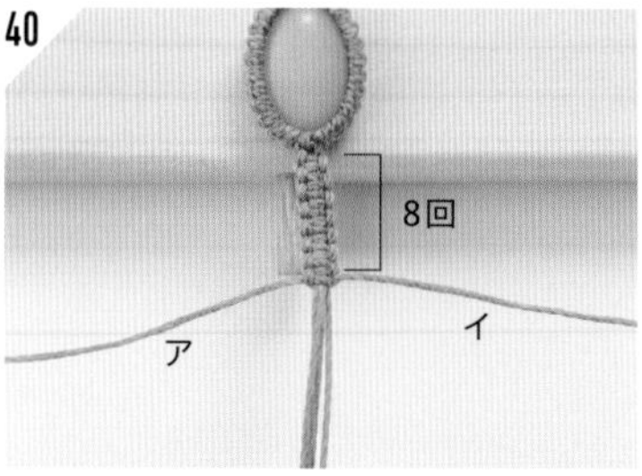

31～**38** と同様にくり返し、左上平結びを全部で8回結びます。

41

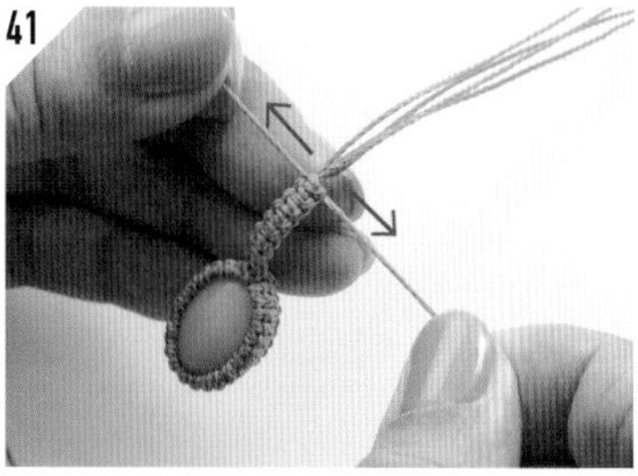

結び終えたらボードから外し、芯を始末します。カットする直前に、改めて結び目を引き締めます。

42

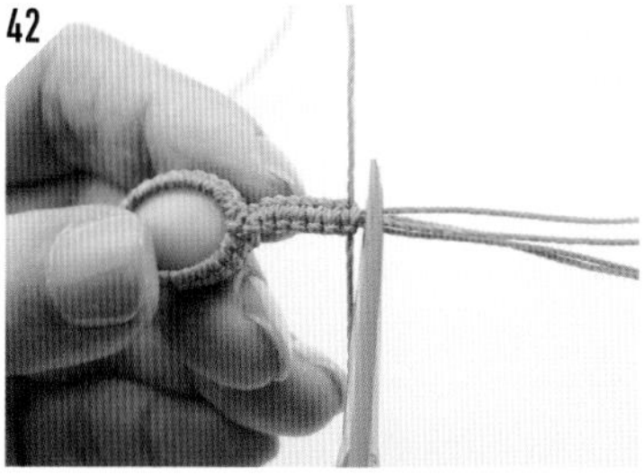

芯4本を、結び目から2mm 残してカットします。

43

ライターで芯糸を溶かし最後の目に押さえて馴染ませ焼き留め（P.127）します。

44

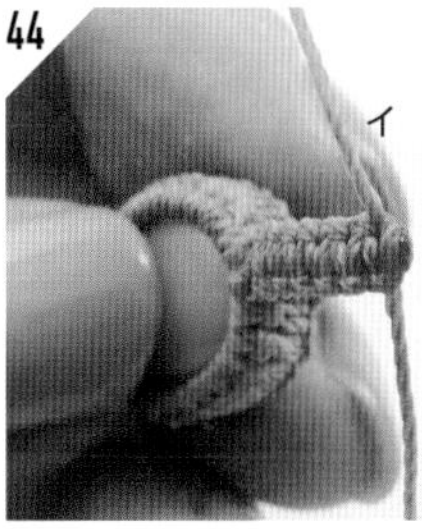

焼き留めできたところ。

45

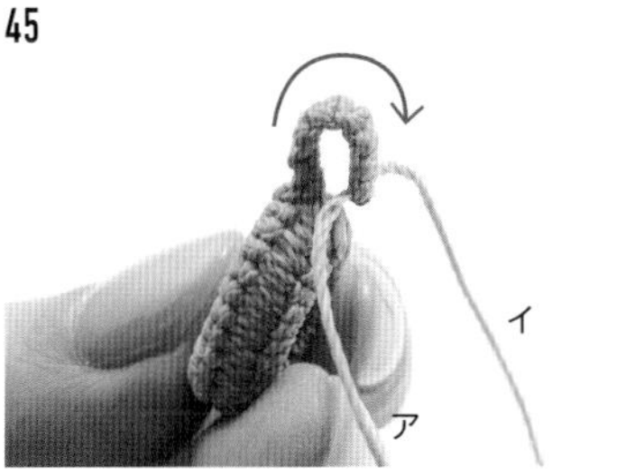

左上平結びの帯を裏側に折り曲げます。ここがバチカンになります。

46

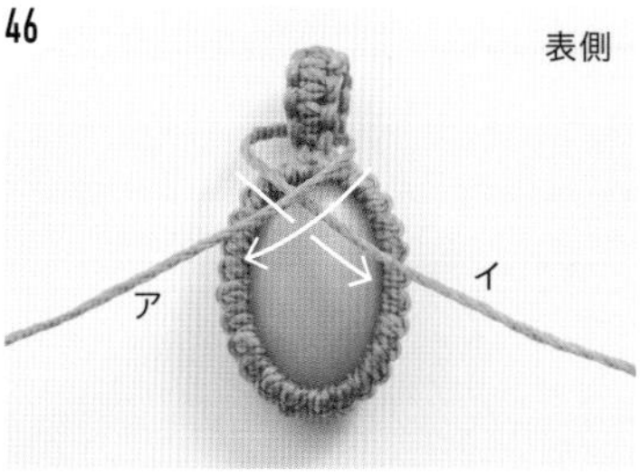

ア、イを表側に持っていき交差させます。

47

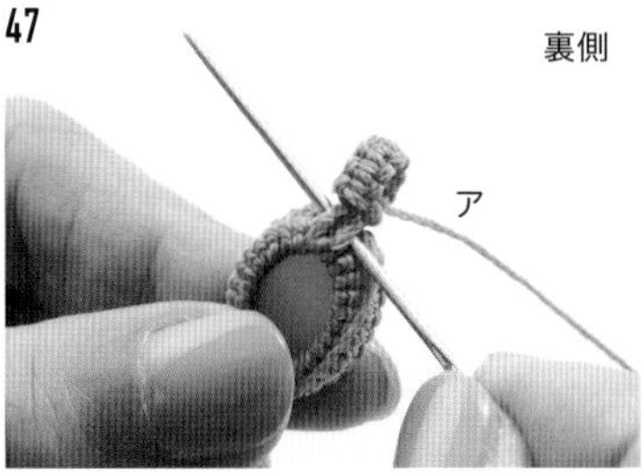

アを針に通し、裏側でフレーミングの渡り糸 a' 2本の下に通します。

48

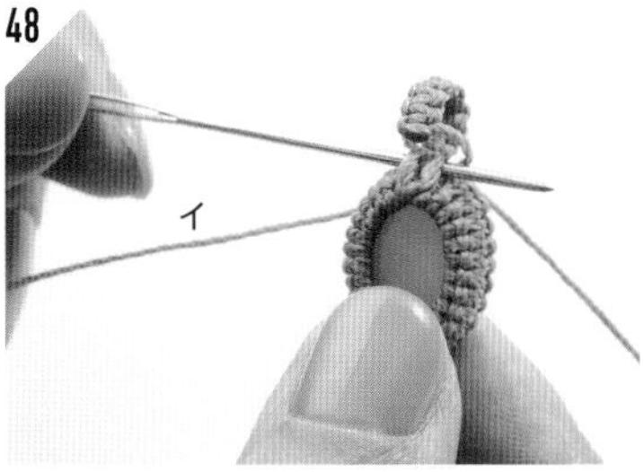

イも同様に、裏側で渡り糸 a' 2本の下に通します。

49

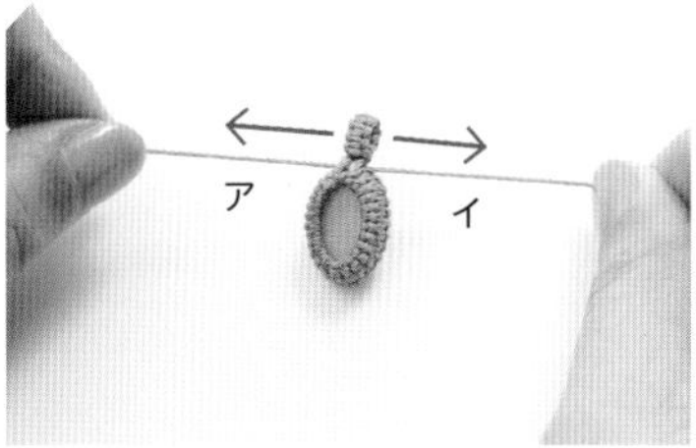

ア、イを引き締めます。

50

ア、イをバチカンの根元（裏側）で本結びします。

51

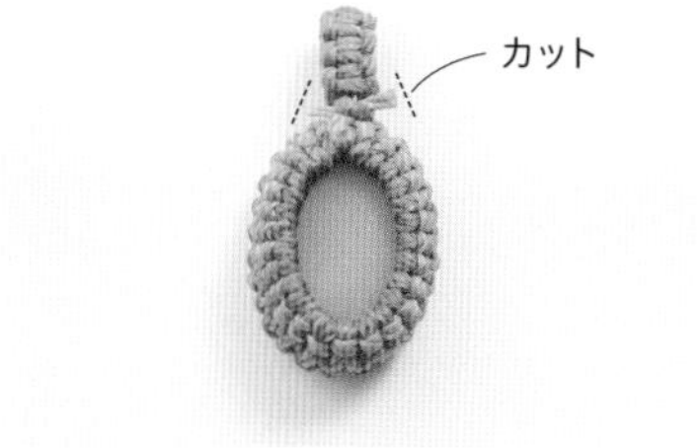

2mm 残してカットします。

52

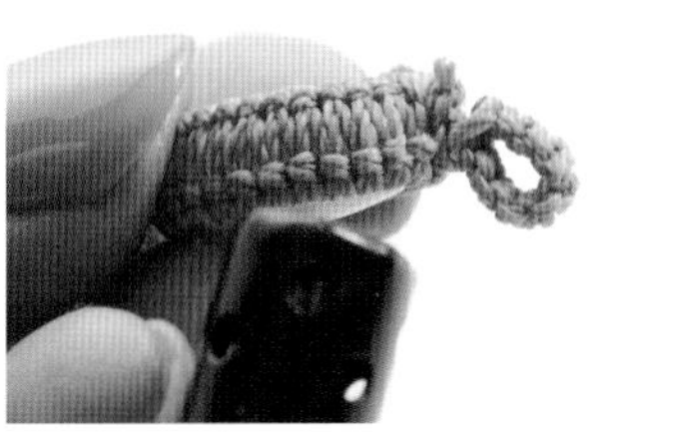

ライターで焼き留めして始末します。

53

焼き留めできたところ。

54

バチカンの輪を目打ちで丸く整えます。シングルフレームのペンダントトップの完成。

01
P.22

シングルフレーム ネックレス部分

●サイズ：首周り 42 ～ 68cm

材料

ワックスコード　0.75mm
ダークブラウン
糸 a 130cm × 2 本
糸 b 30cm × 2 本
メタルビーズ　ブロンズ　6mm　2 個

ひと結び（P.121）
左上平結び（P.122）
よりひも（P.123）

スタートの仕方　シングルフレームのペンダントトップの材料と作り方は P.24 ～29

糸 a 2 本を中心で固定する。

結び方手順

よりひも 20cm、ひと結び、よりひも 14cm、ひと結びをする。
片方の糸にメタルビーズを通し、ひと結びをする。

中心から左右対称に結び、メタルビーズを通す前にペンダントトップを通す。

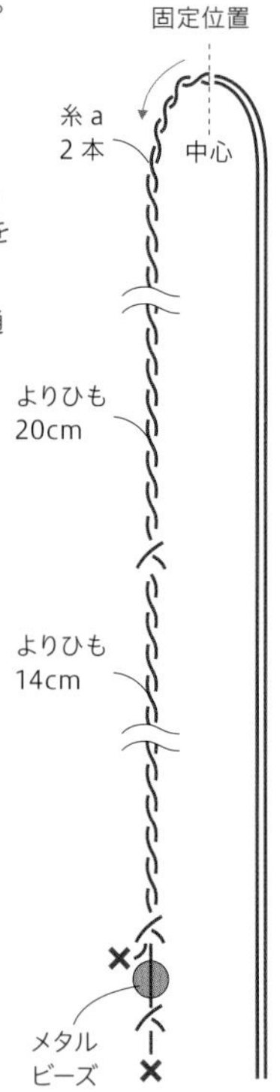

✕ ＝焼き留め

よりひも 14cm の部分を 2 本交差して重ねて芯とし、糸 b 2 本で左上平結びを 5 回する。糸端をすべて焼き留めで始末する。
よりひもを引いて動かし、すべりをよくする。

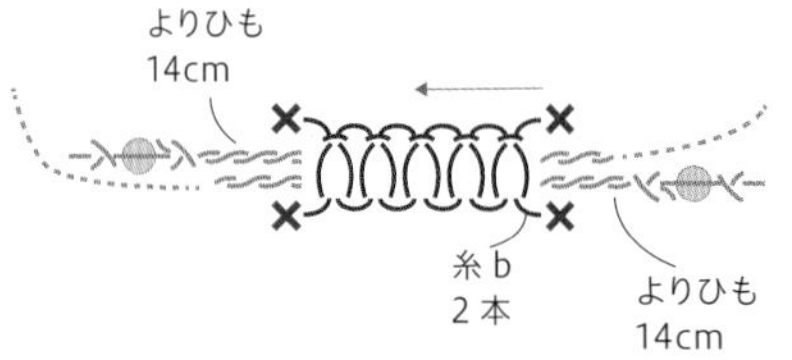

01-2
P.22

シングルフレーム

●サイズ：縦 2.7×横 1.6cm

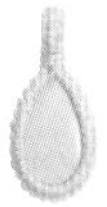

材料

ワックスコード　0.75mm
バニラ
糸 a 70cm × 2 本
糸 b 130cm ×1本
ターコイズ　しずく 18 × 13mm　1 個

スタートの仕方

糸 a 2 本の間を 5cm あけて、糸の中心をそろえて固定する。
糸 b も中心をそろえて端を固定する。

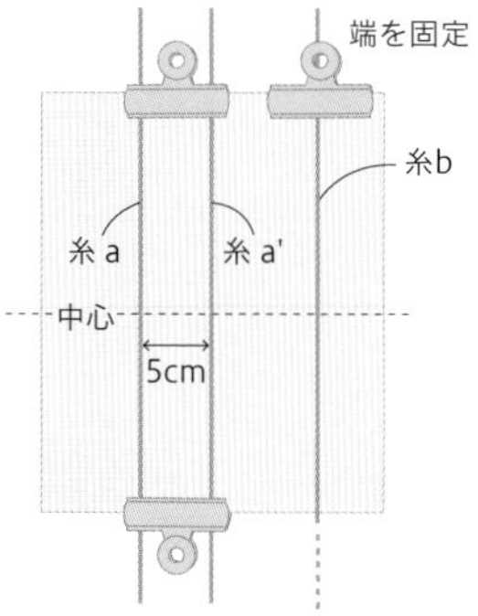

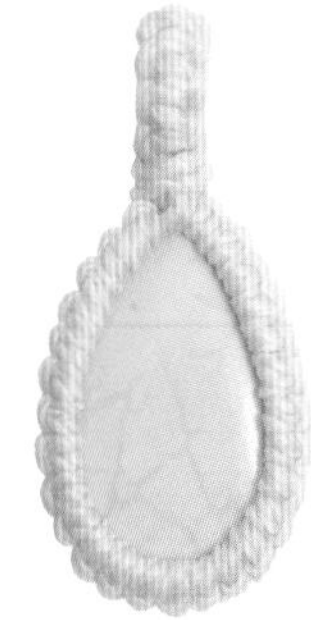

結び方手順

糸 b を結び糸としてタッチング結びを中心から上下に表側 27 段、裏側 28 段結ぶ。

⑪シングルフレーム（P.24 ～ 26）を参考にターコイズを包む。

タッチング結び（P.124）
本結び（P.121）
左上平結び（P.122）

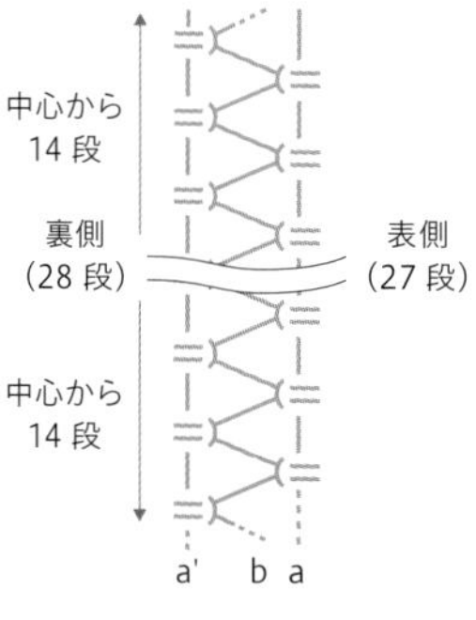

続きの糸で左上平結びを 8 回結び、⑪シングルフレーム（P.27 ～ 29）を参考にバチカンを作る。

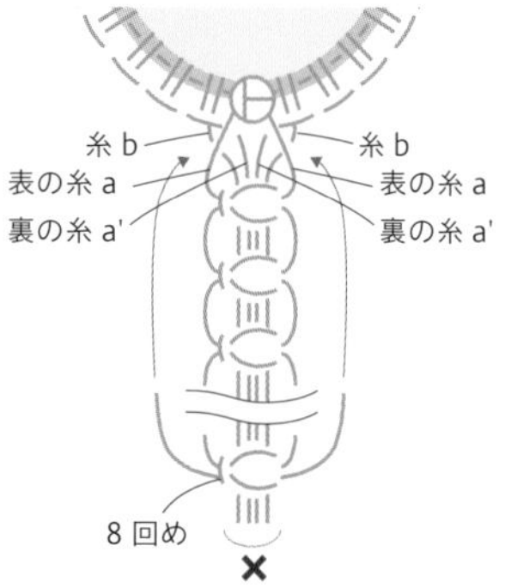

01 ネックレス

P.23

technique 01

●サイズ：トップ縦 2.8 ×横 2cm
ネックレス首周り 40 ～ 69cm

材料

ワックスコード　0.75mm
- **ラズベリー** 糸 a　70cm × 2 本
  糸 b 160cm × 1 本
- **グレージュ** 糸 c　150cm × 4 本
  糸 d　30cm × 2 本

ローズクォーツ カボション 18mm　1 個
ファイアポリッシュ　8mm　2 個

作り方手順

❶糸 a、b とローズクォーツカボションで 01 シングルフレーム（P.24 ～ 29）の天然石を包むところまで作る（タッチング結び：表 31 回、裏 32 回 / 帯幅 8mm）。

❷バチカンを結び（1~21）、糸端をすべて焼き留めで始末する。

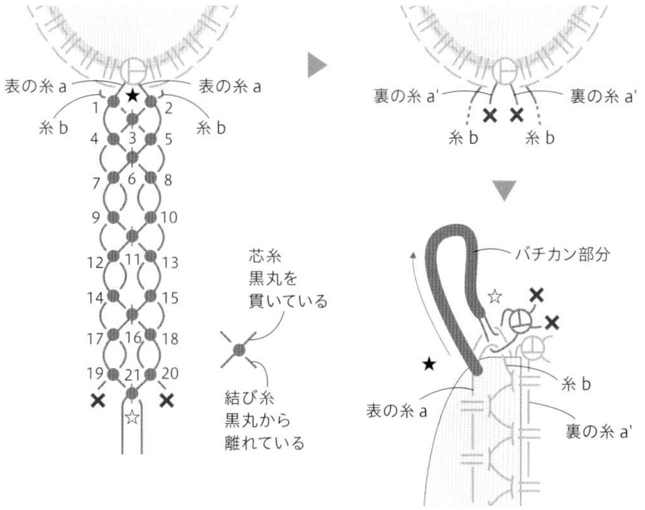

❸糸 c でネックレス部分を作る。糸 c 4 本を中心で固定し、四つ組み 20cm、左上ねじり結び 12 回、四つ組み 15cm を結ぶ。

❹左上ねじり結びを 12 回結び、芯糸にファイアポリッシュを通す。続けて端を結ぶ(1 ～ 3)。

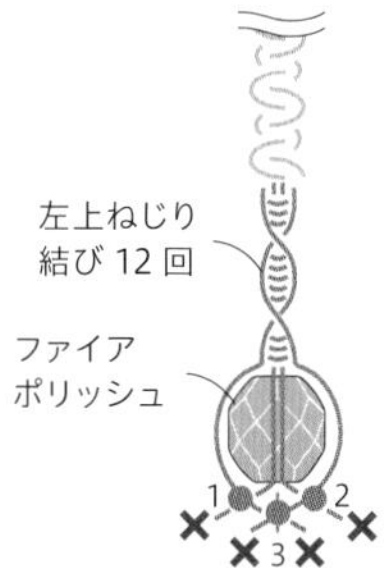

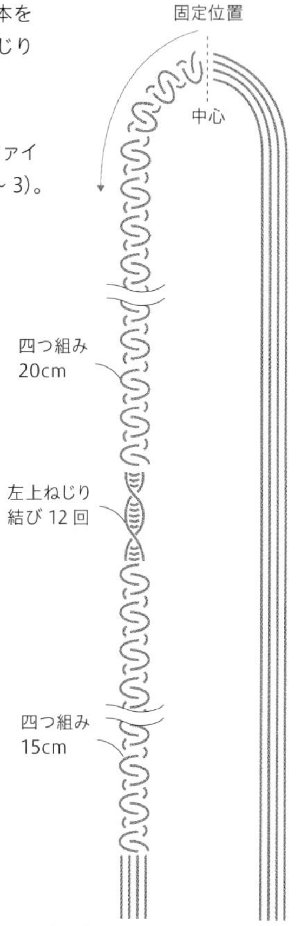

❺中心から❸❹と左右対称に結び、ファイアポリッシュを通す前にペンダントトップを通す。
糸端をすべて焼き留めで始末する。

✕ =焼き留め

❻糸 d 1 本の中心に、もう 1 本の糸 d で左タッチング結びを 8 回する。結び糸のみ焼き留めする。

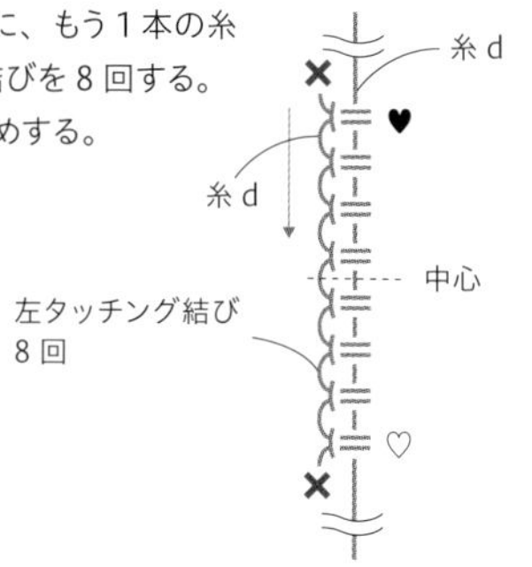

❼四つ組み 15cm の部分を 2 本交差して重ね、❻を巻き付けて芯糸を本結びし、焼き留めで始末する。

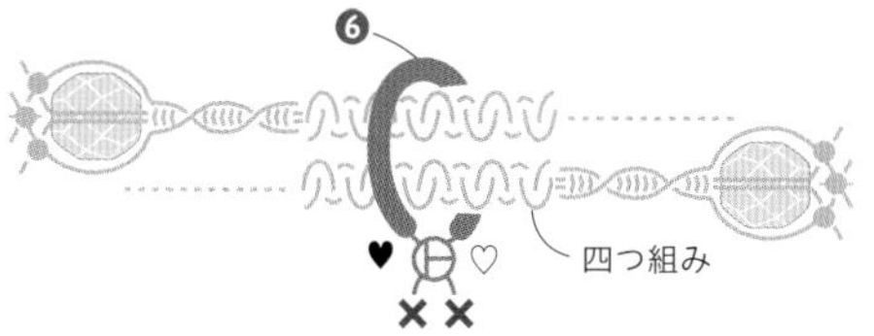

本結び（P.121）
斜め巻き結び（P.126）
斜め裏巻き結び（P.127）
タッチング結び（P.124）
四つ組み（P.121）
左上ねじり結び（P.122）

02 シングルフレーム応用 飾り編み

P.22

●サイズ：
トップ縦 3.8 ×横 1.9cm
首周り 42 ～ 75cm

材料

ワックスコード　0.75mm
ライトグレー
糸 a　70cm × 2 本
糸 b　140cm × 1 本
糸 c　50cm × 7 本
糸 d　140cm × 4 本
糸 e　30cm × 2 本
ラピスラズリ　オーバルカボション
18 × 13mm　1 個
ラピスラズリ　ラウンド 8mm　2 個
メタルビーズ　シルバー　3.5mm　5 個

斜め巻き結び（P.126）
斜め裏巻き結び（P.127）
四つ組み（P.121）
よりひも（P.123）
左上ねじり結び（P.122）
ひと結び（P.121）

スタートの仕方

糸 a、b とラピスラズリで⓪①シングルフレーム（P.24 ～ 29）の、カボションを包むところまで作る（タッチング結び：表 25 回、裏 26 回 / 帯幅 8mm）。
P.31 ❷と同様にバチカンを作る。

結び方手順

シングルフレームのタッチング結びの渡り糸に糸 c を通す。

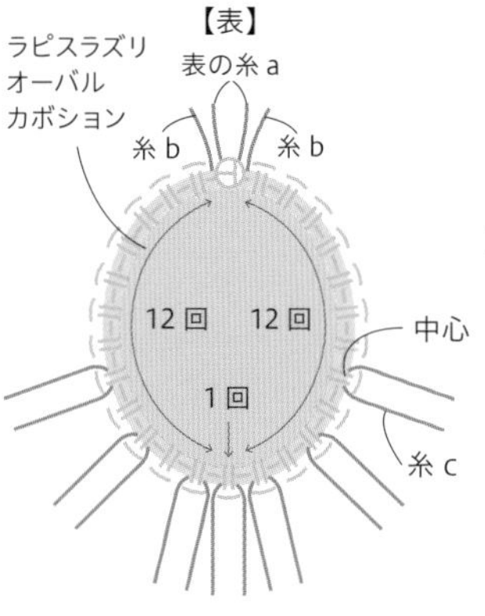

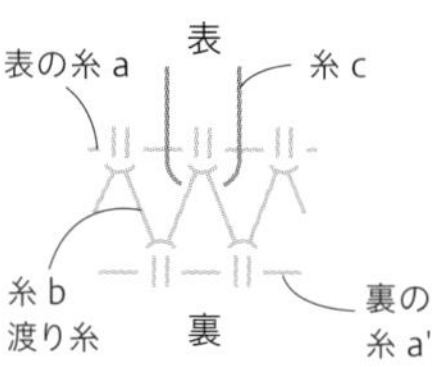

糸 c で飾り編みをし、糸端をすべて焼き留めで始末する。

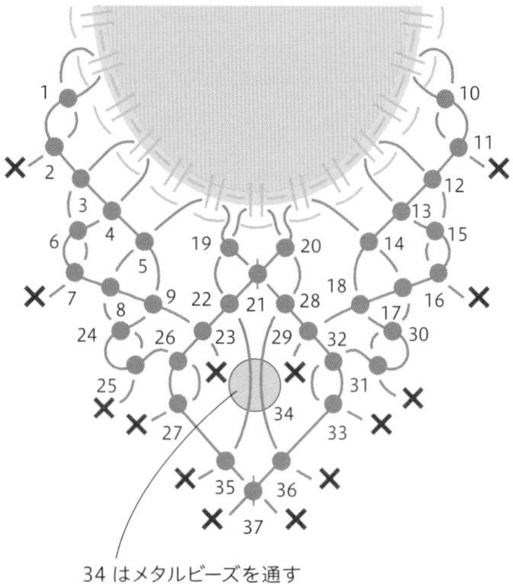

× ＝焼き留め

飾り編みの Point

※コードと石の色は作品と異なります。

1

上の作り方の通りに、シングルフレームとバチカンを作ります。コードはすべて焼き留めで始末しておきます。

2
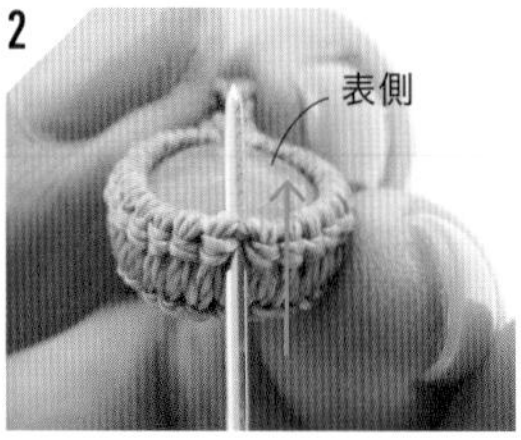

飾り編みのコードを1本ずつフレームに取り付けていきます。糸 c 1本を針に通します。写真のように、表側のタッチング結びの間に針を入れます。

3
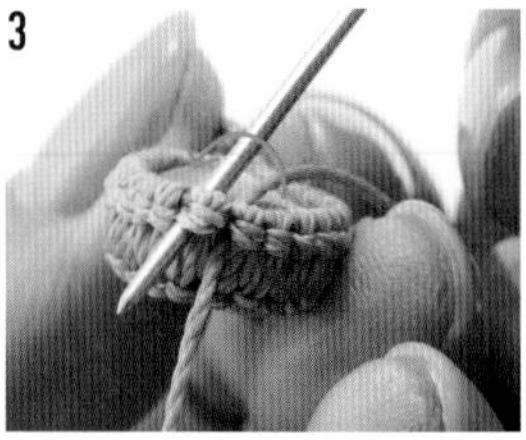
1目隣に針を戻します。位置は【側面図】（P.35）を参考にする。

4
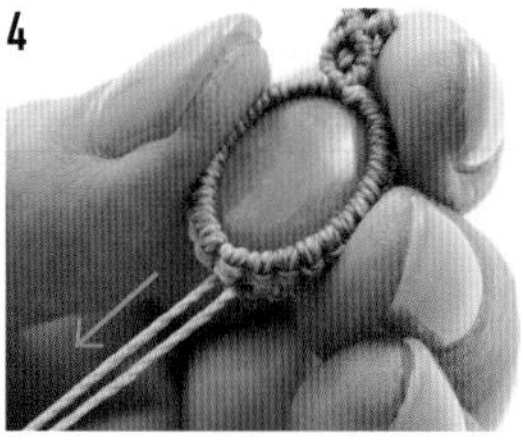
渡り糸にコードを1本通せました。

5
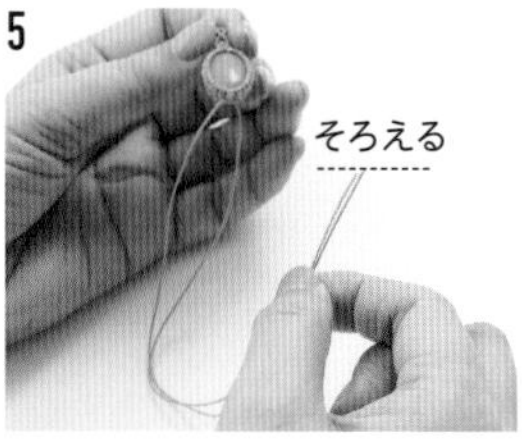

通したコードの端は、1本通すごとに両端をそろえておきましょう。

6
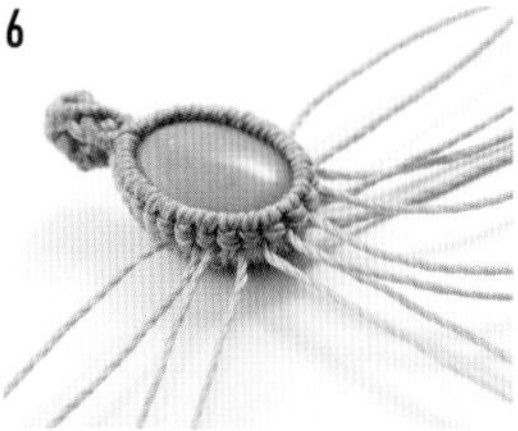
飾り糸をすべて通します。

7
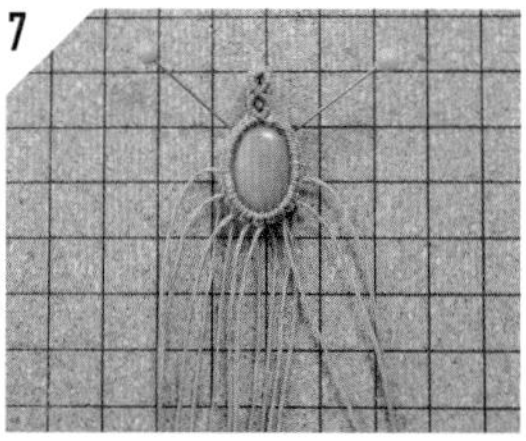
ボードにまち針で固定し、図の通りに結びます。

8
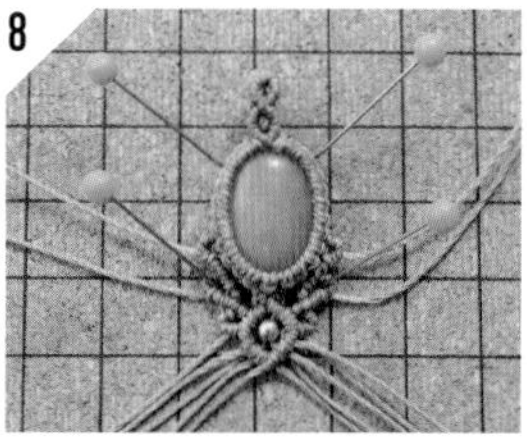
結び終えたところ。

ネックレス部分を作る。糸 d 4 本を中心で固定し、四つ組みを 5cm する。

左上ねじり結びを 12 回と四つ組み 3cm のパターンを 4 回、左上ねじり結びを 12 回する。

長い 2 本でよりひもを 15cm 結び、ひと結びをする。

メタルビーズとラピスラズリラウンドを通し、ひと結びする。続けて端を結ぶ。

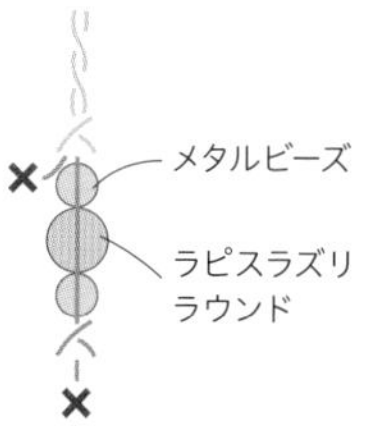

四つ組み 5cm のところにペンダントトップを通す。左上ねじり結びを 12 回し、四つ組み 3cm と左上ねじり結び 12 回のパターンを 4 回する。芯糸 2 本でよりひもを 15cm し、ひと結びをする。メタルビーズとラピスラズリラウンドを通し、ひと結びをする。糸端をすべて焼き留めで始末する。(左上ねじり結びは短い 2 本を芯にして結ぶ。)

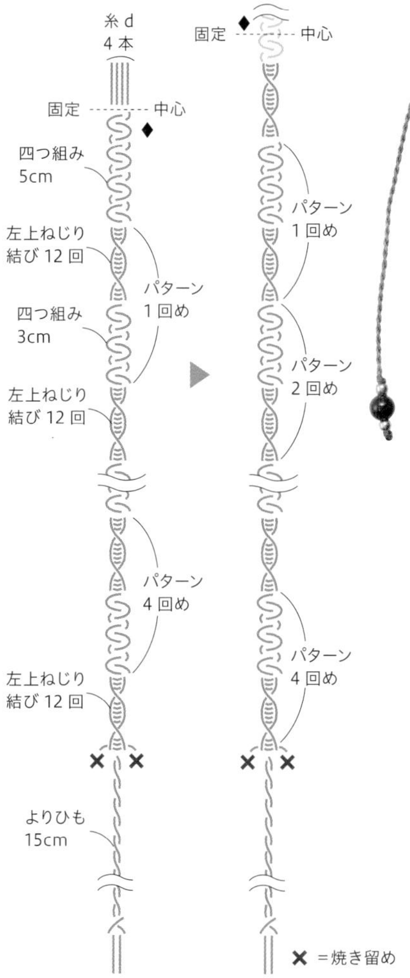

9

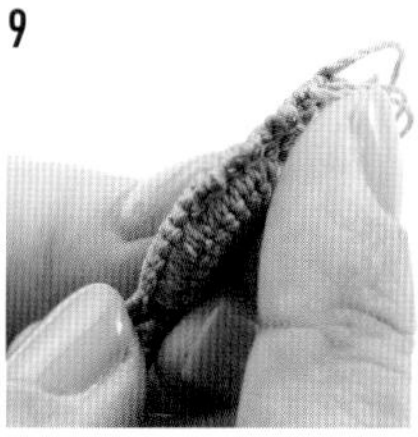

コードを1本ずつ焼き留め (P.127) で始末します。目立たないよう、できるだけ編み地の裏側で焼き留めます。

糸 e 1 本の中心に、もう 1 本の糸 e で左タッチング結びを 5 回する。結び糸のみを焼き留めで始末する。

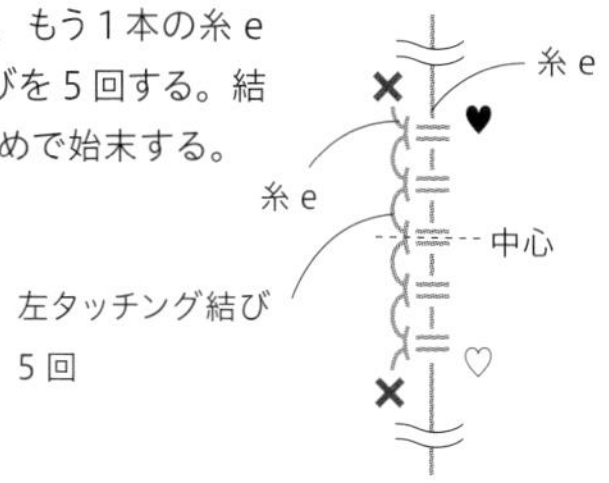

よりひも 15cm の部分を 2 本交差して重ね、糸 e の左タッチング結びを巻き付けて本結びをし、焼き留めで始末する。

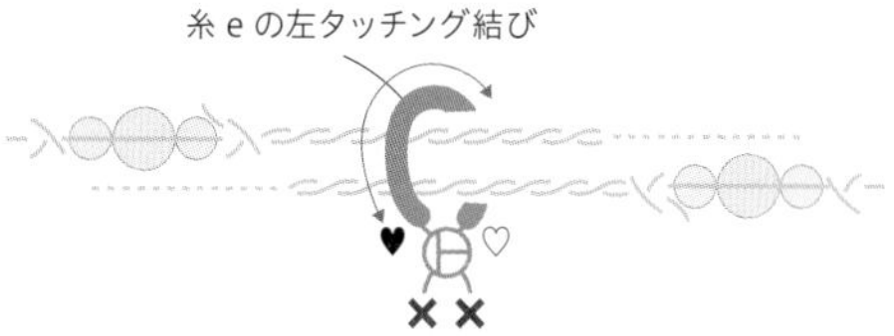

03 P.22

ダブルタッチングフレーム

●サイズ：縦 3.5×横 2cm

材料

ワックスコード 0.75mm

ミントグリーン

糸 a 80cm × 2 本

糸 b 140cm × 1 本

カフェオレ

糸 c 70cm × 1 本

糸 d 100cm × 1 本

グリーンアベンチュリン オーバルカボション 20 × 15mm 1 個

メタルビーズ マットシルバー 4mm 1 個

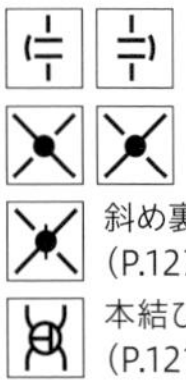

タッチング結び（P.124）

斜め巻き結び（P.126）

斜め裏巻き結び（P.127）

本結び（P.121）

スタートの仕方

糸 a 2 本、糸 b の中心をそろえて ⑪シングルフレーム（P.24 ～ 25）を参考にタッチング結びの帯を作る（タッチング結び：表 27 回、裏 28 回 / 帯幅 10mm）。

ここが内側タッチングとなる。

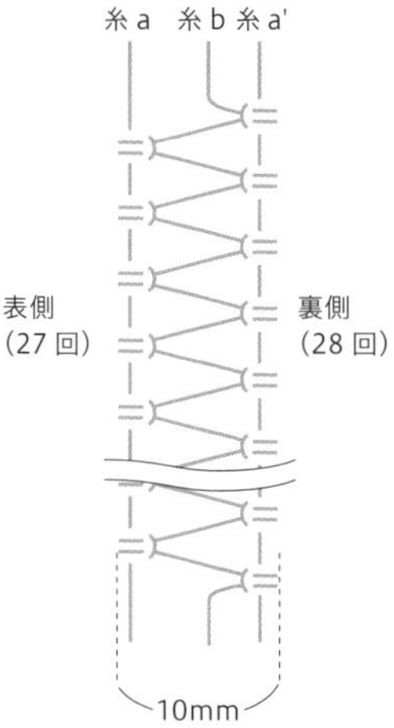

結び方手順

内側タッチングは固定したまま、外側タッチングをする。内側タッチングの帯の上に糸 c（芯糸）をのせる。

糸 d（結び糸）を糸 b の渡り糸の下から出しながら右タッチング結びを 28 回する。

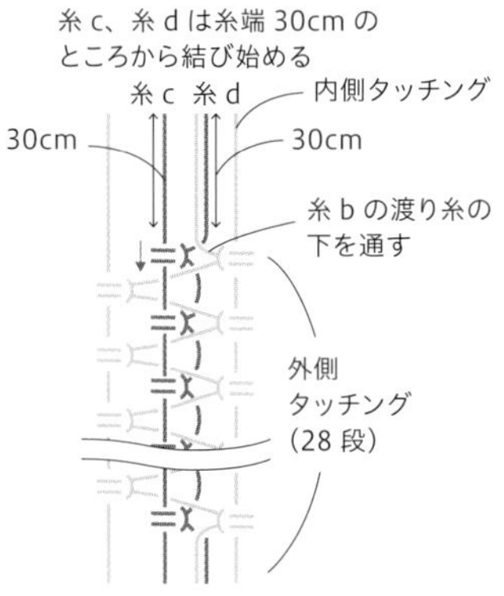

【側面図】 バチカンを結ぶ

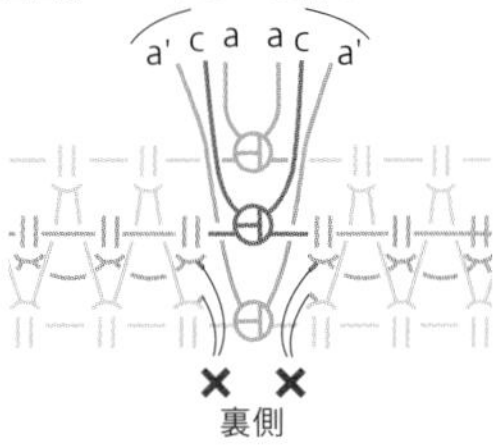

カボションを包み、内側タッチング、外側タッチングの芯糸同士を本結びして引き締める。

ダブルタッチングフレームの Point

※コードと石の色は作品と異なります。

1

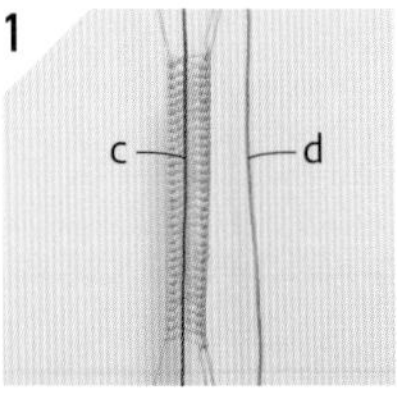

上の図の通り糸 a 2 本、糸 b 1本でタッチング結びの帯を作り、ダブルタッチング部分のコードをセットします。糸 c（芯糸）を左、糸 d（結び糸）を右にして帯の上に置き、端を帯に合わせて固定します。

2

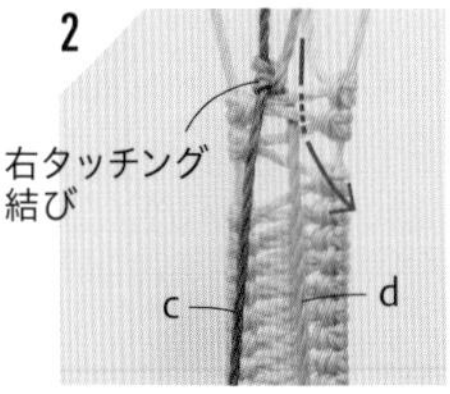

c に d で右タッチング結び（P.124）を1回します。続けて渡り糸2本の下から d を通します。c は上に置いたままにします（糸 d を通しにくい場合は帯の目をずらしてもよい）。

3

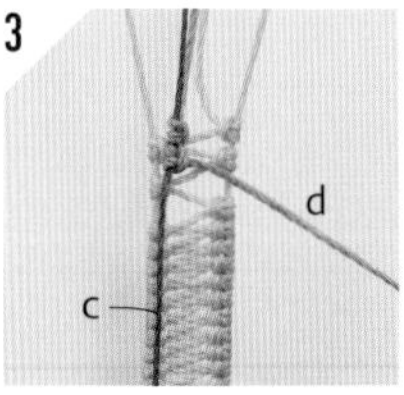

2と同様に、右タッチング結びを1回します。

4

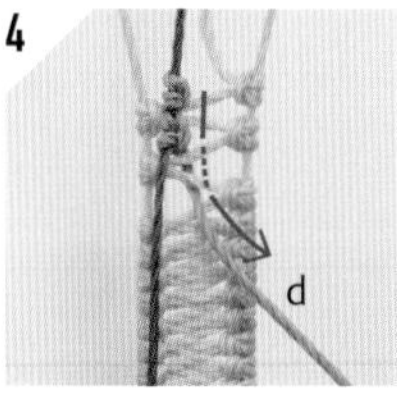

渡り糸 2本の下から d を通します。c は上に置いたままです。

5

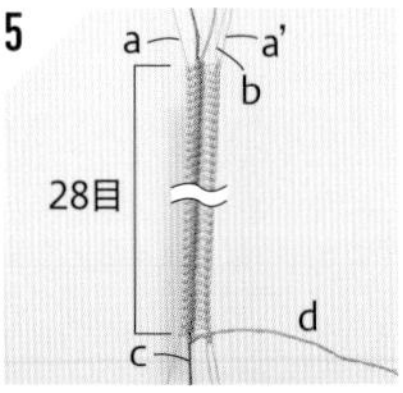

同様にくり返して、右タッチング結びを全部で 28 回結びます。ダブルタッチングの帯の出来上がり。

6

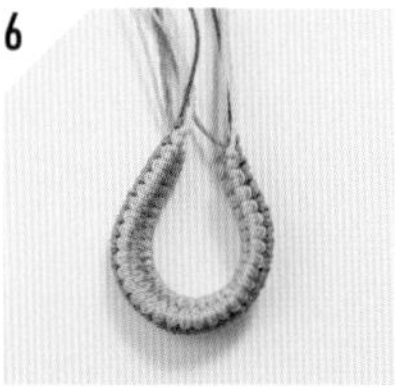

P.26 を参考にして、結び目を詰めて整えます。

7

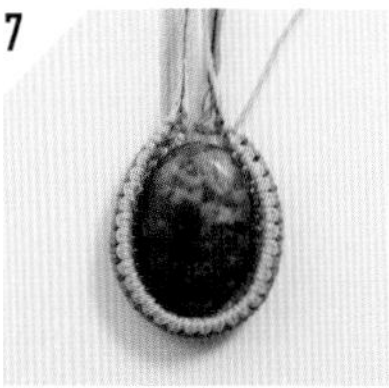

カボションをセットして、サイズが合うか確認します。合わない場合、結び目の数を増減させて調整します。

8

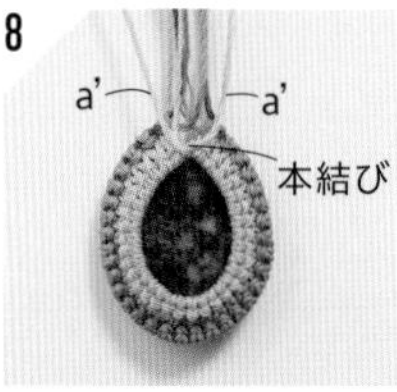

裏側の a'（1目多く結んだ側）の両端を本結び（P.121）します。

9

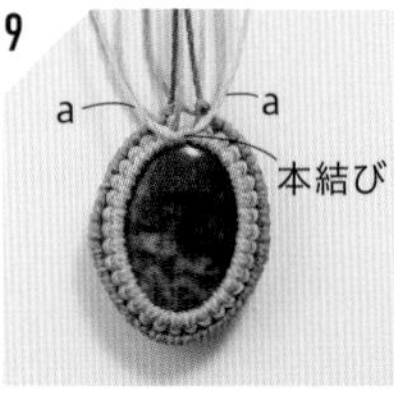

カボションをセットしたまま、表側の a の両端を本結びします。

10

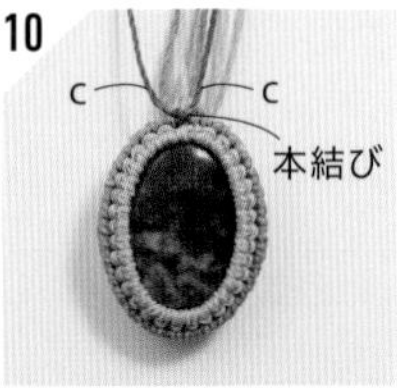

c（ダブルタッチング部分の芯）の両端を本結びします。ダブルタッチングフレームの完成。

バチカンを結び、糸端をすべて焼き留めで始末する。

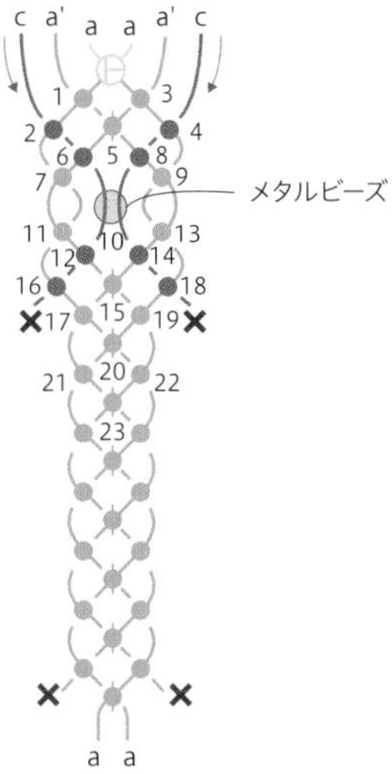

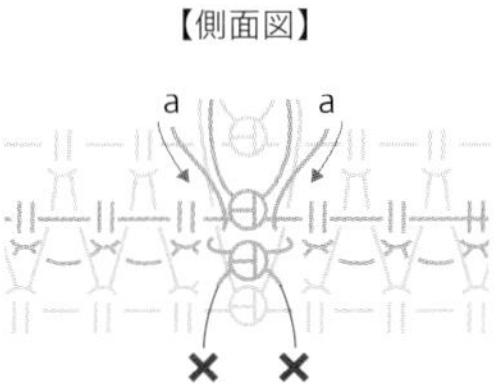

02

P.23

ネックレス

technique ⑬

●サイズ：トップ縦 4 × 横 2.4cm
ネックレス首周り 41 ～ 70cm

材料

ワックスコード　0.75mm

ストロー 糸 a　80cm × 2 本
糸 b　180cm × 1 本

ビリジアングリーン 糸 c　60cm × 1 本
糸 d　100cm × 1 本
糸 e　140cm × 2 本
糸 f　400cm × 1 本
糸 g　30cm × 2 本

タイガーアイ　オーバルカボション
20 × 15mm　1 個

ラブラドライト　ラウンド 6mm　2 個

スモーキークォーツ　ラウンド 6mm　2 個

メタルビーズ ゴールド 3mm　7 個

作り方手順

❶糸 a、b、c、d とタイガーアイ　オーバルカボションで、⑬ダブルタッチングフレームとバチカン (P.34 ～ 35) を作る。
内側タッチング結び：表 36 回、裏 37 回 / 帯幅 10mm
外側タッチング結び：表 37 回

❷ネックレス部分を作る。糸 e 2 本と糸 f 1 本を中心で固定する。

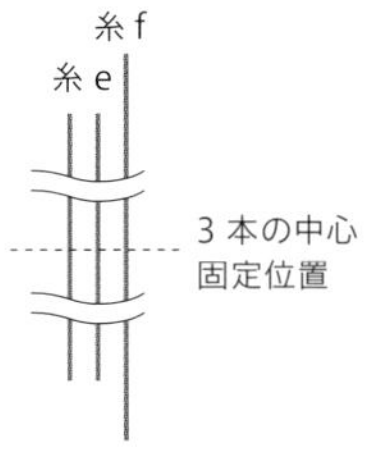

❸糸 f を結び糸にし右輪結び 20cm、糸 e 2 本でよりひも 15cm、ひと結びをする。

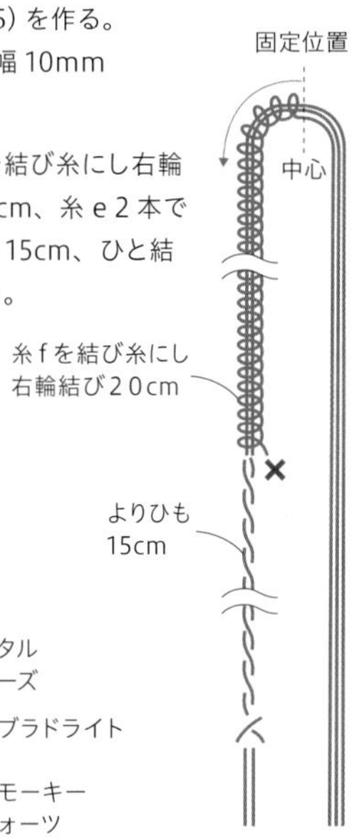

❹中心に戻り、続けて右輪結び 20cm、よりひも 15cm を結び、ビーズ類を通す前にペンダントトップを通す。糸端をすべて焼き留めする。

❺ビーズ類を通し、ひと結びする。

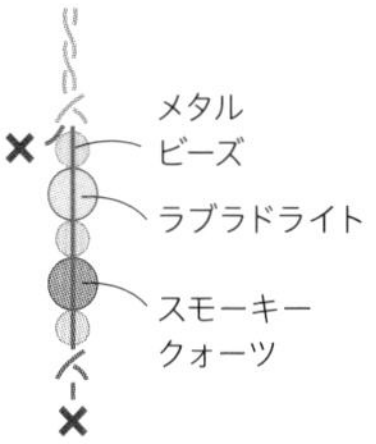

❻留め具を作る。糸 g 1 本を中心で折り曲げ、この 2 本を芯とし、もう 1 本の糸 g' でライン結びを 8 回する。

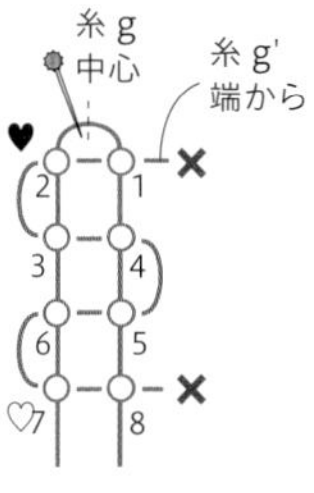

❼よりひも部分を 2 本交差して重ね、❻を巻き付けて糸 g の折り曲げ部分に片方の糸 g の糸端を通して引き締めて本結びし、焼き留めで始末する。

× ＝焼き留め

ひと結び (P.121)
本結び (P.121)
よりひも (P.123)
右輪結び (P.123)
ライン結び (P.124)

Part.3

モチーフを作る

ワックスコードで作るモチーフは、小さくて一見複雑ですが、
結び方はほとんど「巻き結び」「ライン結び」がメインです。
ここではモチーフの作り方と、
簡単なアレンジで仕上げるアクセサリーを紹介します。

幾何学 I

05
しかく／格子
▶ P.40

04
ながしかく
▶ P.40

a b c

06
しかく／うず
▶ P.41

07
さんかく
▶ P.38

motif

(04) 横巻き結びの折り返しで結んでいく長方形。結び目をきっちり詰めて、同じ力加減で。

(05) 2色のコードを縦、横と方向を変えて配色する「カバンドリーワーク」の格子模様。

(06) 縦巻き結び、横巻き結びで模様を作るテクニック。角がきれいに出るように結びましょう。

(07) コードを途中で足しながら目を増減させるモチーフ。輪郭は巻き結びの向きを変えてくっきりと。

03【ブレスレット】コットンパールと白いビーズで上品に。▶P.42

04【ネックレス】さんかくを等間隔でチェーンにつないで、ガーランド風のデザインに。▶P.42

05【ピアス】格子柄が可愛いピアスは、色違いでいくつも作りたい。▶P.43

06【ピアス】しかくを 45 度回転させてダイヤ型につないでも素敵。▶P.43

Lesson.2 巻き結びの基本／さんかくの作り方

07 さんかく

P.36

●サイズ：10段／縦横2cm
　　　　8段／縦横1.5cm

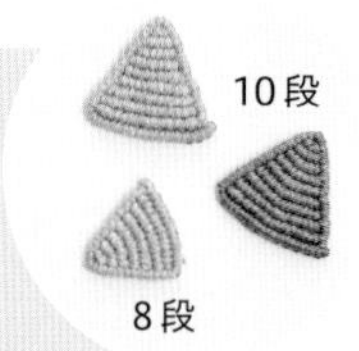

材料

ワックスコード　0.75mm　リネン、ヒヤシンス

10段　糸a 50cm×1本、糸b 60cm×1本、
　　　糸c 50cm×5本

8段　糸a 50cm×1本、糸b 60cm×1本、
　　　糸c 50cm×4本

※材料を参考にコードをカットしておきます。

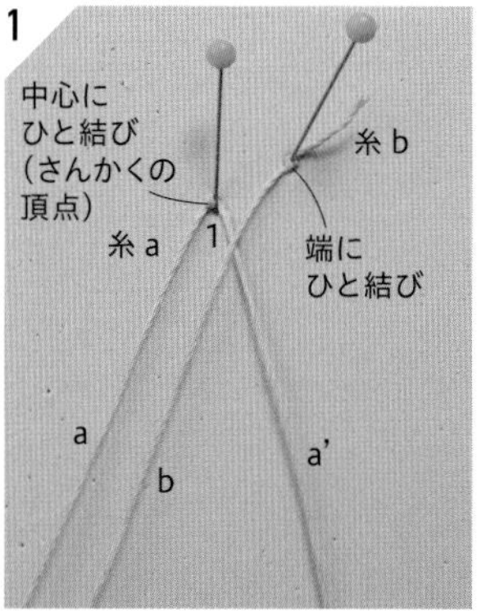

コードをセットする

糸aの中心をひと結び（P.121）してボードにまち針で固定し、三角形の頂点にします（1）。糸bの端をひと結びし、写真のように固定して糸a'にのせます。

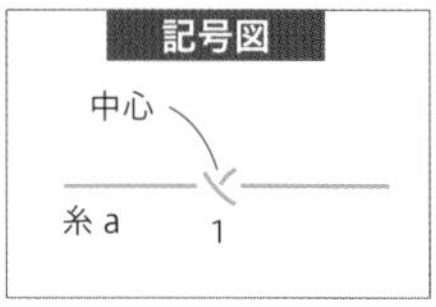

1段め

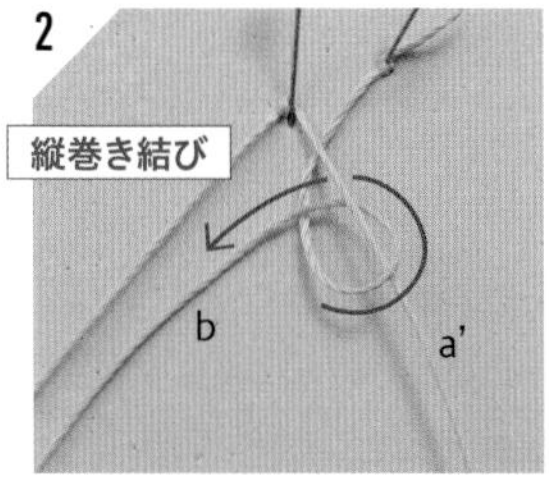

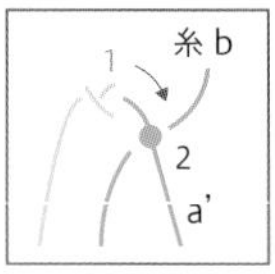

1段めを結びます。右の辺a' = 芯糸、b = 結び糸として縦巻き結び（左へ進む：P.125）をします。a'をピンと張り、bを写真のように巻き付けます。

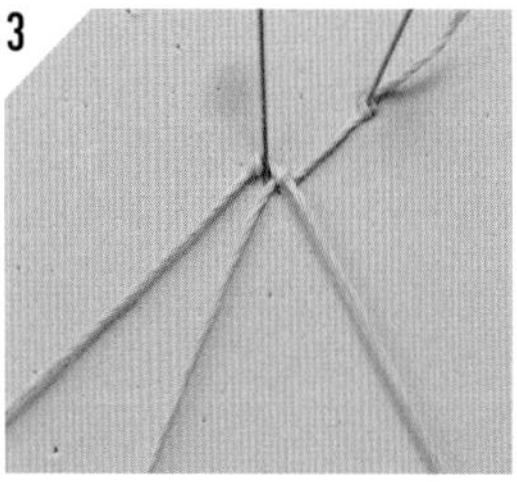

1のひと結びのすぐ隣で、結び目を引き締めます。

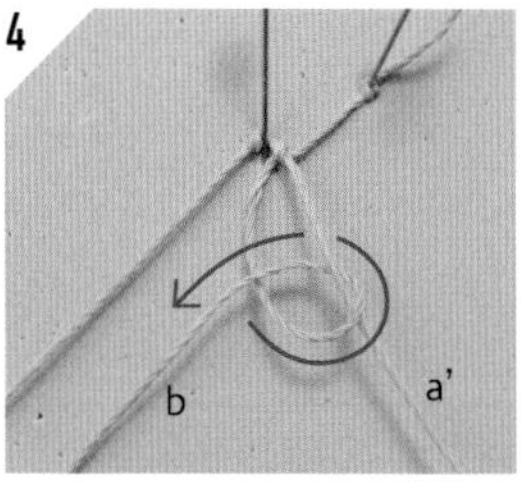

もう一度、a'をピンと張り、bを写真のように巻き付けます。

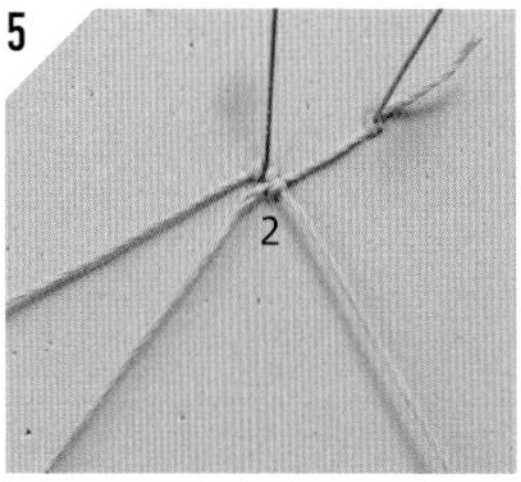

4のすぐ隣で結び目を引き締めます。縦巻き結びができました(2)。
【2〜5で縦巻き結び1回】

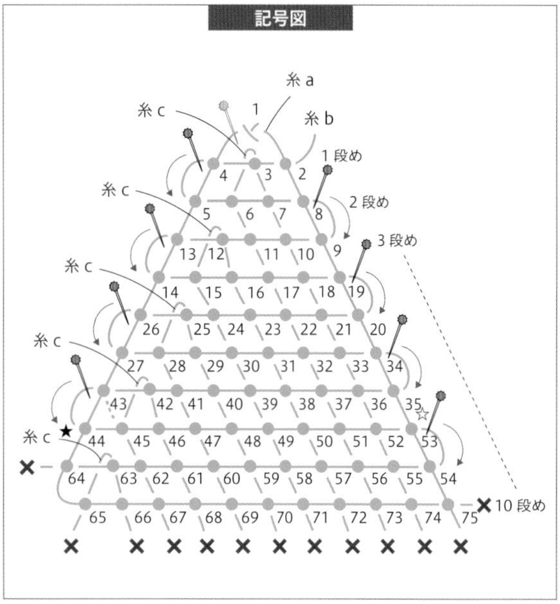

コードを足す

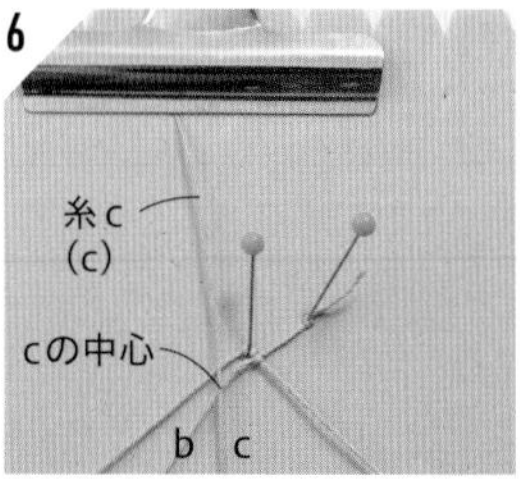

新たな糸c（cとする）の中心を、bの下に置きます。上側はボードに固定します。

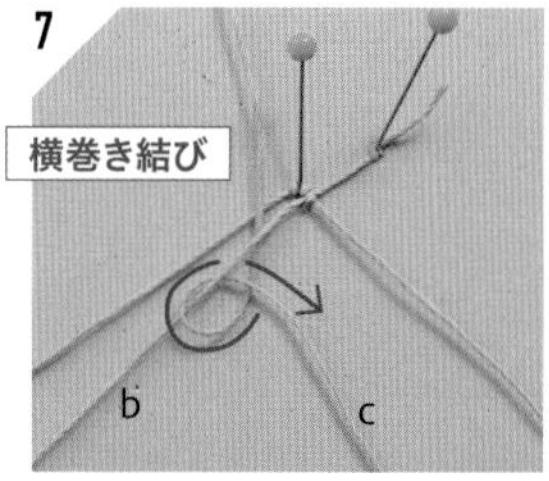

b = 芯糸、c = 結び糸として横巻き結び（左へ進む）をします。bをピンと張り、cを巻き付けます。

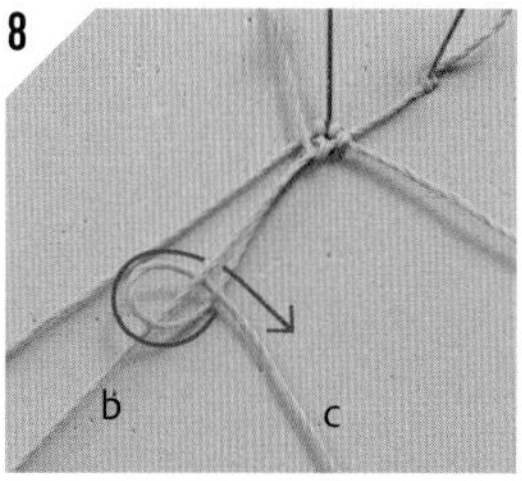

もう一度、bをピンと張り、cを巻き付けます。

9

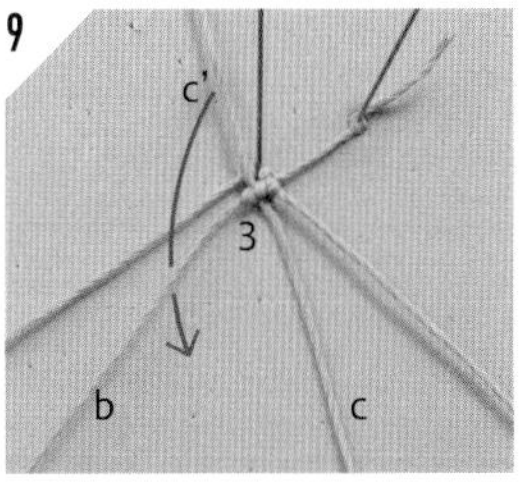

結び目を引き締めます。横巻き結びができました。結び終えたら目を右に寄せます。【**7**～**9**で横巻き結び1回】

10

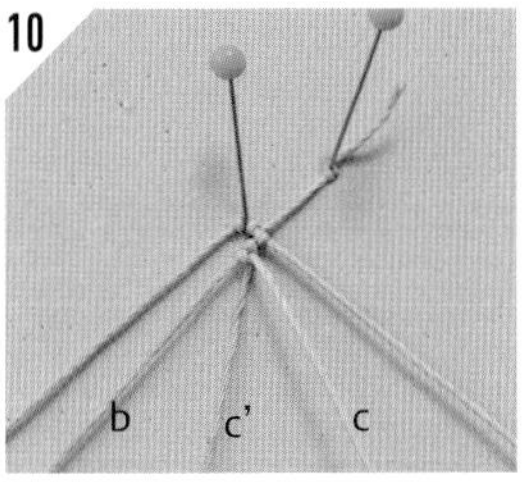

6で固定したcの反対側＝c'はボードから外し、裏側へ下ろします。

11

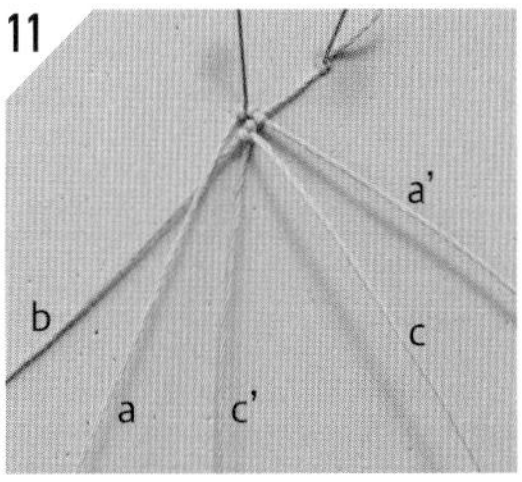

左の辺a＝芯糸、b＝結び糸として縦巻き結び（左へ進む）をします（**2**～**5**を参照）。

12

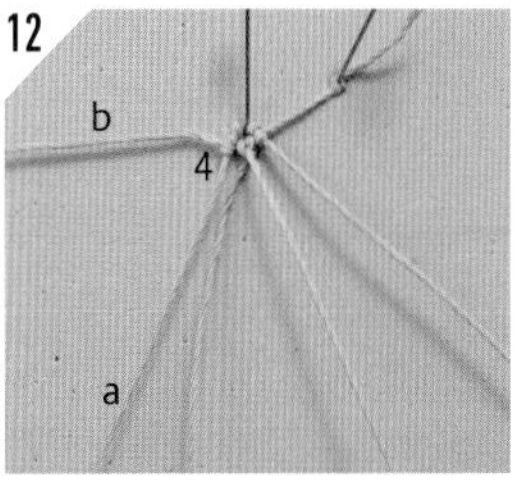

縦巻き結びができたところ(4)。

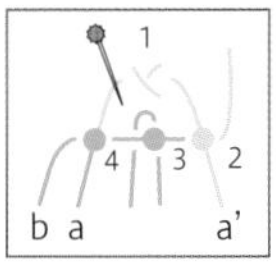

2段め

13

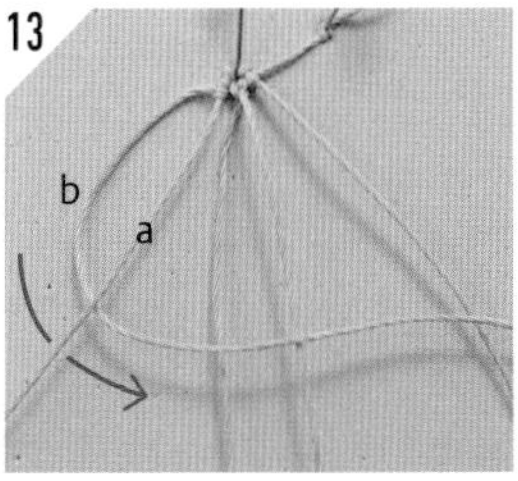

bを右へ折り返し、2段めを結びます。**12**の結び目(4)の下に、左の辺a＝芯糸、b＝結び糸として縦巻き結び（右へ進む：P.125）をします。

14

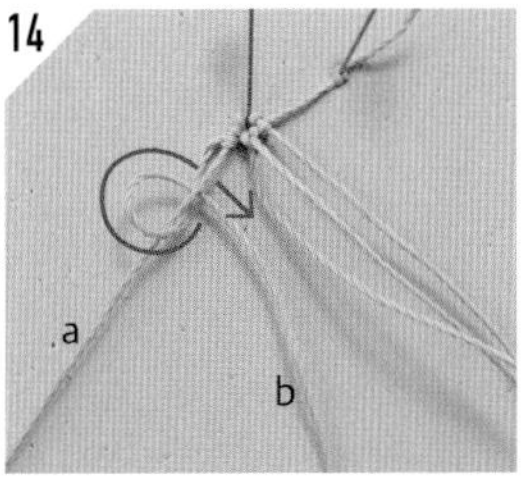

aをピンと張り、bを巻き付けます。

15

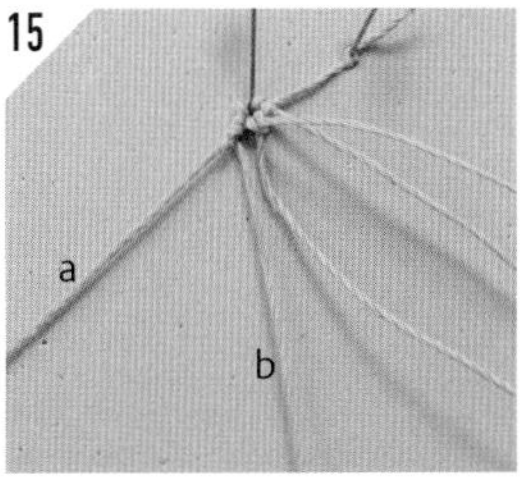

結び目を引き締めます。

16

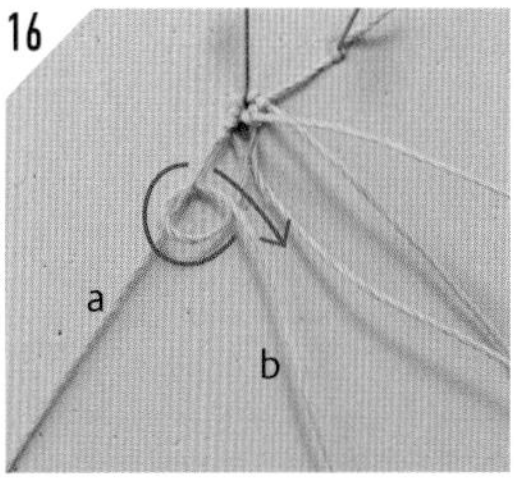

もう一度aをピンと張り、bを巻き付けます。

17

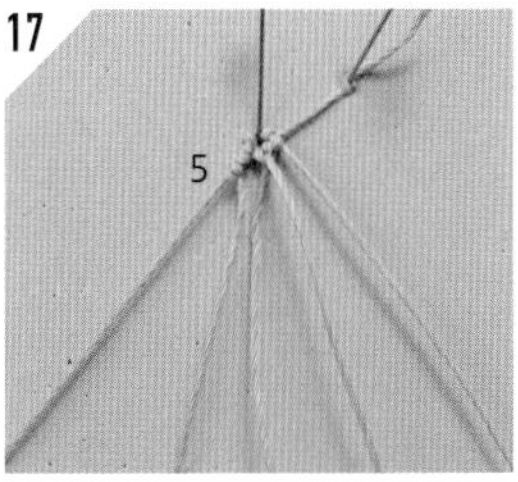

縦巻き結び（右へ進む）ができました(5)。

18

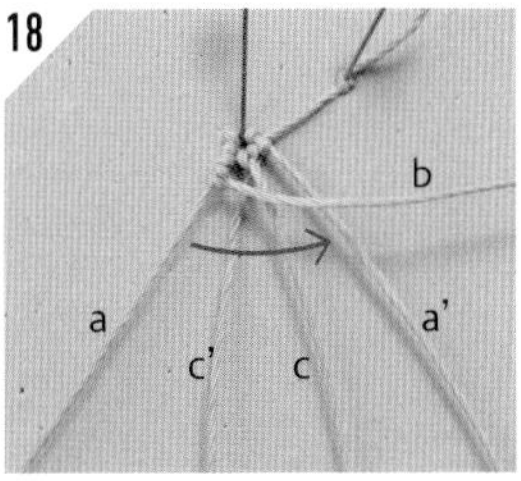

続けて、bを芯にしてc'、cの順に横巻き結び（右へ進む）をします。

19

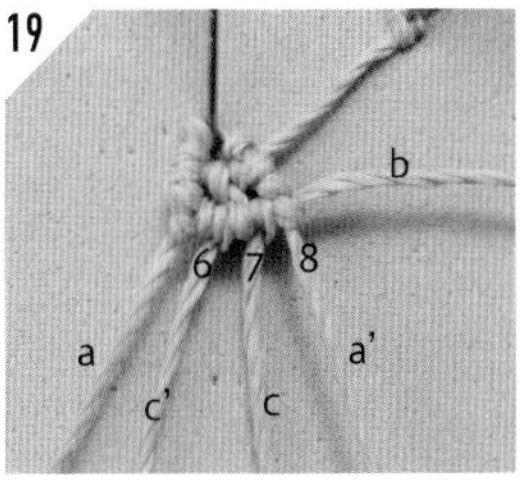

横巻き結び（右へ進む）を2回(6、7)、縦巻き結び（右へ進む）を1回(8)します。

3段め

20

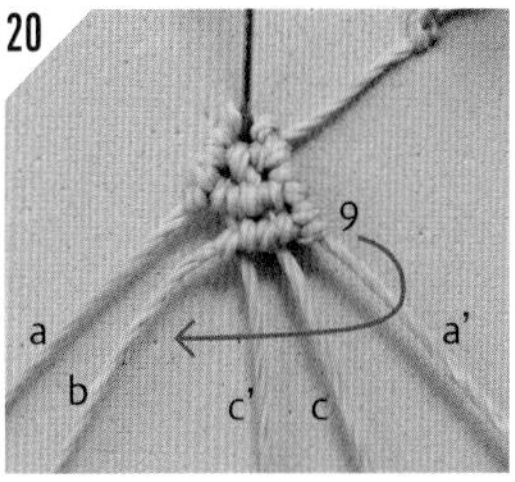

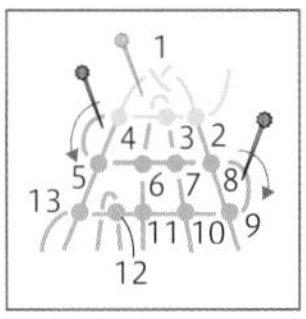

結び糸を左へ折り返し、3段めを結びます。まずは縦巻き結び（左へ進む）を1回(9)、横巻き結び（左へ進む）を2回(10、11)します。

21

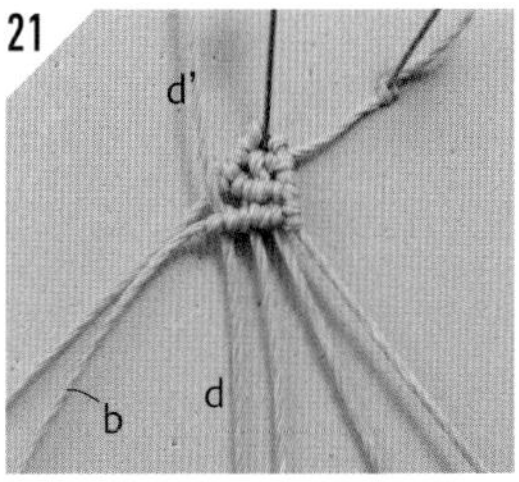

続いて、3段めにコードを足します。**6**と同様に糸c（dとする）の中心をbの下に置き、**7**～**9**と同様に横巻き結び（左へ進む）を1回します(12)。

22

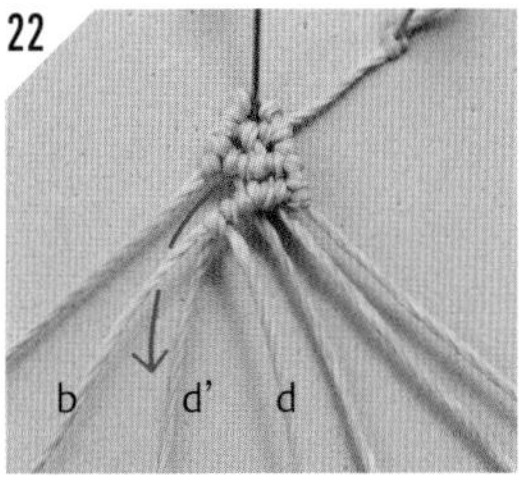

結び終えたら固定したdの反対側＝d'はボードから外し、裏側へ下ろします。

23

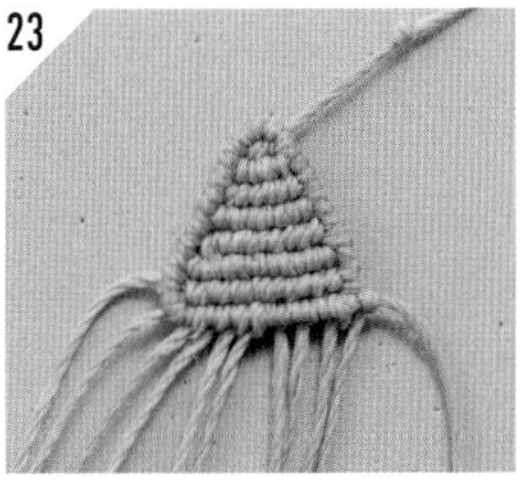

残りも記号図を参照し、左右に折り返しながら25、42で（10段の場合は63も）糸cを足して結びます。結び終えたら1本ずつ焼き留め（P.127）で始末します。

04 ながしかく

P.36

●サイズ：2.3×1.5cm

材料

ワックスコード　0.75mm

a ラベンダー　b ダスクブルー

糸 a 50cm ×1本

糸 b 60cm ×6本

芯裏 2 回の取り付け (P.120)

横巻き結び (P.125)

スタートの仕方

糸 a を固定し、糸 b 6 本を芯裏 2 回の取り付け（中心）(P.120）で結び付ける。

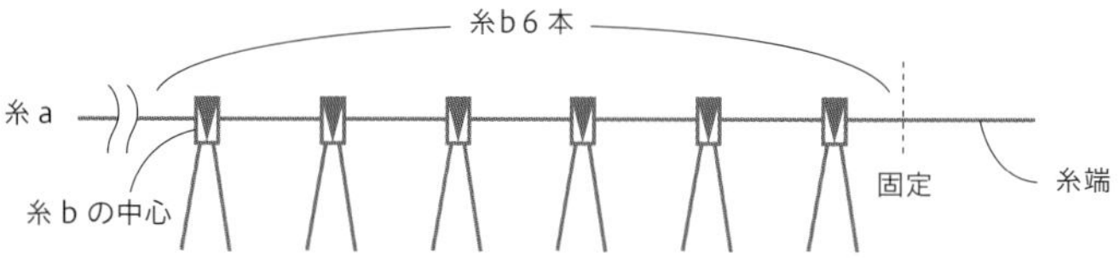

結び方手順

芯糸（糸 a）を段ごとに折り返し、前段と平行にしながら横巻き結びを 7 段結ぶ。
まち針は段ごとに固定し直してもよい。
最後に糸端をすべて焼き留めで始末する。

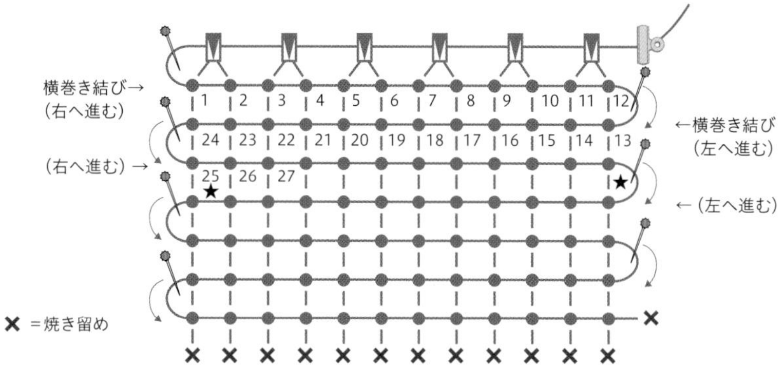

05 しかく／格子

P.36

●サイズ：1.6cm 正方

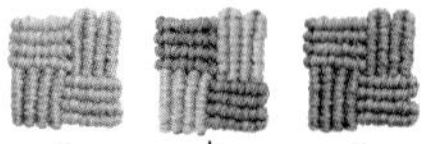

材料

ワックスコード　0.75mm

a

糸 a ダスクブルー 50cm × 4 本

糸 b リネン 50cm × 4 本

b

糸 a リネン 50cm × 4 本

糸 b ラベンダー 50cm × 4 本

c

糸 a ラベンダー 50cm × 4 本

糸 b ヒヤシンス 50cm × 4 本

芯裏 2 回の取り付け (P.120)

横巻き結び (P.125)

スタートの仕方

糸 b を固定し、糸 a 2 本を芯裏 2 回の取り付け（中心）で結び付ける。

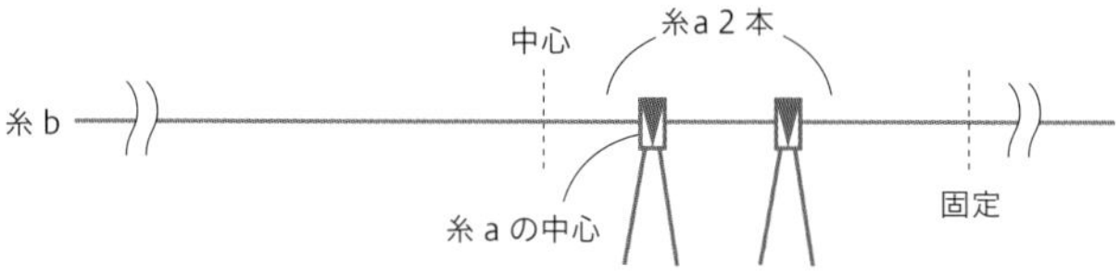

結び方手順

芯糸（糸 b）を段ごとに折り返し、前段と平行にしながら横巻き結び（右へ進む）を 3 段結ぶ（1 ～ 12）。まち針は段ごとに固定し直してもよい。
右に 90 度倒して固定し芯糸(糸 a)を足しながら糸 b で横巻き結び(左へ進む)を 4 段結ぶ(13 ～ 28)。糸 b 2 本を芯裏 2 回の取り付け（中心）で結び付けて（29、30)、横巻き結び（左へ進む）を 3 段する（31 ～ 42)。左に 90 度倒して固定し、横巻き結び（右へ進む）をする（43 ～ 58)。最後に糸端をすべて焼き留めで始末する。

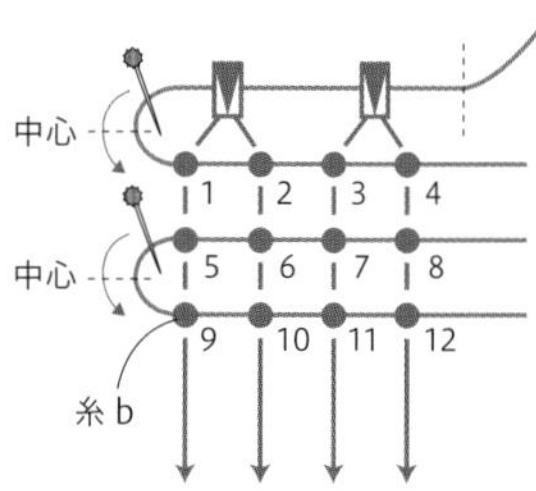

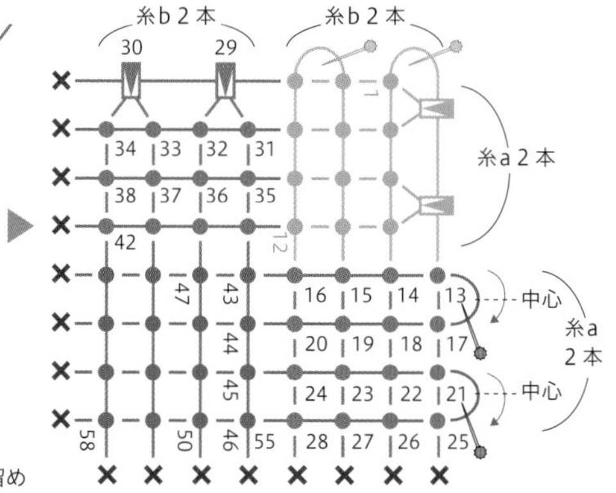

06

P.36

しかく／うず

●サイズ：1.7cm 正方

材料

ワックスコード　0.75mm

a ラベンダー　b ヒヤシンス

糸 40cm × 18 本

横巻き結び
（P.125）

裏巻き結び
（P.127）

スタートの仕方

糸 2 本の中心を合わせ、裏巻き結び（左へ進む）をする（1)。ここが四角の中心となる。
裏巻き結びのすぐ下に新たな糸の中心を合わせ、横巻き結び（左へ進む）をする（2)。

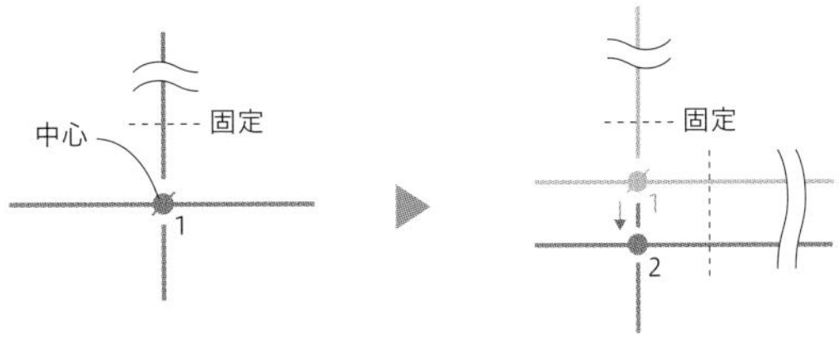

結び方手順

左に 90 度倒し、結び目の下に新たな糸の中心を合わせ、横巻き結び（左へ進む）（3）と裏巻き結び（左へ進む）（4）をする。
同様に左に 90 度倒して新たな糸を追加しながら反時計回りに回転しながら結ぶ（5 ～ 81)。
最後に糸端をすべて焼き留めで始末する。

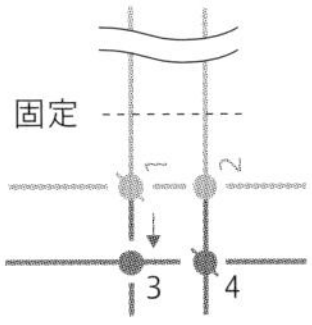

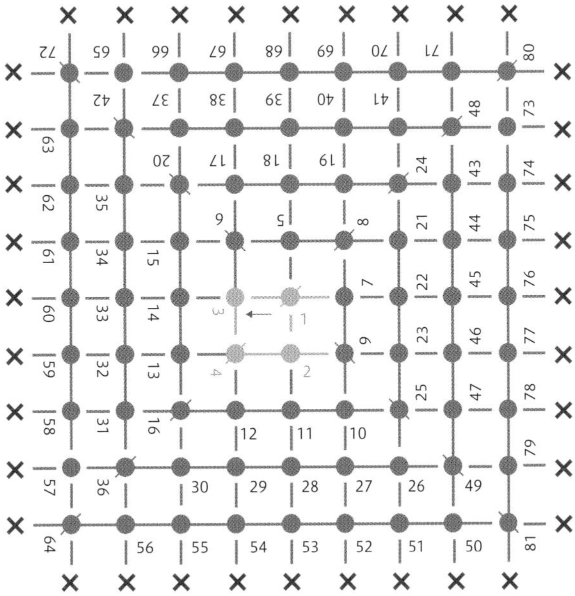

✕ ＝焼き留め

03 ブレスレット
P.37

motif ⑭

●サイズ：手首周り 17cm（アジャスターを除く）

材料

ワックスコード　0.75mm リネン
- 糸 a 50cm ×1本
- 糸 b 60cm ×6本

コットンパール　ラウンド 6mm　白　2 個
丸小ビーズ　白　50 個
メタルビーズ　4mm　ゴールド　4 個
C カン　0.8 × 3.5 × 5mm　ゴールド　4 個
ボールチップ　ゴールド　4 個
つぶし玉　ゴールド　4 個
カニカン　ゴールド　1 個
アジャスター　ゴールド　1 本
ナイロンコートワイヤー　0.3mm　20cm ×2 本

作り方手順

❶糸 a、b で⑭ながしかく（P.40）を 1 個作る。

❷ナイロンコートワイヤー（20cm）にメタルビーズ、コットンパール、丸小ビーズを通し、両端をボールチップとつぶし玉で処理する。

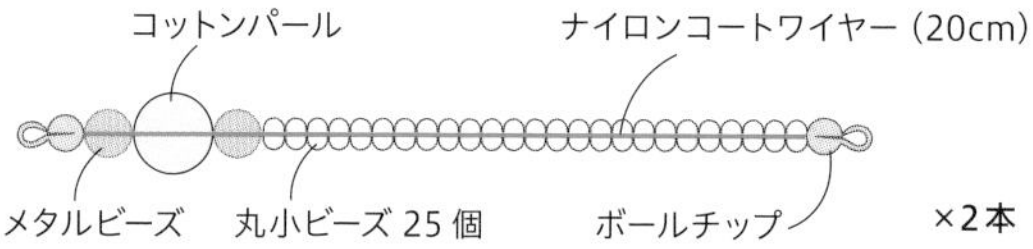

❺❷のパーツ、C カン、カニカン（反対側はアジャスター）をつなぐ。

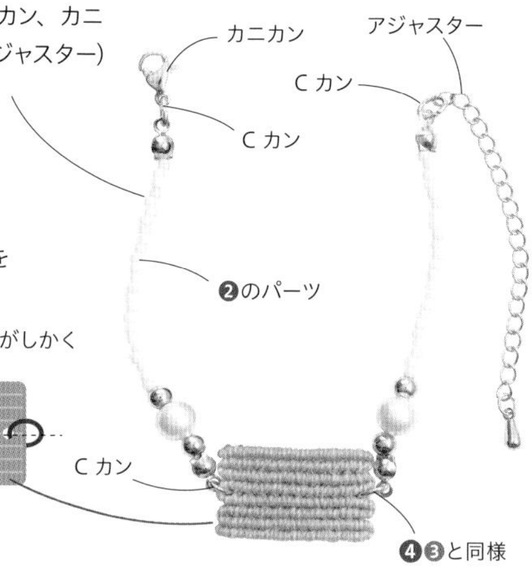

❸ながしかくに目打ちで穴をあけ、C カンをつなぐ。

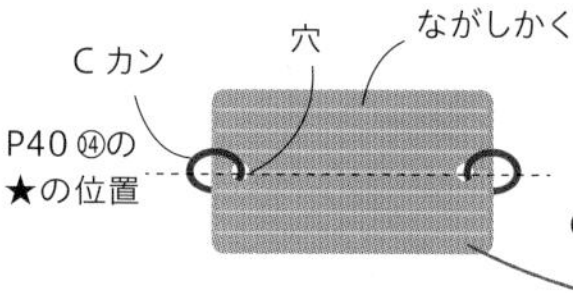

04 ネックレス
P.37

motif ⑦

●サイズ：首周り 42cm

材料

ワックスコード　0.75mm
- **リネン（2 個分）** 糸 a 50cm × 2 本
  糸 b 60cm × 2 本
  糸 c 50cm × 4 本
- **ダスクブルー（2 個分）** 糸 a 50cm × 2 本
  糸 b 60cm × 2 本
  糸 c 50cm × 4 本
- **ラベンダー（2 個分）** 糸 a 50cm × 2 本
  糸 b 60cm × 2 本
  糸 c 50cm × 4 本

チェーン　ゴールド　40cm
ダルマカン　ゴールド　1 個
C カン大　0.8 × 3.5 × 5mm　ゴールド　6 個
C カン小　0.6 × 4mm　ゴールド　2 個
引き輪　ゴールド　1 個

ひと結び（P.121）
横巻き結び（P.125）
縦巻き結び（P.125）

作り方手順

❶糸 a、b、c で⑦さんかく（P.38 ～ 39）を参考に 5 段のさんかくを 3 色各 2 個作る。

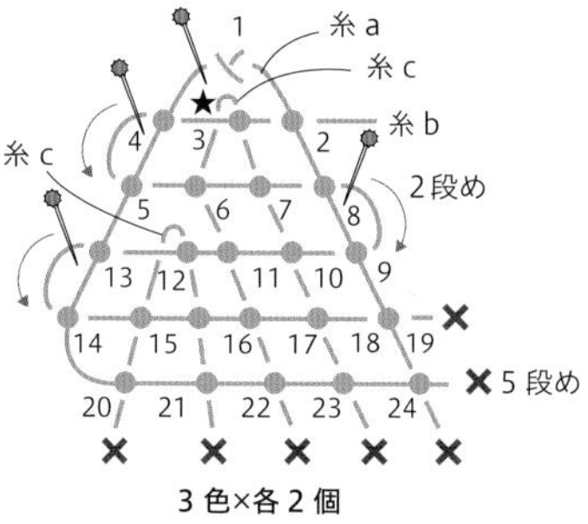

❷さんかくに目打ちで穴をあけ、C カン大をつなぐ。

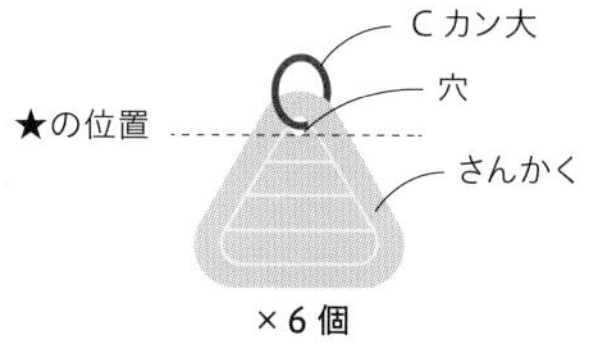

❸チェーンの中央に❷を 6 個均等に取り付ける。

05

P.37

ピアス

motif ⑤

●サイズ：全長 5cm

材料　(1 組分)

ワックスコード　0.75mm
　ダスクブルー 糸 a 50cm × 8 本
　ラベンダー 糸 b 50cm × 8 本
コットンパール　ラウンド　6mm　白　2 個
丸大ビーズ　4 個
メタルビーズ　3.5mm　ゴールド　2 個
C カン　0.8 × 3.5 × 5mm　ゴールド　4 個
T ピン　0.7 × 30mm　ゴールド　2 本
9 ピン　0.7 × 30mm　ゴールド　2 本
ピアス金具　ゴールド　1 組

作り方手順

❶糸 a、b で⑤しかく／格子（P.40）を 2 個作る。

❷ 9 ピンパーツ、T ピンパーツを各 2 個作る。

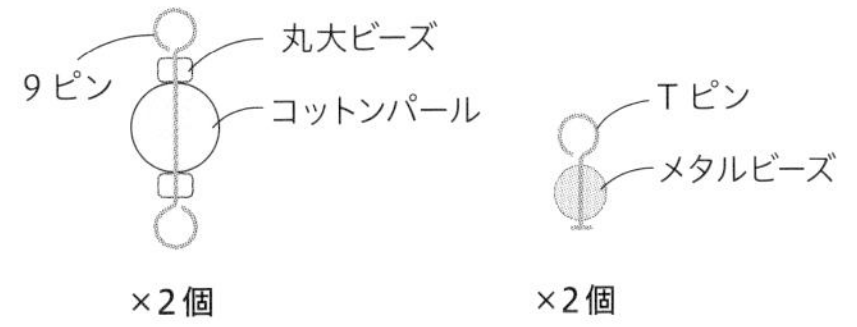

❸しかく／格子に目打ちで穴をあけ、
C カンをつなぐ。

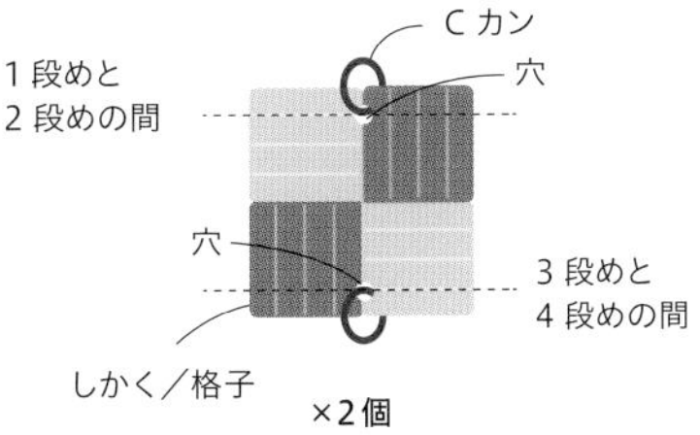

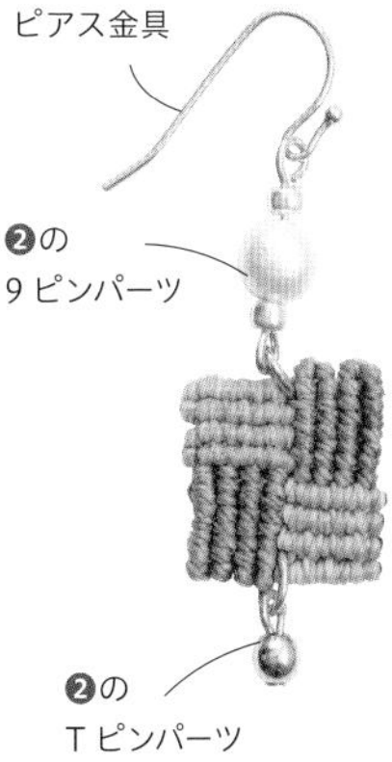

❹❸に❷のパーツ、ピアス
金具を取り付ける。
同じものを 2 個作る。

06

P.37

ピアス

motif ⑥

●サイズ：全長 6cm

材料　(1 組分)

ワックスコード　0.75mm リネン
　糸 40cm × 28 本
ファイアポリッシュ　6mm　クリスタル　2 個
メタルビーズ　3.5mm　ゴールド　4 個
T ピン　0.7 × 30mm　ゴールド　2 本
9 ピン　0.7 × 30mm　ゴールド　2 本
ピアス金具　ゴールド　1 組

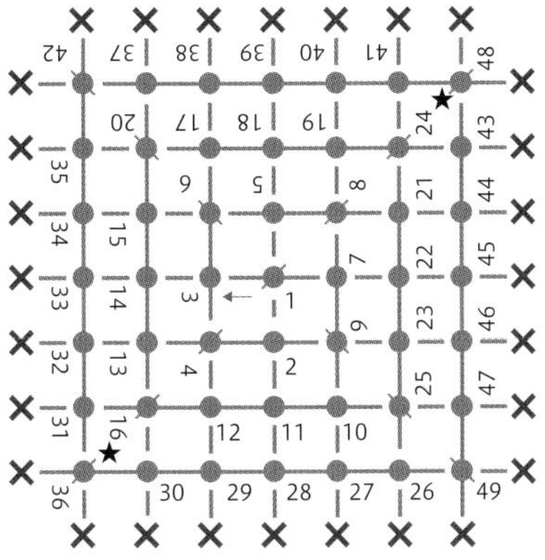

作り方手順

❶糸で⑥しかく／うず（P.41）を参考に 4 重のモチーフを 2 個作る。

❷ 9 ピンパーツ、T ピンパーツを各 2 個作る。

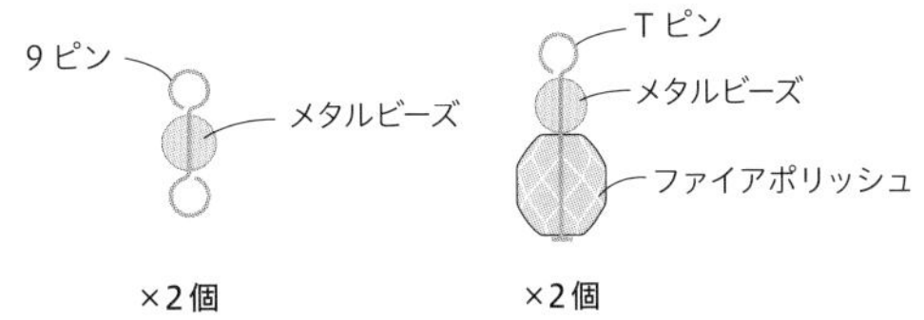

❸しかく／うずに目打ちで穴をあける。

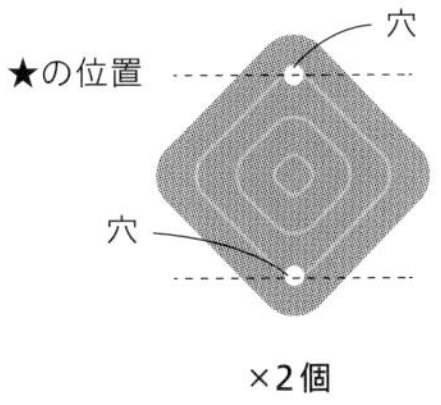

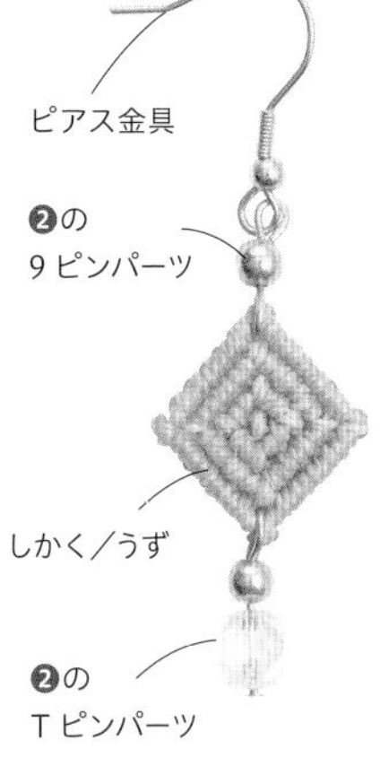

❹❸に❷のパーツ、ピアス
金具を取り付ける。
同じものを 2 個作る。

Part.3

幾何学 II

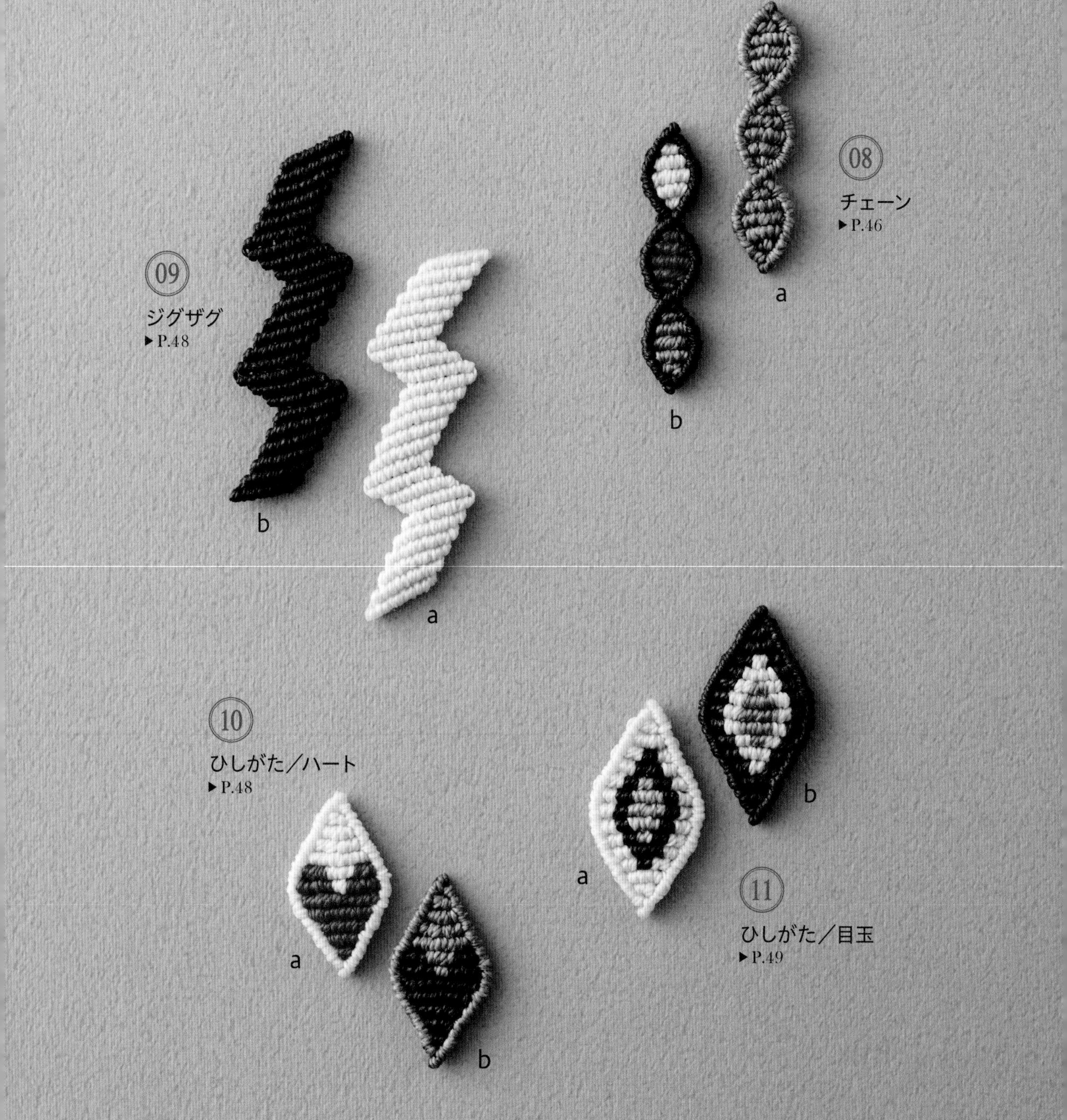

08 チェーン
▶ P.46

09 ジグザグ
▶ P.48

10 ひしがた／ハート
▶ P.48

11 ひしがた／目玉
▶ P.49

motif

(08) 小さなひし形をチェーンのようにつないでいきます。ひし形の中は色を変えても。

(09) 横巻き結びのみで、芯糸を毎段変えることで自然に斜めにできあがります。

(10) ひし形の中に、2色でハート模様を描きます。各段の中央にコードを足しながら作ります。

(11) 3色で目玉のような模様を作るひし形。(10) は 11 段、(11) は 13 段です。

07 【ネックレス】縦にすると稲妻のようなモチーフにパールを合わせて、ロックな雰囲気。 ▶ P.49

08 【ピアス】黒に赤のハートが映える、オトナの遊び心あるピアス。 ▶ P.50

09 【リング】目玉の中央にビーズを通して、アーム部分は平結びで作ります。 ▶ P.51

10 【ブレスレット】チェーンのつなぎ目にメタルパーツを配置。

モノトーンで仕上げればジェンダーレスに使えます。 ▶ P.50

Lesson.3 巻き結びの基本／ひし形の作り方

08 チェーン

P.44

●サイズ：3.4×0.8cm

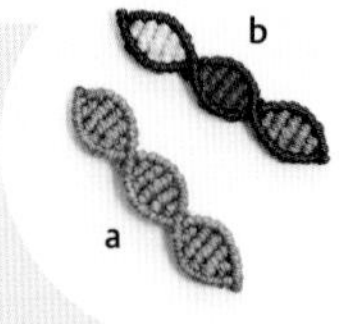

材料

a　ワックスコード　0.75mm
グレー　50cm×3本、40cm×2本、70cm×1本
b　ワックスコード　0.75mm
オフホワイト、レッド、グレー　各50cm×1本
ブラック　40cm×2本、70cm×1本

※材料を参考にコードをカットしておきます。

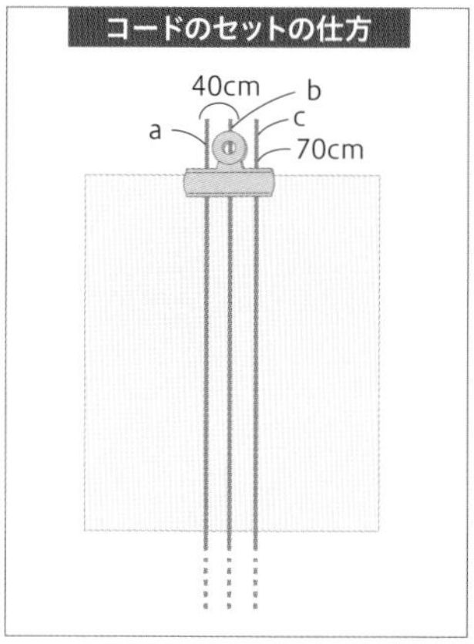

コードをセットする

1 コード40cm 2本（a、b）、70cm 1本（c）（すべて縁取りの色）を並べて、端をボードに固定します。

ひし形1個め／頂点

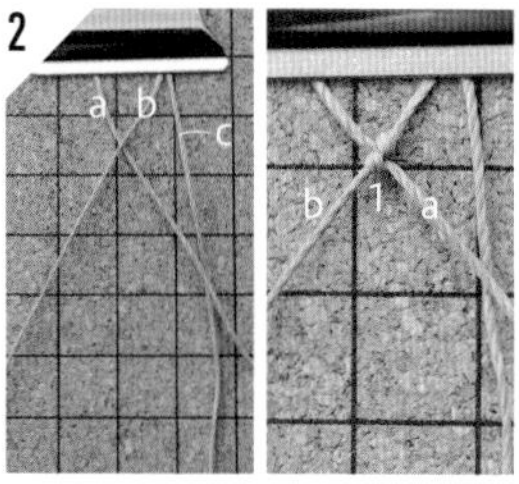

往復しながら横方向に巻き結びをしていき、5段で1個のひし形になります。bを芯にしてaで斜め巻き結び（左へ進む：P.126）を1回します(1)。これがひし形の頂点になります。

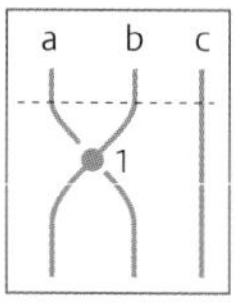

1段め

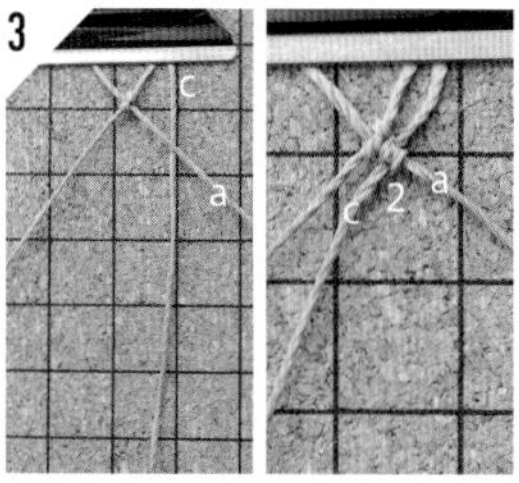

ひし形の中心まで目を増やしていきます。1段めは左に進み3目（2～4）結びます。まずはaを芯にしてcで縦巻き結び（左へ進む：P.125）を1回します(2)。

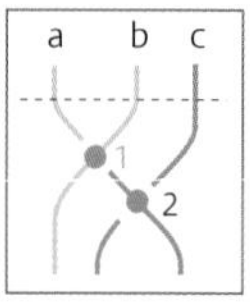

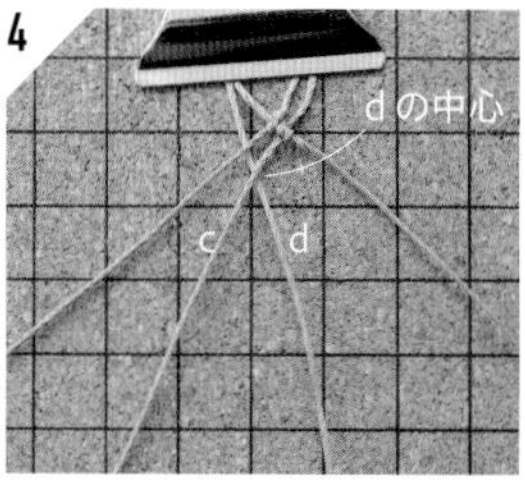

1段めに50cmのコード（中の色：d）を取り付けます。dの中心をcの下に置き、端を他のコードと一緒にボードに固定します。

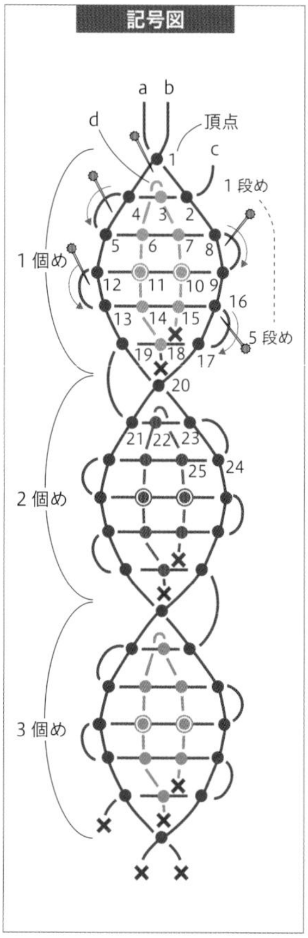

cを芯にしてdの中心で横巻き結び（左へ進む：P.125）を1回します。結び目は右に詰めます(3)。

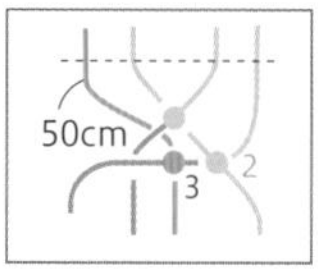

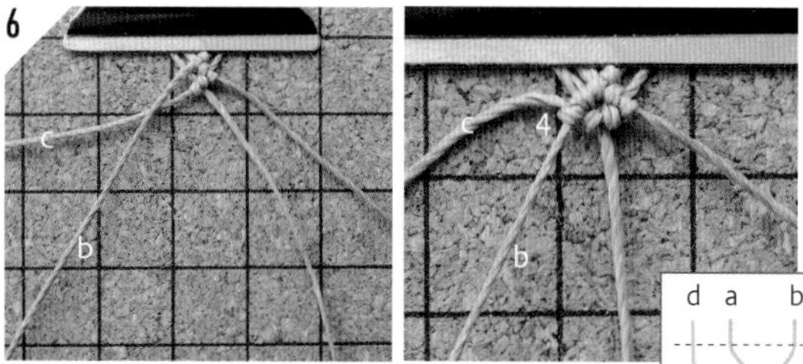

bを芯にしてcで縦巻き結び（左へ進む）を1回します(4)。1段めのできあがり。

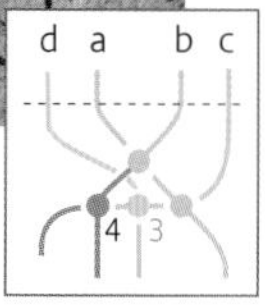

2段め

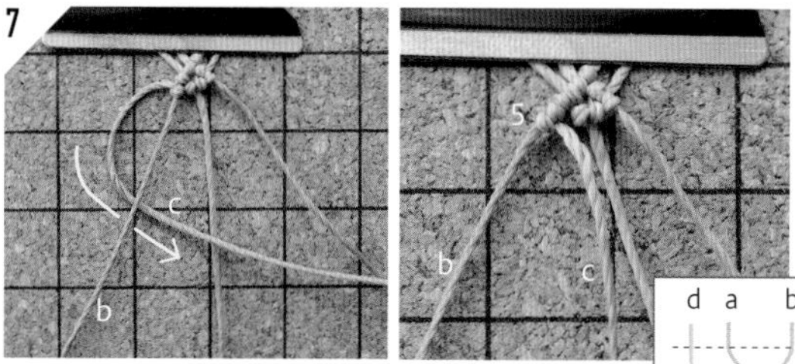

2段めは右へ進み4目結びます。cを右へ折り返し、bに縦巻き結び（右へ進む：P.125）を1回します(5)。

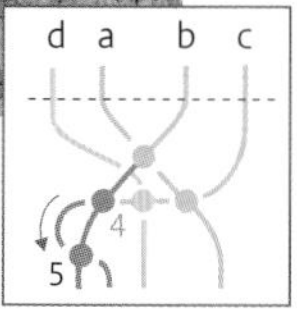

8

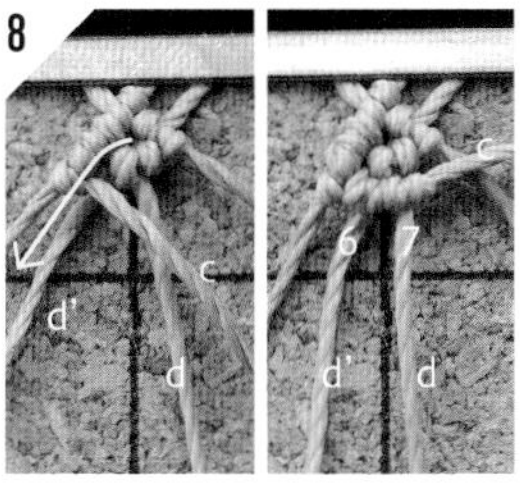

d の反対側の d' を下へ下ろします。c を芯にして d'、d で横巻き結び（右へ進む：P.125）を1回ずつします（6、7）。

9

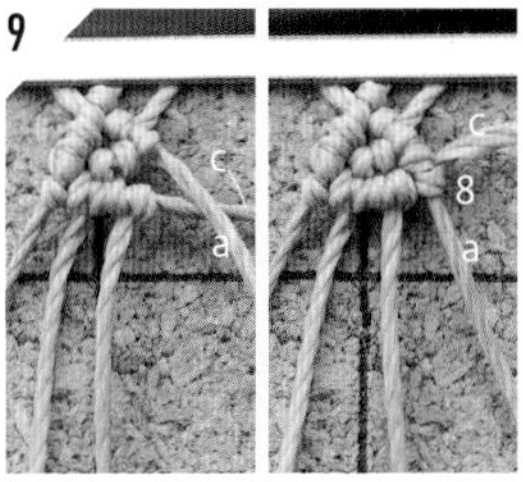

a を芯にして c で縦巻き結び（右へ進む）を1回します（8）。2 段めのできあがり。

3段め

10

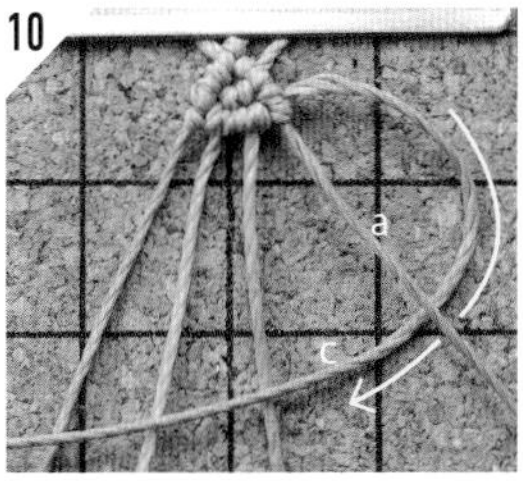

3段めは左へ進み5目結びます。c を左へ折り返し、a を芯にして縦巻き結び（左へ進む）を1回します（9）。

11

c を芯にして d で横巻き結び（左へ進む）を1回します。さらにもう1回巻き付けます（巻き結び＋1巻き：P.126）（10）。

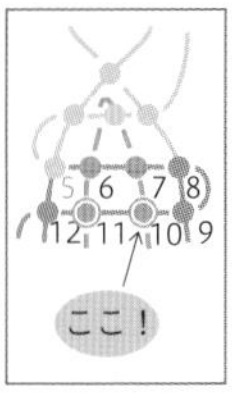

12

巻き結び＋1巻きができたところ。3段めは新たなコードを加えることなく、2目で3目分の巻き結びができあがります。

13

続けて d' で巻き結び＋1巻き（11）、b を芯にして c で縦巻き結び（左へ進む）を1回します（12）。3 段めのできあがり。この段がひし形の中心です。

4段め

14

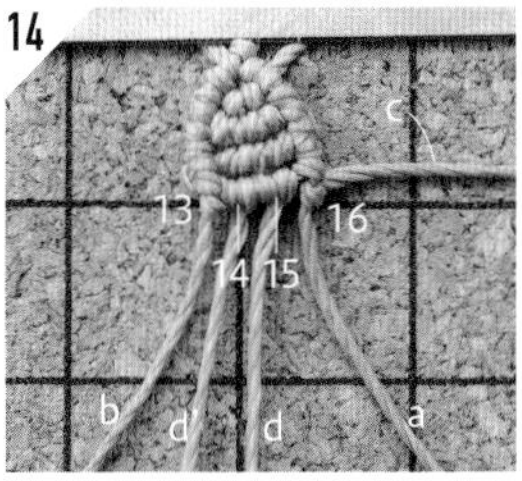

4 段め以降は目を減らしていきます。2 段め（**7**～**9**）と同様に右へ 4 目結びます（13～16）。

5段め

15

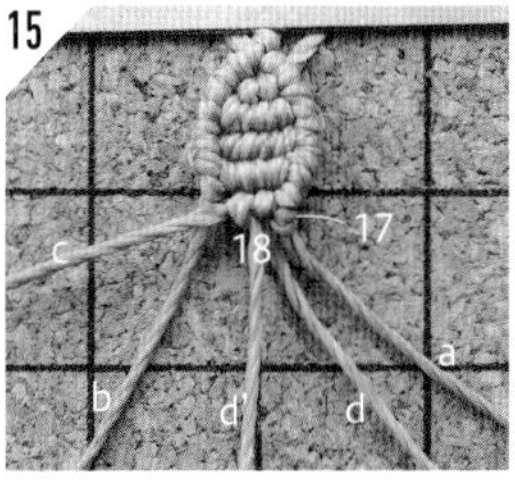

5 段めは 1 段め（**3**～**6**）と同様に左へ3目結びます（17 ～19）。d は結ばず裏側に出したままにします。

Point

減らし目のために飛ばした d は、裏側に出しておきます。最後にカットして焼き留めします。

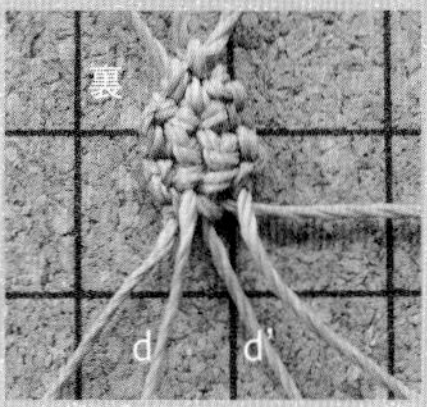

16

5 段めのできあがり。

ひし形２個め／頂点

17

続けて 1 個めの最後の目＝2 個めの頂点を結びます。a を芯にして b で斜め巻き結び（左へ進む）を 1 回します。

18

1個めのひし形ができあがりました。d、d' 2本は裏側で焼き留め（P.127）で始末します。※最後にまとめてしてもよい。

1段め

19

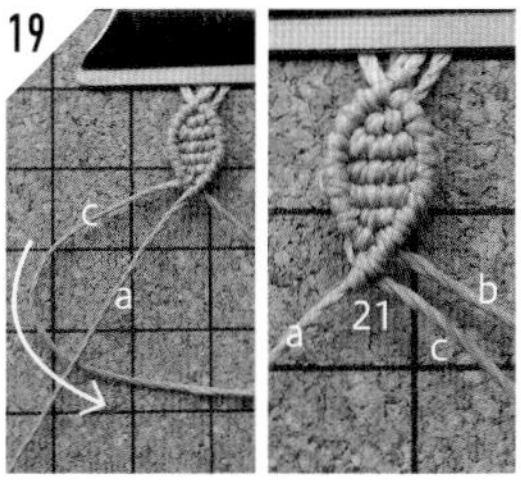

続けて 1 段めは右へ進み3目結びます。c を右へ折り返し、a を芯にして c で縦巻き結び（右へ進む）を1回します（21）。

20

4・**5** と同様に 50cm のコード（中の色：d）を取り付けます。c を芯にして d の中心で横巻き結び（右へ進む）を1回します（22）。続けて b を芯にして c で縦巻き結び（右へ進む）を1回します（23）。2 個めの 1 段めのできあがり。

21

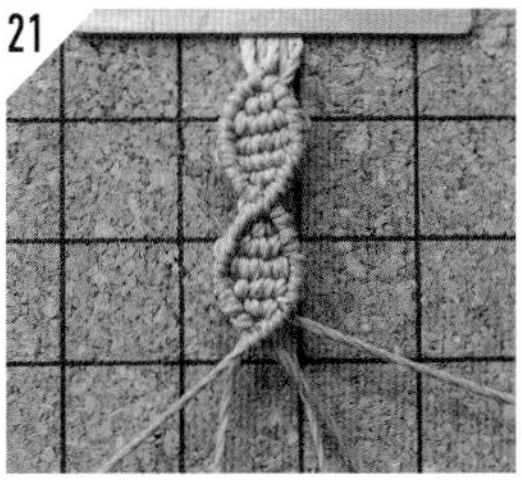

1個めと同じ要領で（折り返しの方向が各段、逆になります）、P.46 の結び図を参照して結んでいきます。2個めのできあがり。

22

3個めまで結べたら、コードを1本ずつ焼き留めで始末します。

09 ジグザグ

P.44

●サイズ：4.2×1.8cm

材料

ワックスコード　0.75mm

a オフホワイト　b ブラック

糸 55cm×6本

横巻き結び（P.125）

スタートの仕方

糸6本を固定し、右端の1本を芯として横巻き結び（左へ進む）を1段結ぶ（1～5）。

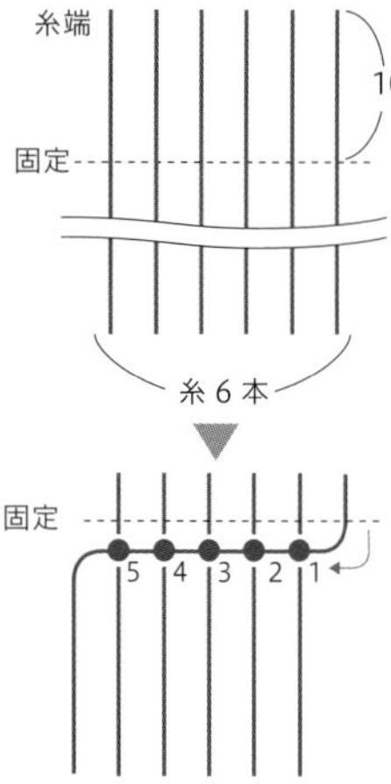

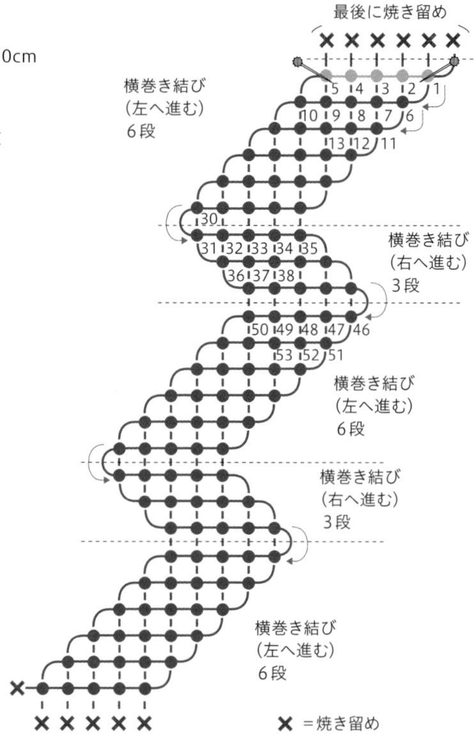

結び方手順

芯糸を段ごとに折り返し、前段と平行にしながら横巻き結びをする。

まち針は段ごとに固定し直してもよい。

最後に糸端をすべて焼き留めで始末する。

10 ひしがた／ハート

P.44

●サイズ：2.4×1.3cm

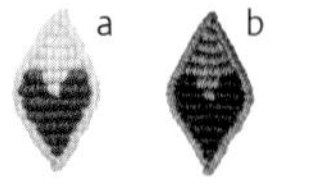

材料

ワックスコード　0.75mm

糸 a40cm×2本

a オフホワイト

b グレー

糸b 70cm×1本

a オフホワイト

b グレー

糸 c 50cm×2本

a オフホワイト

b グレー

糸 d 50cm×2本

a レッド

b ブラック

斜め巻き結び（P.126）

縦巻き結び（P.125）

横巻き結び（P.125）

巻き結び＋1巻き（P.126）

スタートの仕方

糸 a 2本を固定し、斜め巻き結び（左へ進む）を1回する（1）。

糸 b で縦巻き結び（左へ進む）を1回する（2）。

新たな糸 c の中心を糸 b と合わせて横巻き結び（左へ進む）を1回し（3）、糸 c' を下に下ろしておく。

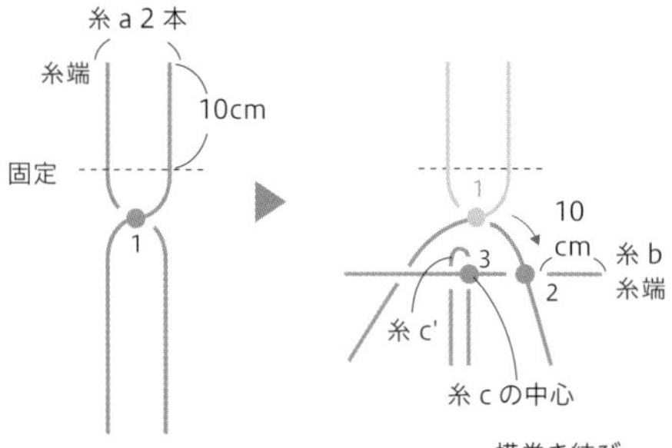

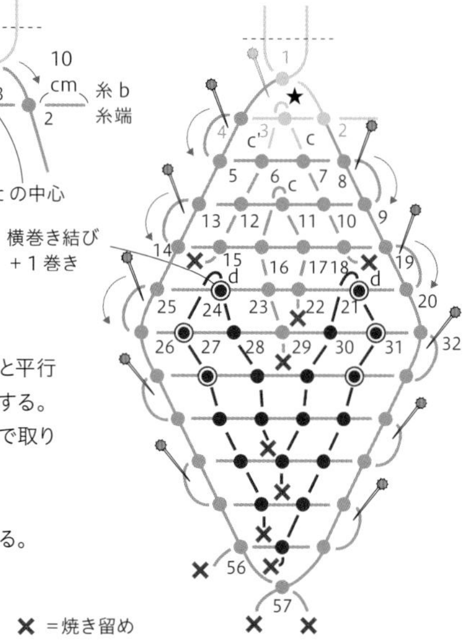

結び方手順

芯糸（糸 b）を段ごとに折り返し、前段と平行にしながら横巻き結び、縦巻き結びをする。

途中糸 d の中心を横巻き結び +1 巻きで取り付ける（21、24）。

まち針は段ごとに固定し直してもよい。

最後に糸端をすべて焼き留めで始末する。

⑪ ひしがた／目玉

P.44

●サイズ：2.7×1.5cm

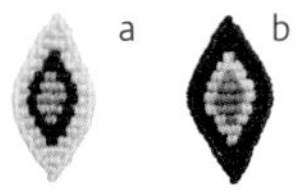

材料

ワックスコード　0.75mm

糸 a 35cm×2 本
- **a** オフホワイト
- **b** ブラック

糸b 70 cm×1 本
- **a** オフホワイト
- **b** ブラック

糸 c 70 cm×1 本
- **a** オフホワイト
- **b** ブラック

糸 d 60 cm×1 本
- **a** ブラック
- **b** オフホワイト

糸 e 50 cm×1 本
- **a** グレー
- **b** グレー

スタートの仕方

糸 a2 本を固定し、斜め巻き結び（左へ進む）を1回する（1）。
糸 b で縦巻き結び（左へ進む）を1回する（2）。
新たな糸 c の中心を糸 b と合わせて横巻き結び（左へ進む）を1回し（3）、糸 c' を下に下ろしておく。

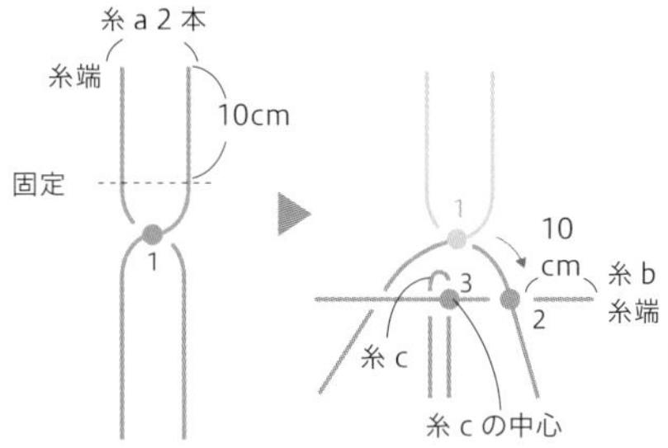

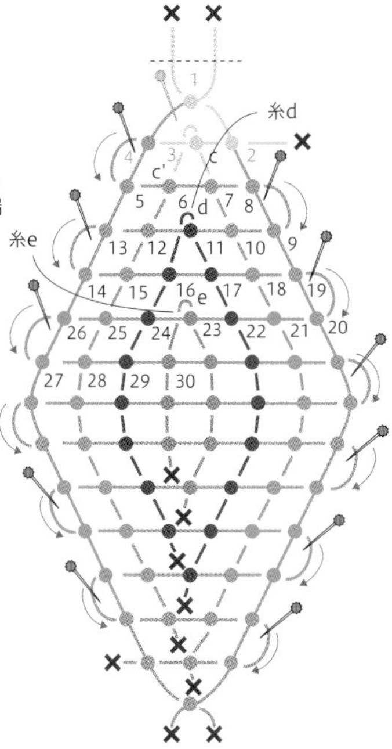

結び方手順

芯糸（糸 b）を段ごとに折り返し、前段と平行にしながら横巻き結び、縦巻き結びを結ぶ。
途中糸 d、e の中心を横巻き結びで取り付ける。
まち針は段ごとに固定し直してもよい。
最後に糸端をすべて焼き留めで始末する。

斜め巻き結び（P.126）　縦巻き結び（P.125）　横巻き結び（P.125）

✕ ＝焼き留め

---

07 ネックレス

P.45

motif ⑨

●サイズ：首周り 40cm（アジャスターを除く）

材料

ワックスコード　0.75mm グレー

糸 55cm×6 本

プラスチックパール　ラウンド 6mm 白　8 個
プラスチックパール　ラウンド 4mm 白　8 個
丸大ビーズ　中銀　130 個
C カン　0.8×3.5×5mm　シルバー　4個
ボールチップ　シルバー　4 個
つぶし玉　シルバー　4 個
引き輪　シルバー　1個
アジャスター　シルバー　1 本
ナイロンコートワイヤー　0.3mm　30cm×2本

作り方手順

❶糸で⑨ジグザグ（P.48）を 1 個作る。

❷ナイロンコートワイヤー（30cm）2 本それぞれにビーズとパーツを通し、両端をボールチップとつぶし玉で処理する。

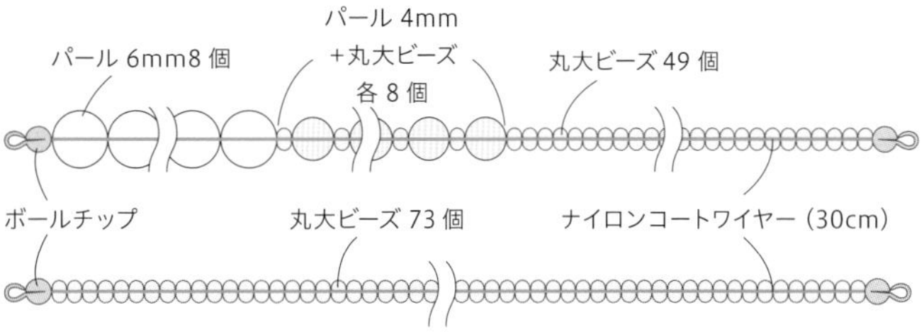

❺❷のパーツ、C カン、引き輪（反対側はアジャスター）をつなぐ。

❸ジグザグに目打ちで穴をあけ、C カンをつなぐ。

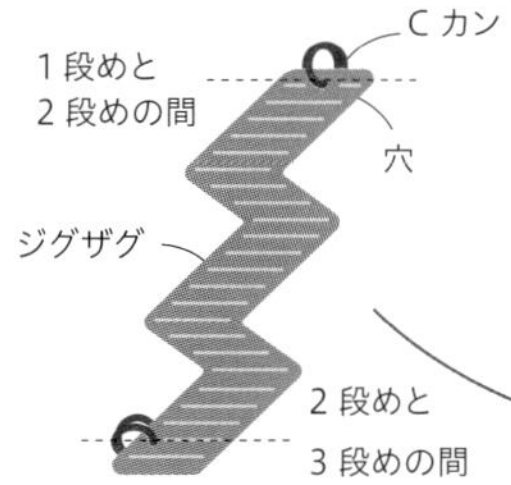

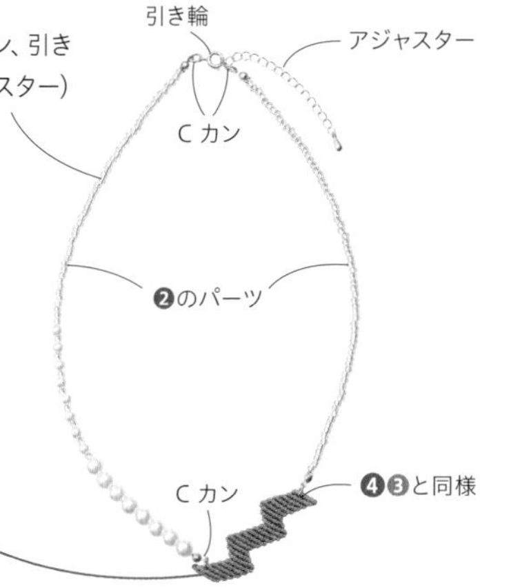

08 P.45

ピアス
motif ⑩
●サイズ：全長 2.3cm

材料　**（1 組分）**

ワックスコード　0.75mm
ブラック糸 a 40cm × 4 本
ブラック糸 b 70cm × 2 本
ブラック糸 c 50cm × 4 本
レッド糸 d 50cm × 4 本
C カン　0.8 × 3.5 × 5mm　シルバー　2 個
ピアス金具　シルバー　1組

作り方手順

❶糸 a、b、c、d で⑩ひしがた／ハート（P.48）を 1 個作る。

❷ひしがた／ハートに目打ちで穴をあけ、C カンとピアス金具をつなぐ。同じものを 2 個作る。

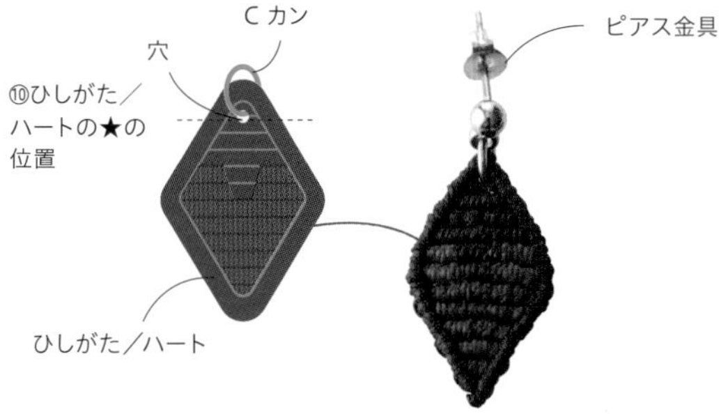

10 P.45

ブレスレット
motif ⑧
●サイズ：手首周り 16cm（アジャスターを除く）

材料

ワックスコード　0.75mm
ブラック 糸 a 80cm × 1 本
糸 b 200cm × 1 本
グレー 糸 c 50cm × 4 本
オフホワイト 糸 d 50cm × 3 本
メタルビーズ　4mm　6 個
C カン　0.8 × 3.5 × 5mm　シルバー　4 個
カニカン　シルバー　1 個
アジャスター　シルバー　1個

作り方手順

❶糸 a を C カンにかけ、中心で 2 つ折りにする。

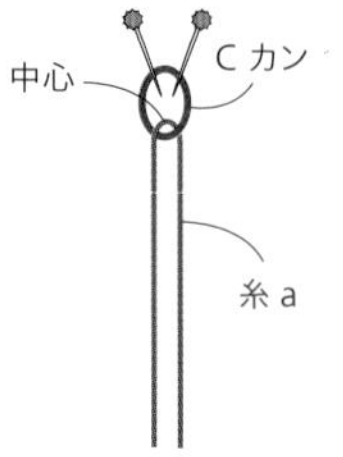

❷糸 a ～ d で⑧チェーン（P.46 ～ 47）を参考に、間にメタルビーズを通しながら連続で7個分結ぶ。グレーとオフホワイトのひしがたを交互にする。

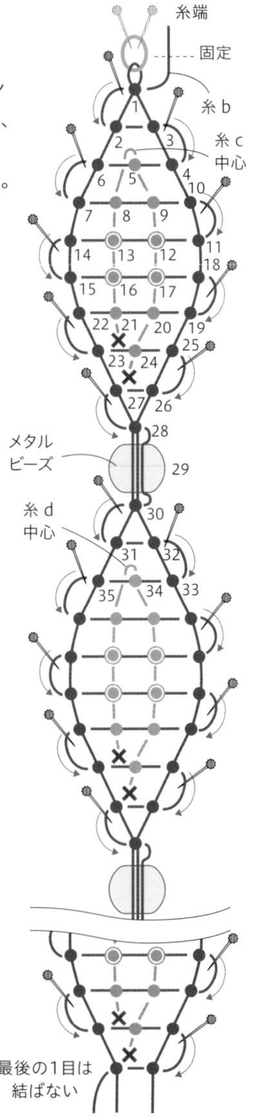

❸芯糸 2 本を C カンに通し、2 つ折りで折り返し、巻き結びで最後を留める。糸端をすべて焼き留めで始末する。

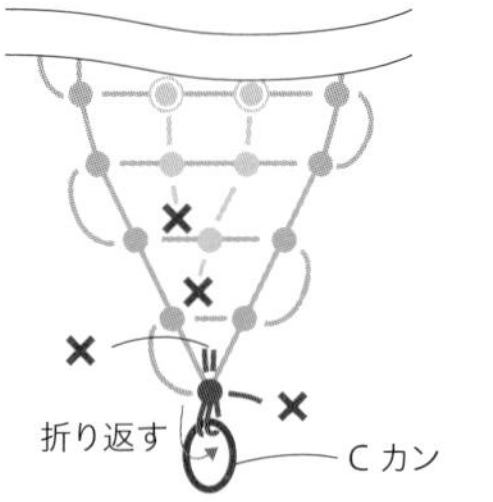

✕ ＝焼き留め

❹❸の C カンにそれぞれアジャスターとカニカンを取り付ける。

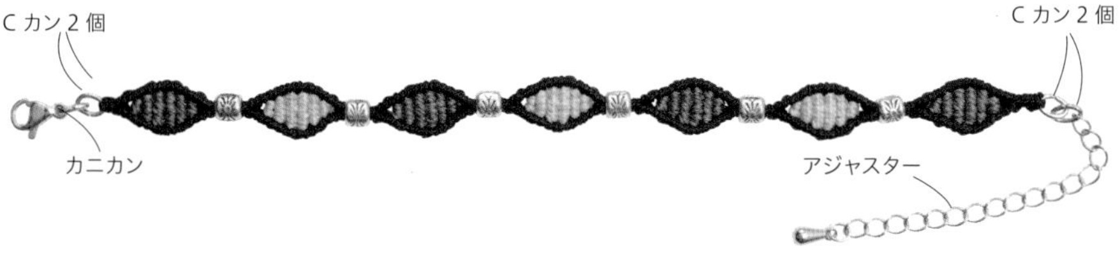

09 リング

P.45

motif ⑪
●サイズ：フリーサイズ

材料

ワックスコード　0.75mm

a
オフホワイト 糸 a 60cm × 4 本
糸 b 80cm × 1 本
糸 c 70cm × 1 本
グレー 糸 d 60cm × 1 本
ブラック 糸 e 50cm × 1 本

b
ブラック 糸 a 60cm × 4 本
糸 b 80cm × 1 本
糸 c 70cm × 1 本
グレー 糸 d 60cm × 1 本
オフホワイト 糸 e 50cm × 1 本

【共通】
メタルビーズ　3.5mm　マットシルバー　1 個

縦巻き結び（P.125）
横巻き結び（P.125）
左上平結び（P.122）

作り方手順

❶糸 a、b、c、d、e で⑪ひしがた／目玉（P.49）を作る。1 段めは糸 a 2 本ずつを芯にして縦巻き結び（右へ進む）をし（1、2）、2 段め以降は糸 c、糸 d、糸 e を横巻き結びで取り付けながら 7 段めまで結ぶ。8 段めは中央の芯糸にメタルビーズを通す。9 段め以降は結び目を減らしていく。

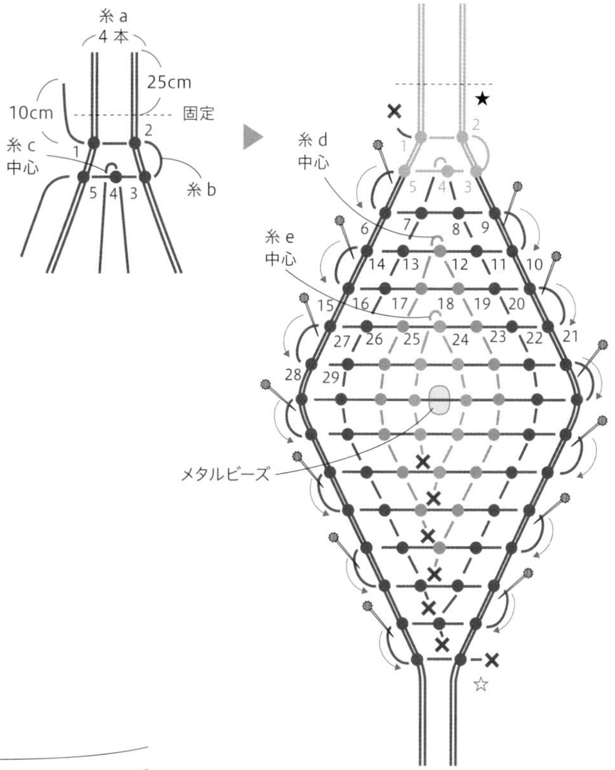

❷リング部分を結ぶ。★と☆を突き合わせて、糸 a8 本を重ねる。芯 6 本の左上平結びを 2 回結んで指周りより少し長くなるよう調整する。

❸●の芯糸がリングの内側になるように残りの左上平結びをする。糸端をすべて焼き留めで始末する。

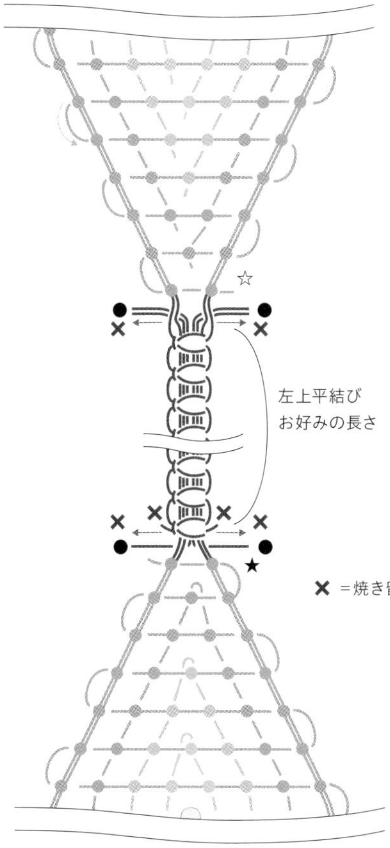

× ＝焼き留め

a

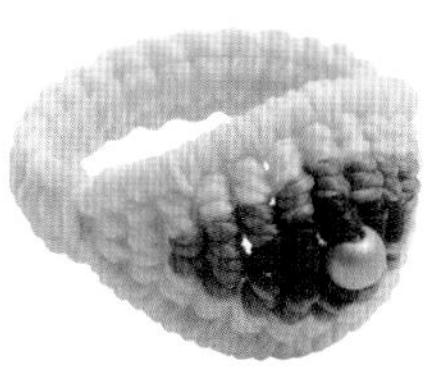

b

Part.3

植物

a

a

b

b

⑫
6弁花①
▶P.56

⑭
1枚葉①
▶P.57

⑬
6弁花②
▶P.56

a

b

a

b

⑮
1枚葉②
▶P.57

motif

⑫ 丸みのある花びらの模様を6回くり返し、最後に裏で隙間ができないように接続させ、花形に仕上げます。

⑬ 角が6つの花は、色を変えれば星のようにも見せられます。角の折り返し部分を尖らせるときれいです。

⑭ 先端が2段の葉。葉の右下から結んでいきます。段数を増やせば大きな葉にもアレンジできます。

⑮ 先端が1段の葉。葉脈の中心から結んでいきます。段数を増やすと、やや丸みのある葉になります。

a

b

⑯

8弁花

▶P.58

a　b

⑰

2枚葉

▶P.59

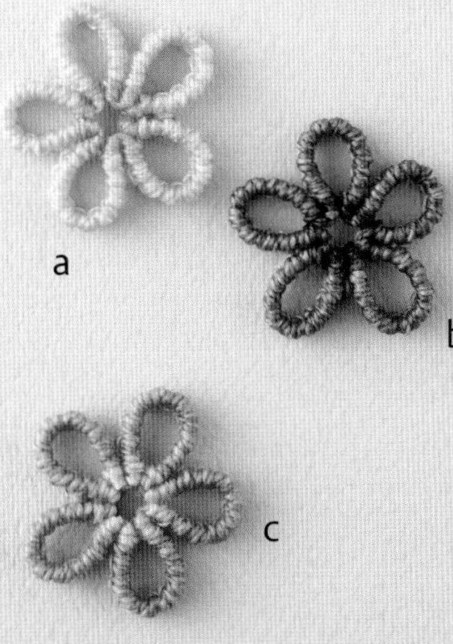

a

b

c

⑱

5弁花

▶P.59

motif

⑯ 中心を輪にし、花びらをそれぞれの方向に広げるように結びます。
最初に取り付ける本数で、花びらの枚数をアレンジできます。

⑰ ⑭と同様に、葉の右下から葉を1枚ずつ結びます。茎は3本を芯にしてライン結びをしています。

⑱ 花びら1枚ずつをライン結びで形作っていきます。花芯は、色を変えてアクセントに。

11 【ブレスレット】ブラウン系のグラデーションで、ナチュラルな雰囲気に。
モチーフを通しながらワイヤーを交差させて仕上げます。▶ P.60

12 【ピアス】しずく型のフープにモチーフを取り付け、可憐に揺れるピアスに。
タッチング結びをしながら小さなビーズを通し、フープ全体をくるんでいます。▶ P.61

13 【ピアス】カンでつなぐだけの簡単アレンジ。
モチーフを作りためておいて、どんなアクセサリーに仕上げるか考えるのも楽しみ。▶P.60

14 【ブレスレット】花よりひと回り小さなメタルフープを挟み、
リズミカルにつないだブレスレット。▶P.61

12 6弁花①

P.52

●サイズ：2.1cm

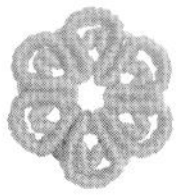

材料

ワックスコード　0.75mm

a マリーゴールド　b オレンジ

糸 a 40cm × 2 本
糸 b 50cm × 1 本
糸 c 60cm × 1 本
糸 d 70cm × 1 本

横巻き結び
(P.125)

斜め巻き結び
(P.126)

ライン結び
(P.124)

スタートの仕方

糸 a ～ d を並べて固定する。左端の糸 a 1 本を芯にし、横巻き結びを 3 回する。

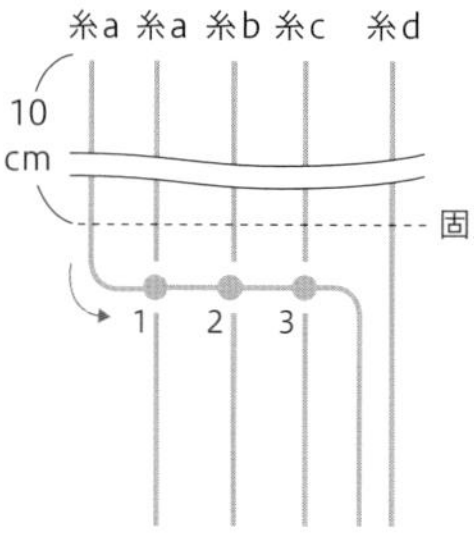

結び方手順

番号順にぐるりと、6 弁同じパターンで巻き結びとライン結びで結ぶ。
1弁結んだら、途中の糸が「スタートの仕方」と同じになるように固定し直すと結びやすい。
まち針は結びやすい位置で留める。
裏返して最初と最後の糸を斜め巻き結び（左へ進む）し（55 ～ 57：表から見ると裏巻き結び）、糸端をすべて焼き留めする。

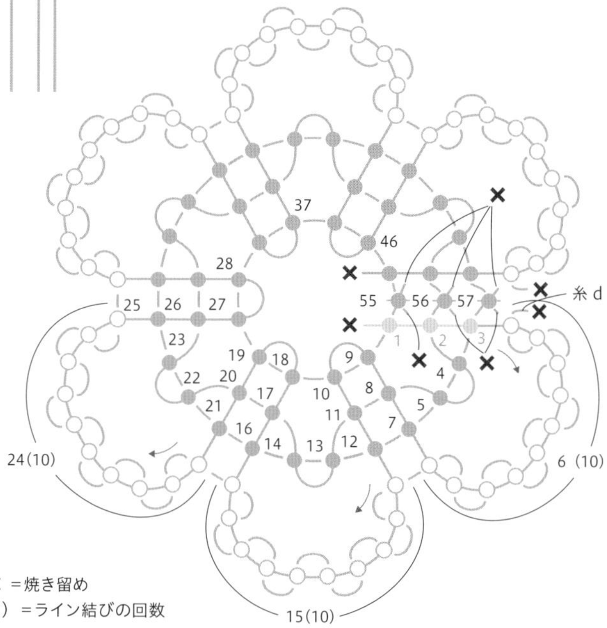

✖ =焼き留め
（　）=ライン結びの回数

13 6弁花②

P.52

●サイズ：2cm

材料

ワックスコード　0.75mm

a テラコッタ　b コーラルピンク

糸 a 50cm × 3 本
糸 b 60cm × 1 本

横巻き結び
(P.125)

斜め巻き結び
(P.126)

スタートの仕方

糸 a 3 本、糸 b 1 本を並べて固定する。左端の糸 a 1 本を芯にし、横巻き結び（右へ進む）を 3 回する（1 ～ 3）。

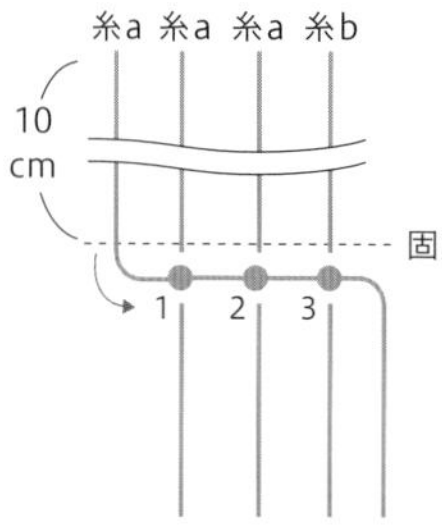

結び方手順

番号順にぐるりと、6 弁同じパターンで結ぶ。
1弁結んだら、途中の糸がスタートの仕方と同じになるように固定し直すと結びやすい。
まち針は結びやすい位置で留める。
裏返して最初と最後の糸を斜め巻き結び（左へ進む）し（61、62：表から見ると裏巻き結び）、糸端をすべて焼き留めする。

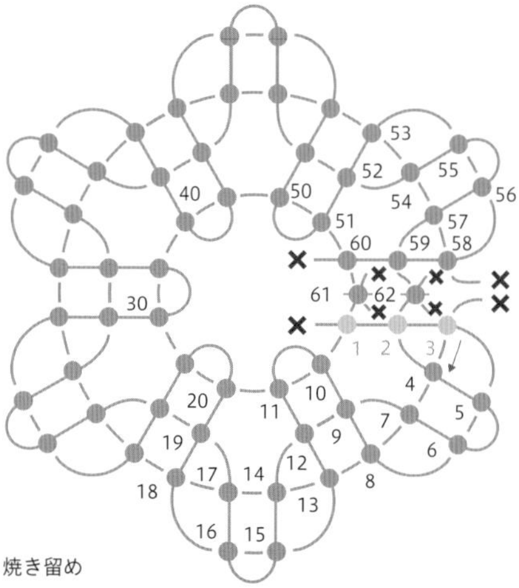

✖ =焼き留め

14 1枚葉①

P.52

●サイズ：2.7×1.2cm

材料

ワックスコード　0.75mm
a モスグリーン
b リーフグリーン
糸 40cm×7本

横巻き結び（P.125）

ライン結び（P.124）

スタートの仕方

糸7本を並べて固定する。右端の糸1本を芯にし、横巻き結び（左へ進む）を6回する。

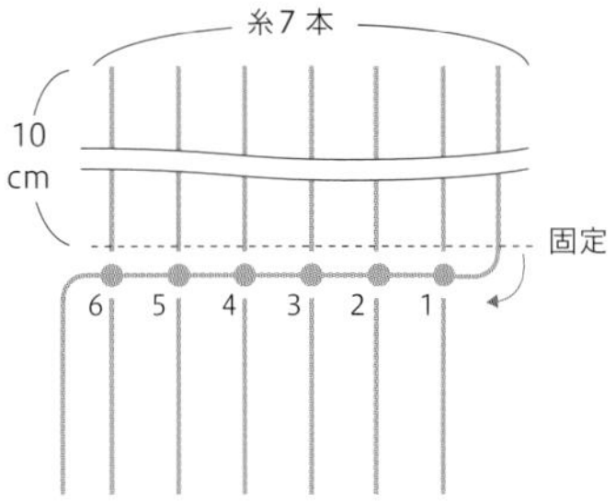

結び方手順

番号順に結ぶ。53～57のライン結び（芯が右）は芯が2本になる。
まち針は結びやすい位置で留める。
糸端をすべて焼き留めで始末する。

×＝焼き留め

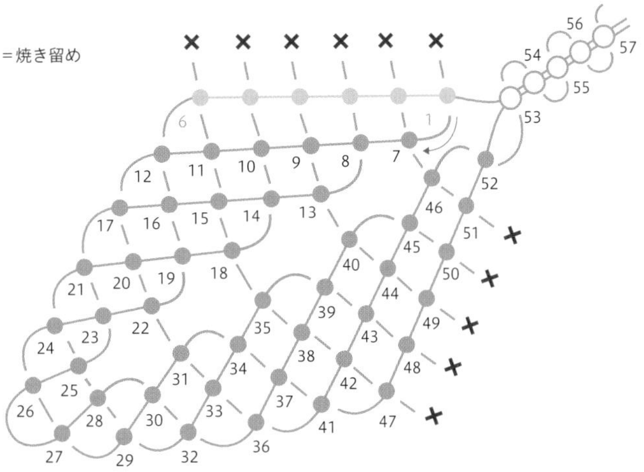

15 1枚葉②

P.52

●サイズ：2.4×1.2cm

材料

ワックスコード　0.75mm
a グレージュ
b カフェオレ
糸 a 40cm×2本
糸 b 50cm×4本

縦巻き結び（P.125）

裏巻き結び（P.127）

ライン結び（P.124）

スタートの仕方

糸a 2本の糸端を固定する。これを芯とし、糸b 4本の中心をそれぞれ縦巻き結び(右へ進む）で取り付ける。

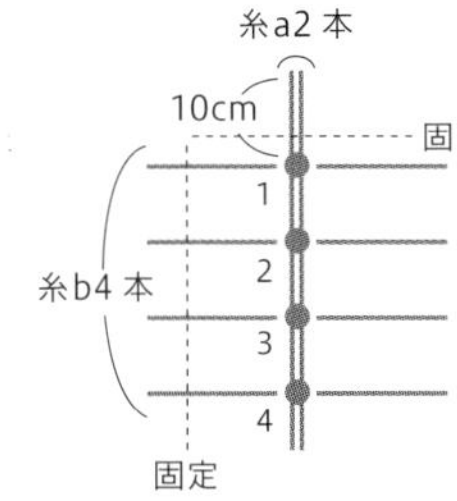

結び方手順

番号順に結ぶ。41～45のライン結び（芯が左）は芯が2本になる。
まち針は結びやすい位置で留める。
糸端をすべて焼き留めで始末する。

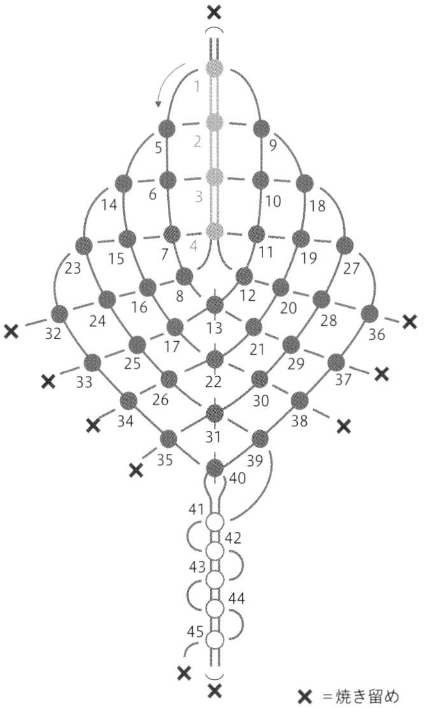

×＝焼き留め

16 8弁花

P.53

●サイズ：3cm

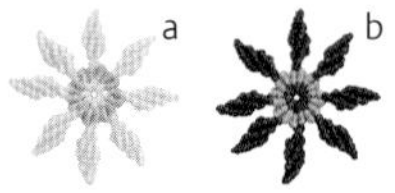

材料

ワックスコード　0.75mm

a オフホワイト

糸 a オフホワイト 40cm ×16 本

糸 b コーラルピンク 50cm × 1 本

b エンジ

糸 a エンジ 40cm ×16 本

糸 b コーラルピンク 50cm × 1 本

ひと結び（P.121）

縦巻き結び（P.125）

斜め裏巻き結び（P.127）

横巻き結び（P.125）

スタートの仕方

糸 a 1 本を固定し､その中心部分に糸 a 7 本をひと結び（中心）で結び付ける。

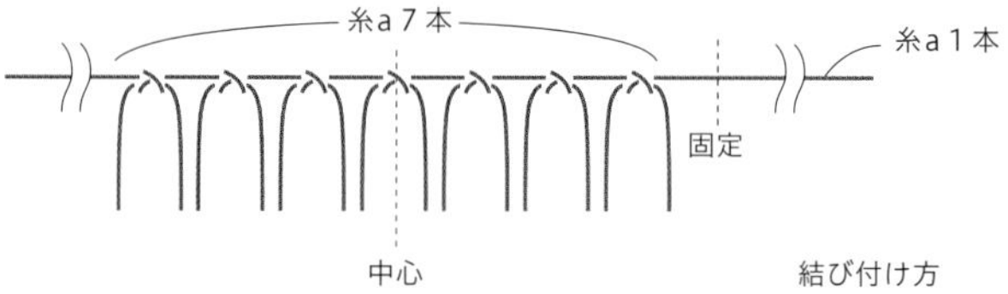

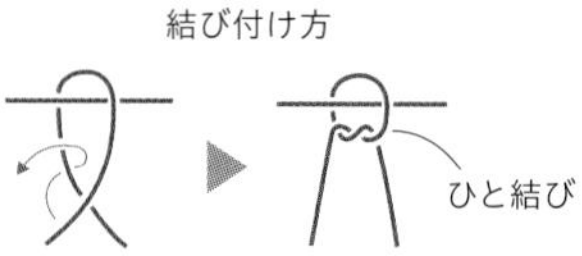

結び方手順

芯糸（糸 a）を輪にし、両端の 2 本で裏巻き結び（左へ進む）をする。引き締めて輪を小さくする。糸 b を糸端 10cm 残し、ぐるりと 1 周縦巻き結び（左へ進む）をする。

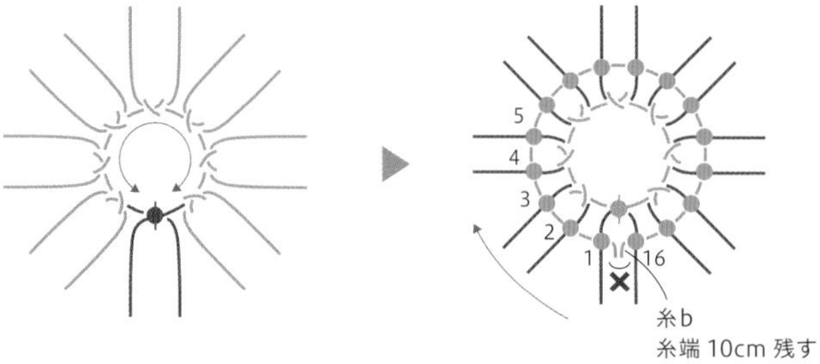

続きの花弁を1枚ずつ、横巻き結び（左へ進む）で 8 枚結ぶ。

花びら1段めで糸 a（中心）を足す。固定し直すと結びやすい。まち針は結びやすい位置で留める。

糸端をすべて焼き留めで始末する。

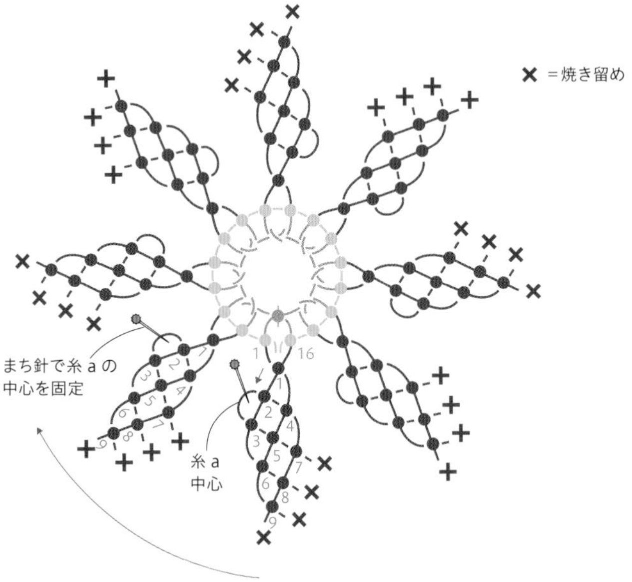

Point

まち針では向こうから手前に斜めに刺す。

17 2枚葉

P.53

●サイズ：1.7×1.7cm

材料

ワックスコード　0.75mm

a リーフグリーン　b モスグリーン

糸 a 30cm×4 本

糸 b 40cm×1 本

糸 c 30cm×1 本

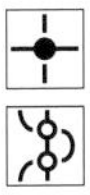

スタートの仕方

糸 a 4 本、糸 b 1 本を図の順に並べて固定する。右端の糸 a 1 本を芯にし、横巻き結び（左へ進む）を 4 回する。

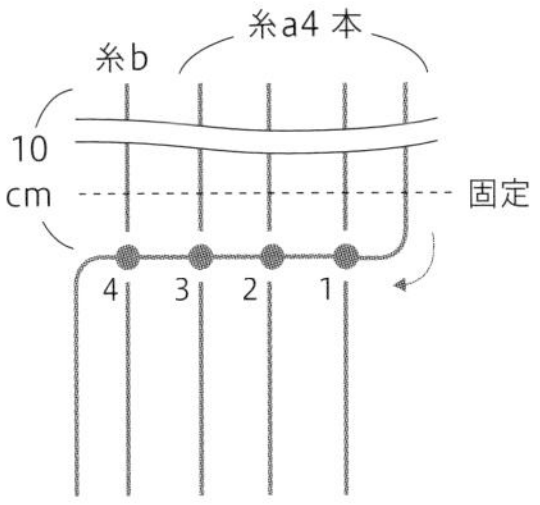

結び方手順

番号順に結ぶ。まち針は結びやすい位置で留める。

★の渡り糸は約 2cm とし、ライン結びを 5 回まで結んだらカットし、焼き留めで始末する。

ライン結び（芯が右）は芯が 3 本になる。最後に糸端をすべて焼き留めで始末する。

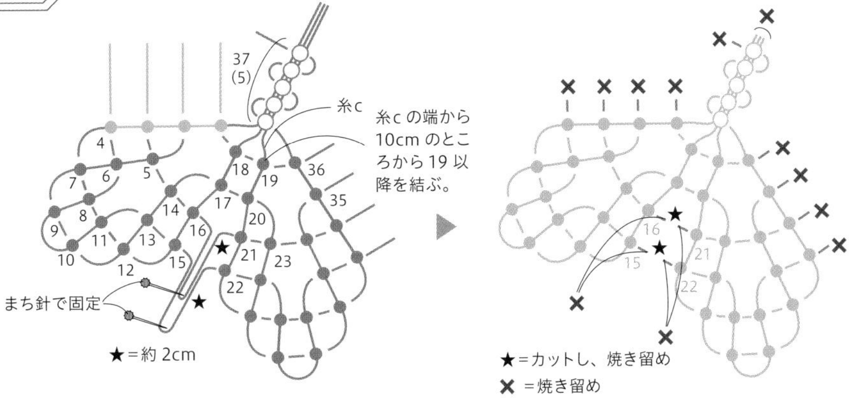

18 5弁花

P.53

●サイズ：2cm

材料

ワックスコード　0.75mm

a オフホワイト

糸 a オフホワイト 40cm×1本

糸 b マリーゴールド 40cm×1 本

糸 c オフホワイト 90cm×1本

b グレージュ

糸 a グレージュ 40cm×1本

糸 b ダークブラウン 40cm×1 本

糸 c グレージュ 90cm×1 本

c コーラルピンク

糸 a コーラルピンク 40cm×1本

糸 b オフホワイト 40cm×1 本

糸 c コーラルピンク 90cm×1 本

スタートの仕方

糸 a、糸 b、糸 c を図の順に並べて固定する。

糸 a を芯にして横巻き結び（右へ進む）を1回結ぶ。

続けてライン結び（芯が左）を図のように結ぶ。

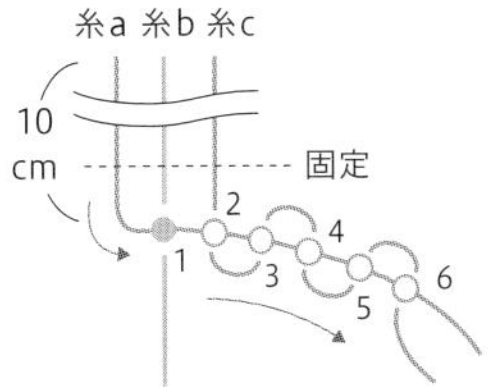

結び方手順

花弁を1枚ずつ、横巻き結びとライン結びの同じパターンで 5 枚結ぶ。

1弁結んだら、途中の糸がスタートの仕方と同じになるように固定し直すと結びやすい。

まち針は結びやすい位置で留める。

裏返して最初と最後の糸を斜め巻き結び（左へ進む）し（101、102 は表から見ると裏巻き結び）、糸端をすべて焼き留めする。

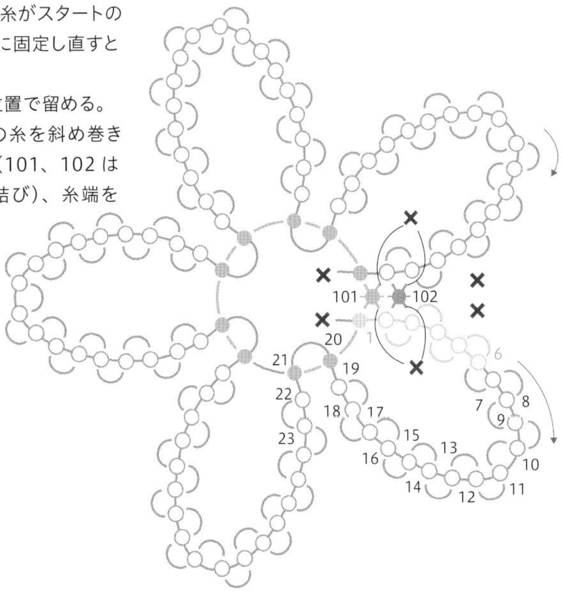

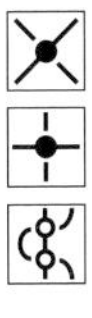

11

P.54

ブレスレット

motif ⑫

●サイズ：手首周り 16cm
（アジャスターを除く）

材料

ワックスコード　0.5mm

6弁花①

オフホワイト（2 個分）

糸 a 40cm × 4 本
糸 b 50cm × 2 本
糸 c 50cm × 2 本
糸 d 60cm × 2 本

リネン・チャコール・グレージュ

糸 a 40cm × 2 本
糸 b 50cm × 1 本
糸 c 50cm × 1 本
糸 d 60cm × 1 本

丸大ビーズ　ライトゴールド　11 個
丸カン　0.6 × 4mm　ゴールド　2 個
ボールチップ　ゴールド　2 個
つぶし玉　ゴールド　2 個
カニカン　ゴールド　1 個
アジャスター　ゴールド　1 本
ナイロンコートワイヤー　0.3mm　25cm × 2 本

作り方手順

❶糸 a ～ d で⑫6 弁花①（P.56）をオフホワイト 2 個、リネン・チャコール・グレージュ各 1 個作る。

❷ナイロンコートワイヤー 25cm を 2 本取りにし、丸大ビーズ 1 個を通す。

【側面図】

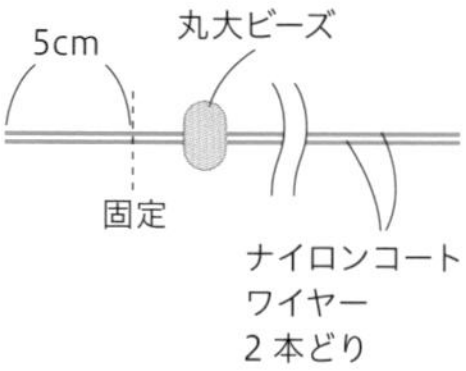

❸ナイロンコートワイヤー 2 本で 6 弁花①を挟み、6 弁花①の中心の穴で丸大ビーズを通す。

【側面図】

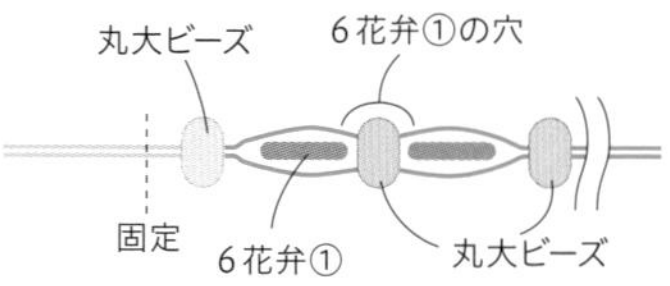

❹❷❸と同じ要領で、6 弁花①と丸大ビーズを通す。
ナイロンコートワイヤーが 15cm になるようにカットする。

❺両端をボールチップとつぶし玉で処理し、丸カンでカニカン（反対側はアジャスター）をつなぐ。

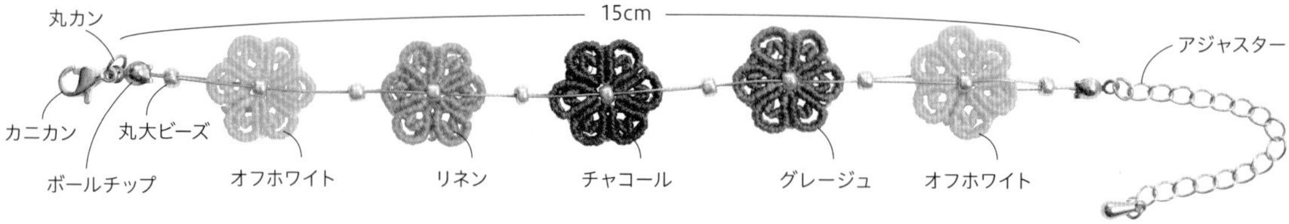

13

P.55

ピアス

motif ⑮⑱

●サイズ：全長 4cm

材料　**（1 組分）**

ワックスコード　0.75mm

5 弁花（2 個分）

オフホワイト 糸 a 40cm × 2 本
糸 c 90cm × 2 本
コーラルピンク 糸 b 40cm × 2 本

1 枚葉②（2 個分）

リーフグリーン 糸 d 30cm × 4 本
糸 e 40cm × 6 本

丸カン　0.6 × 4mm　ゴールド　6 個
C カン　0.8 × 3.5 × 5mm　ゴールド　4 個
ピアス金具　ゴールド　1 組

縦巻き結び
（P.125）

斜め裏巻き結び
（P.126）

作り方手順

❶糸 a、b、c で⑱ 5 弁花（P.59）を 2 個作る。

❷糸 d、e で⑮ 1 枚葉②（P.57）を参考に、記号図のように 2 個作る。

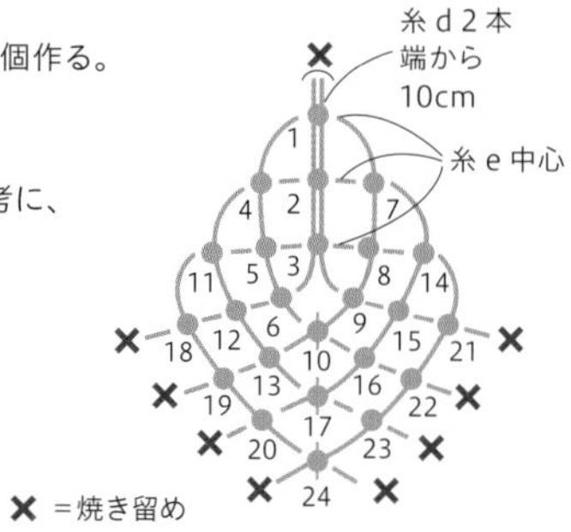

❸❷に目打ちで穴をあけ、丸カンをつなぐ。

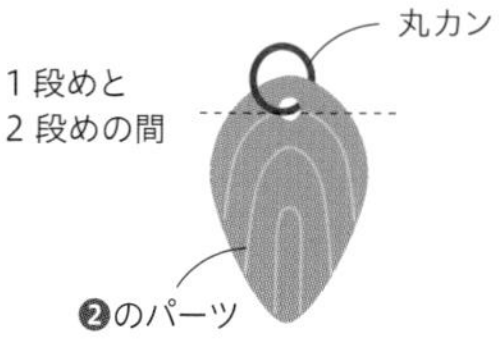

❹丸カン、C カンで❶❸とピアス金具をつなぐ。同じものを 2 個作る。

12 ピアス

P.54

motif ⑮⑯

●サイズ：全長 4.5cm

材料（1 組分）

ワックスコード　0.5mm

8 弁花

オフホワイト 糸 a 40cm × 32 本

チャコール 糸 b 50cm × 2 本

1 枚葉②

リーフグリーン 糸 c 40cm × 8 本

糸 d 50cm × 16 本

フープ

チャコール 糸 e 30cm × 2 本

糸 f 80cm × 2 本

メタルフープ しずく　シルバー 34 × 34mm　2 個

丸小ビーズ　シルバー　32 個

メタルビーズ　3.5mm　ゴールド　2 個

ピアス金具　ゴールド　1 組

作り方手順

❶糸 a、b で⑯ 8 弁花（P.58）を 2 個作る。

❷糸 c、d で⑮ 1 枚葉②（P.57）を 4 個作る。糸端は切らずに残しておく。（41 ～ 45 は結ばない）

❻糸 f でメタルフープに左輪結びと左タッチング結びをする。1 枚葉②、8 弁花の部分は裏に糸を渡し、反対側も同様に結ぶ。糸端をすべて焼き留めで始末する。

❸❷で残した糸でメタルフープに斜め巻き結びし、1 枚葉②を取り付ける。

❹糸 e の中心にメタルビーズを通し、2 本そろえて 8 弁花の中心の穴に通す。フープに本結びして取り付ける。

❺❸と同様に 1 枚葉②を取り付ける。

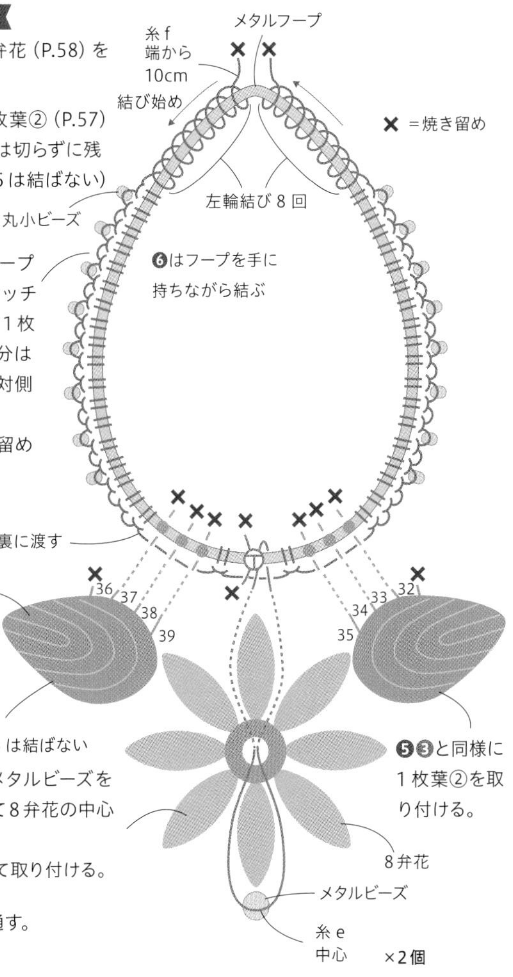

❼ピアス金具を直接フープに通す。同じものをもう 1 つ作る。

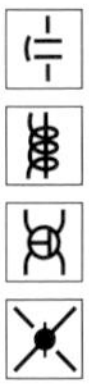

左タッチング結び（P.124）

左輪結び（P.123）

本結び（P.121）

斜め裏巻き結び（P.126）

14 ブレスレット

P.55

motif ⑱

●サイズ：手首周り 17cm（アジャスターを除く）

材料

ワックスコード　0.75mm

A オフホワイト 糸 a 40cm × 1 本

糸 c 90cm × 1 本

コーラルピンク 糸 b 40cm × 1 本

B グレージュ 糸 a 40cm × 1 本

糸 c 90cm × 1 本

オフホワイト 糸 b 40cm × 1 本

C コーラルピンク 糸 a 40cm × 1 本

糸 c 90cm × 1 本

グレージュ 糸 b 40cm × 1 本

D グレージュ 糸 a 40cm × 1 本

糸 c 90cm × 1 本

コーラルピンク 糸 b 40cm × 1 本

E オフホワイト 糸 a 40cm × 1 本

糸 c 90cm × 1 本

グレージュ 糸 b 40cm × 1 本

メタルフープ　10mm ゴールド　6 個

丸カン　0.7 × 4mm　ゴールド　13 個

カニカン　ゴールド　1 個

アジャスター　ゴールド　1 本

作り方手順

❶糸 a、b、c で⑱ 5 弁花（P.59）を 5 個作る。

❷❶のパーツとメタルフープを丸カンで順番につなぐ。カニカン（反対側はアジャスター）を丸カンでつなぐ。

うずまき

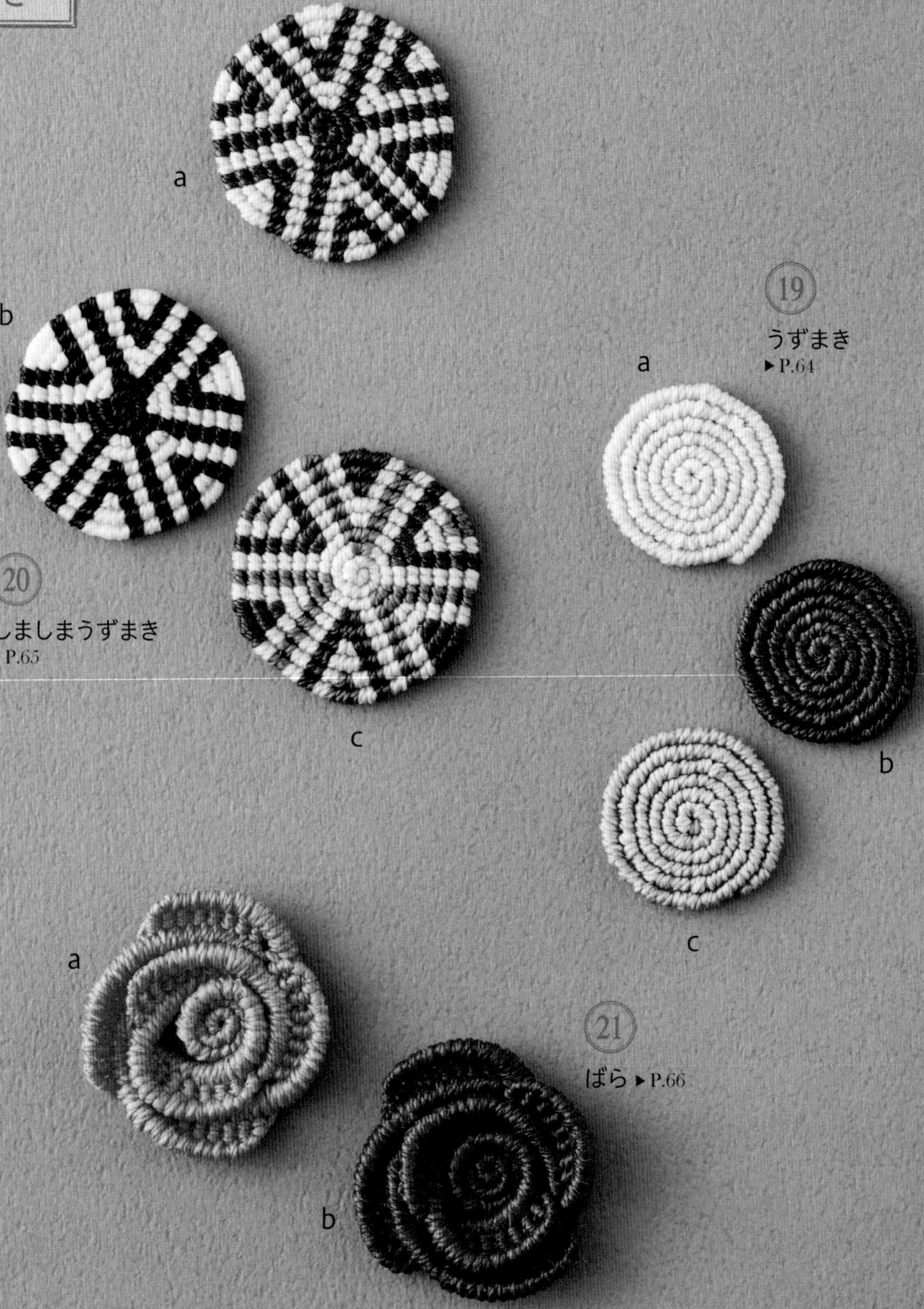

⑲ うずまき ▶P.64

⑳ しましまうずまき ▶P.65

㉑ ばら ▶P.66

motif

⑲ 中心からコードを足しながら結ぶ1色のうずまき。1目1目しっかりと引き締め、隙間を作らないように注意。

⑳ ⑲と作り方は同じで、配色を変えるとしましま模様に。3色にするとまた違った雰囲気に。

㉑ 中心は⑲と同じうずまきを結び、芯糸を2本、3本、4本……と増やしてまとめていくことで花びらの厚みを出します。

16

motif ⑲⑳

ネックレス

15

motif ⑰㉑

ヘアゴム

15 【ヘアゴム】ばらモチーフに⑰の2枚葉を添えて。
葉とパールが揺れるデザイン。▶P.67

16 【ネックレス】大小、しましまなどモノトーン系のうずまきを配置。
大ぶりのチェーンを合わせて
ボリュームのあるロングネックレスに。▶P.67

19 うずまき

P.62

●サイズ：2.1cm

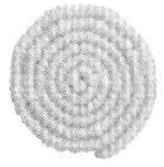

材料

ワックスコード　0.75mm
a オフホワイト
b ダークブラウン
c ストロー

糸 a 50cm × 1 本
糸 b 50cm × 4 本
糸 c 50cm × 12 本

芯裏の取り付け
（P.120）

横巻き結び
（P.125）

スタートの仕方

糸 a 1 本を固定し、糸 b 4 本を芯裏の取り付け（中心）で結び付ける。

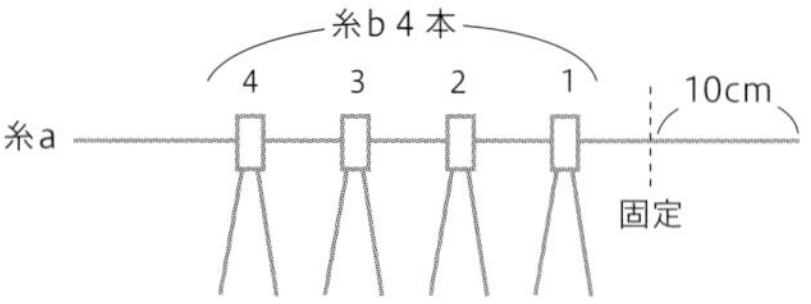

結び方手順

固定を外し、糸 a を輪にして横巻き結び（左へ進む）を 1 回結ぶ。
中心をまち針で固定すると結びやすい。
糸端は裏側に残しておく。

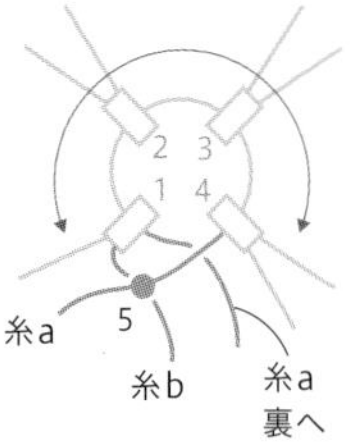

糸 c を中心で足しながら、ぐるぐると巻き結びをする。
糸端をすべて焼き留めで始末する。

※ 15 以降、糸 c を足すときはその隣の糸（14）の倍の長さを取り付けてもよい。

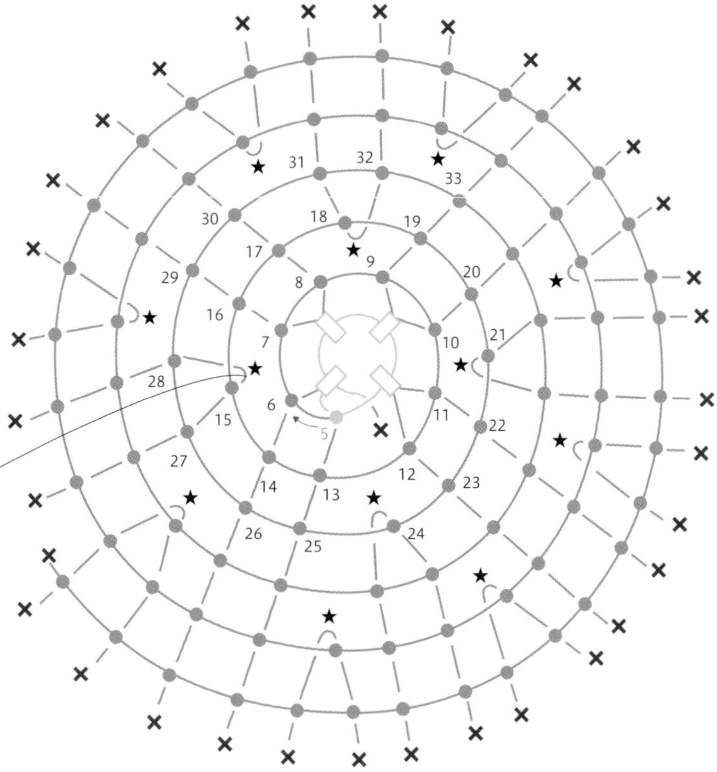

★ ＝糸 c を付け足す
✕ ＝焼き留め

20 しましまうずまき

P.62

●サイズ：2.9cm

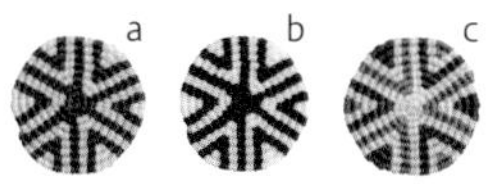

材料

ワックスコード　0.75mm

a

ダークブラウン　糸 a 60cm × 3 本
糸 e 50cm × 3 本
糸 f 50cm × 3 本

オフホワイト　糸 b 70cm × 1 本
糸 c 55cm × 3 本
糸 d 55cm × 3 本
糸 g 50cm × 3 本
糸 h 50cm × 3 本

b

ブラック　糸 a 60cm × 3 本
糸 e 50cm × 3 本
糸 f 50cm × 3 本

ホワイト　糸 b 70cm × 1 本
糸 c 55cm × 3 本
糸 d 55cm × 3 本
糸 g 50cm × 3 本
糸 h 50cm × 3 本

c

オフホワイト　糸 a 60cm × 3 本
糸 b 70cm × 1 本
糸 e 50cm × 3 本
糸 f 50cm × 3 本

ダークブラウン　糸 d 55cm × 3 本
糸 g 50cm × 3 本

グリーン　糸 c 55cm × 3 本
糸 h 50cm × 3 本

スタートの仕方

糸 b 1 本を固定し、糸 a 3 本を芯裏の取り付け（中心）で結び付ける。

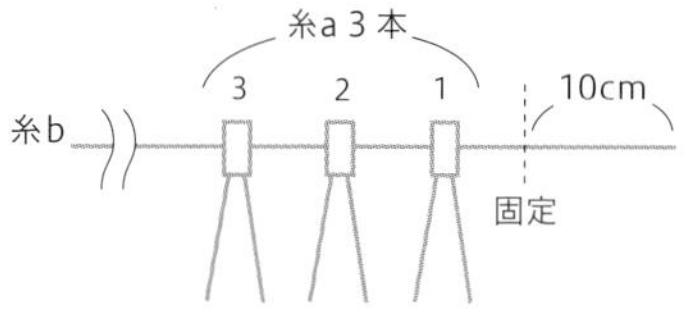

結び方手順

固定を外し、糸 b を輪にして横巻き結び（左へ進む）を 1 回結び輪を小さくする（4）。
中心をまち針で固定すると結びやすい。
糸端は裏側に残しておく。

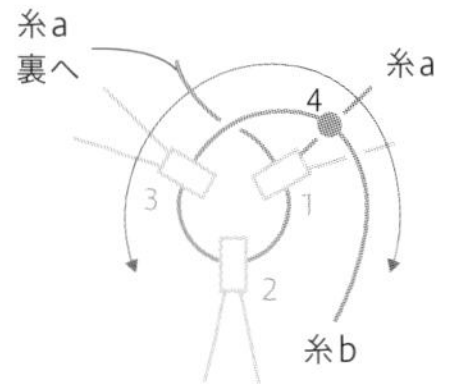

糸を中心で足しながら、ぐるぐると巻き結びをする。
糸端をすべて焼き留めで始末する。
※新しく取り付ける糸は、隣の糸の長さに合わせてもよい。

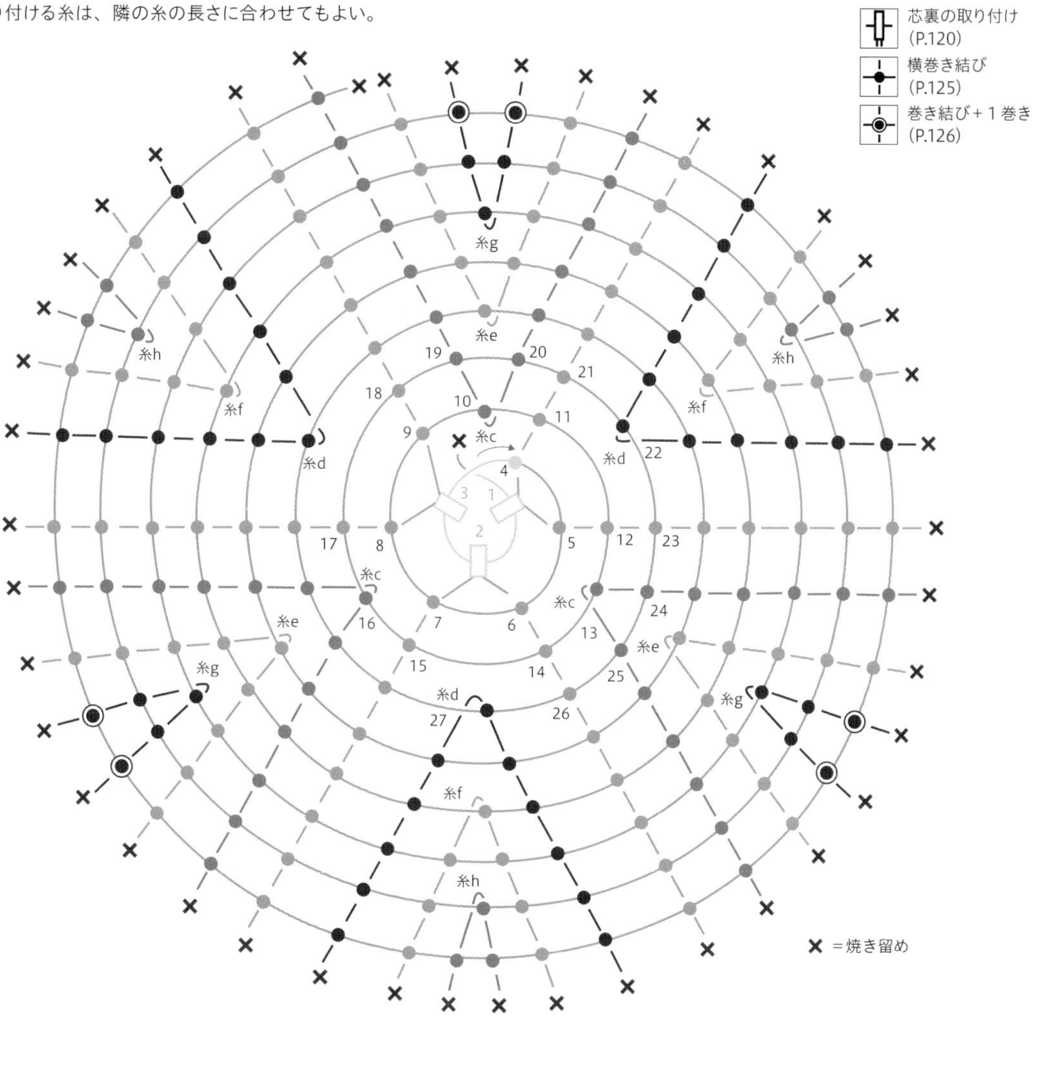

21 ばら

P.62

●サイズ：3cm

材料

ワックスコード　0.75mm

a オレンジ

b エンジ

糸 110cm × 5 本

スタートの仕方

糸 1 本を固定し、中央に糸 4 本を芯裏の取り付け（中心）で結び付ける。

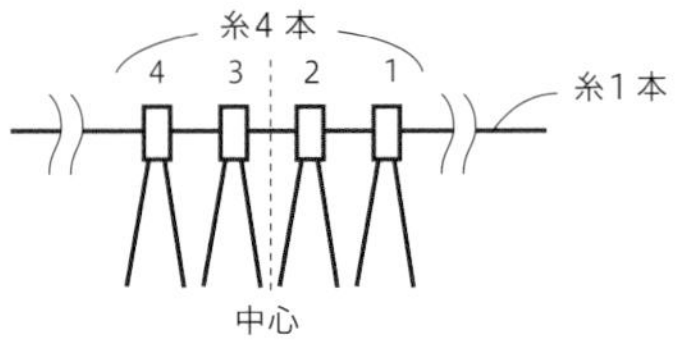

結び方手順

固定を外し、芯の糸を輪にして斜め巻き結び（左へ進む）を 1 回結ぶ。
中心をまち針で固定すると結びやすい。

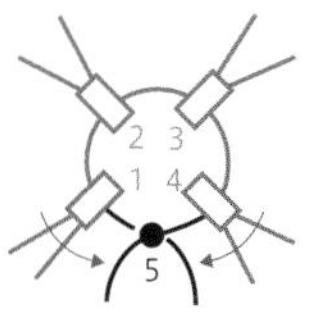

うずまきの2段め（6 〜 14）、3 段め（15 〜 28）を結ぶ。
3 段めは 2 段めの結び糸をまとめながら、ライン結び（芯が右）をする。
29 は糸をまとめて縦巻き結び（右へ進む）をする。
結びやすい向きに回しながら結ぶ。

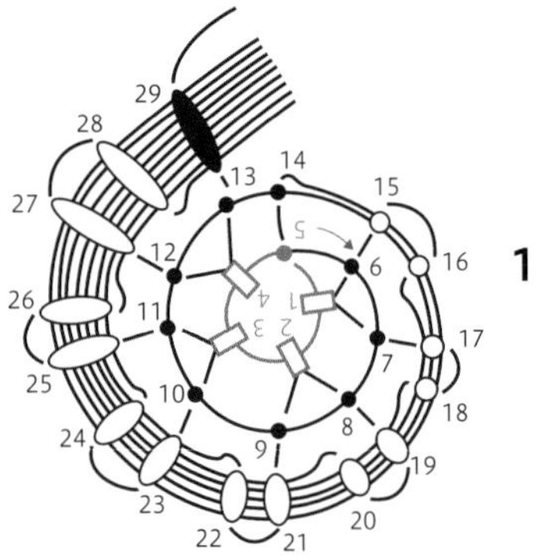

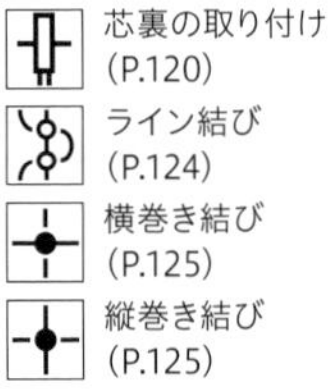

2 を結ぶ。30 〜 37 はまとめた糸を 1 本ずつ使いながら縦巻き結び（右へ進む）をする。
38 〜 45 は縦巻き結び（左へ進む）、46 〜 61 は糸をまとめながらライン結び（芯が右）をする。
2 と同様に **3** を結ぶ。結び順 95 は 70 の続きの糸を 23 → 24 の渡り糸に引っかけてから結ぶ。

以降、結び順 63 〜 95 と同様に、あと 3 回くり返す。

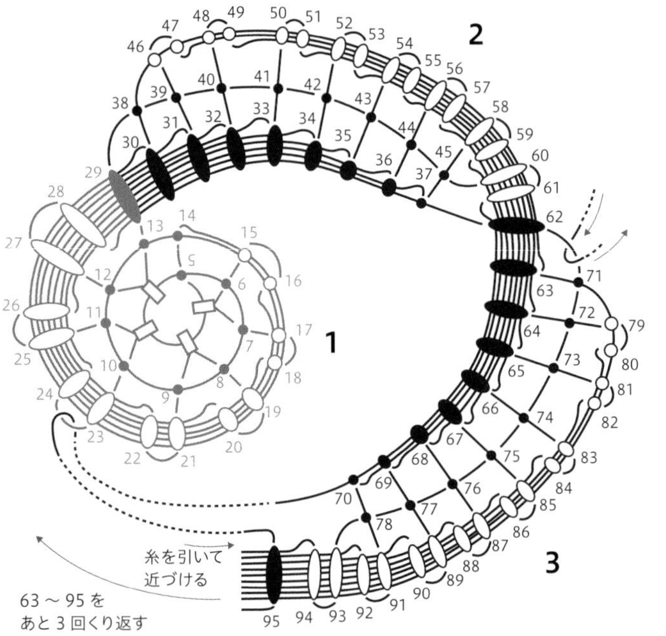

はなびらが 5 枚できたら、最後は 62 → 71 の渡り糸に引っかけてから縦巻き結び（右へ進む）をする。裏側で焼き留めて始末する。

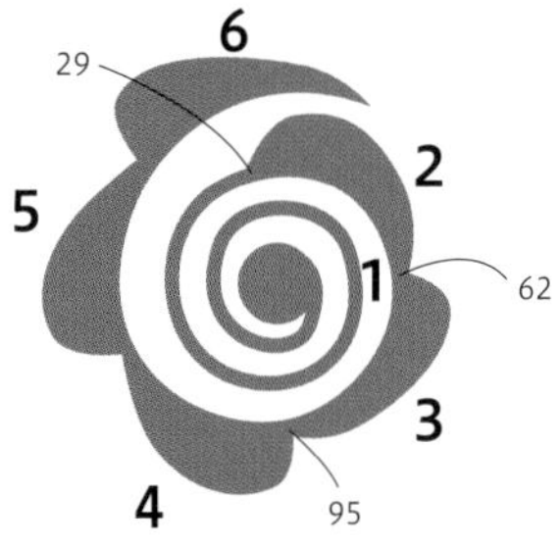

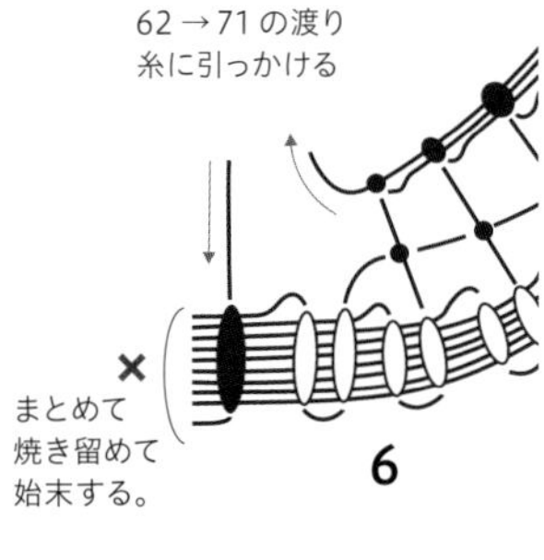

15 ヘアゴム

P.63

motif ⑰㉑
●サイズ：飾り 5cm

材料

ワックスコード　0.75mm
2 枚葉
モスグリーン　糸 30cm × 4 本
糸 40cm × 1 本
糸 30cm × 1 本
ばら
マリーゴールド　糸 110cm × 5 本
コットンパール　ラウンド 6mm　ホワイト　1 個
メタルバー　20mm　ゴールド　2 本
ひも留め金具　2mm　ゴールド　1 個
丸カン大　1.2 × 7mm　ゴールド　1 個
丸カン小　0.6 × 4mm　ゴールド　2 個
T ピン　0.7 × 14mm　ゴールド　1 本
カン付きヘアゴム　金古美×ブラウン　1 本

作り方手順

❶糸で⑰ 2 枚葉 (P.59)、㉑ばら (P.66) を 1 個ずつ作る。

❷ T ピンパーツを 1 個作る。

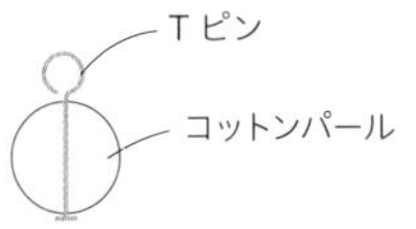

❸ 2 枚葉にひも留め金具をつける。

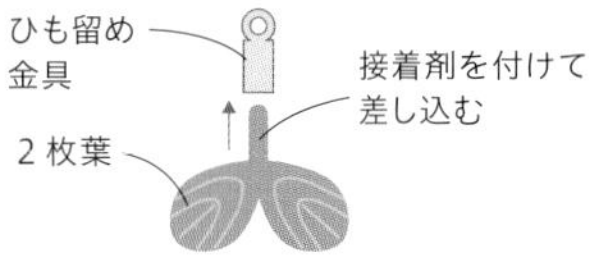

❹ばらに目打ちで穴をあけ、丸カン大をつなぐ。

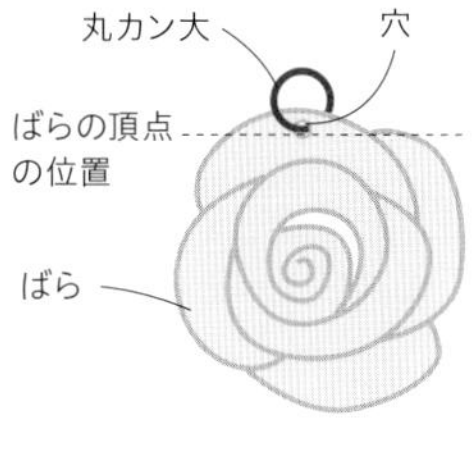

❺すべてのパーツを組み立てる。

16 ネックレス

P.63

motif ⑲⑳
●サイズ：首周り 66cm

材料

ワックスコード 0.75mm
うずまき A　オフホワイト
うずまき B　ブラック
糸 40cm × 9 本
うずまき C　ホワイト
うずまき D　ブラック
糸 50cm × 17 本
しましまうずまき E
ブラック
糸 a 60cm × 3 本
糸 e 50cm × 3 本
糸 f 50cm × 3 本
ホワイト
糸 b 70cm × 1 本
糸 d 55cm × 3 本
糸 g 50cm × 3 本
オフホワイト
糸 c 55cm × 3 本
糸 h 50cm × 3 本
チェコビーズ　13mm
ブラック　1 個
アクリルビーズ
8mm　ブラック　1 個
オーバルフープ大　28mm
金古美　6 個
オーバルフープ小　16mm
金古美　4 個
9 ピン　0.7 × 25mm
金古美　1 本
T ピン　0.7 × 14mm
金古美　1 本
C カン　0.8 × 4 × 5mm
金古美　18 個
丸カン　0.6 × 3mm
金古美　1 個
カニカン　8mm
金古美　1 個
チェーン　金古美
16cm × 2 本

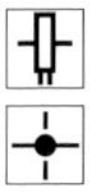
芯裏の取り付け
(P.120)
横巻き結び
(P.125)

作り方手順

❶うずまき A、B は下記の図と⑲うずまき (P.64)、C、D は⑲うずまきと同様に、しましまうずまき E は⑳しましまうずまき (P.65) を参考に各 1 個ずつ作る。

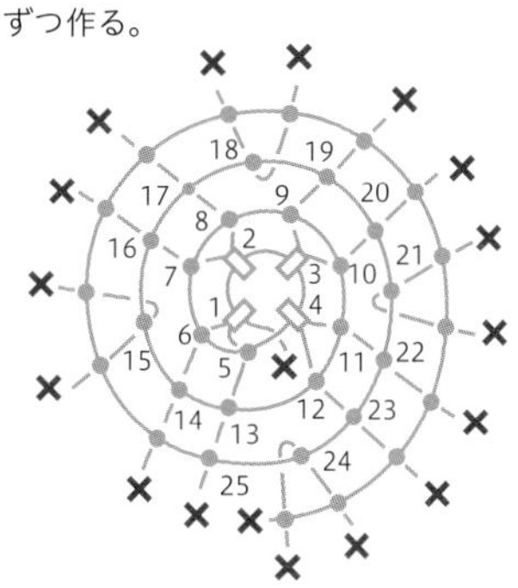

❷ T ピンパーツ、9 ピンパーツを 1 個ずつ作る。

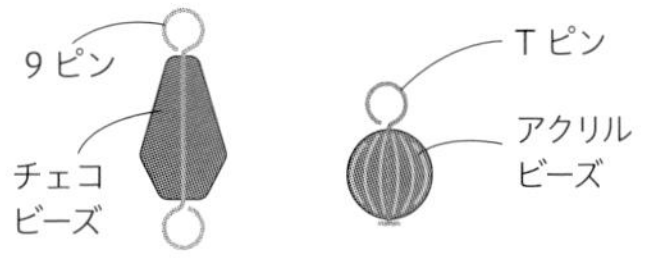

❸それぞれのうずまきの外側 1 ～2 段めの間に目打ちで穴をあけ、C カンをつなぐ。

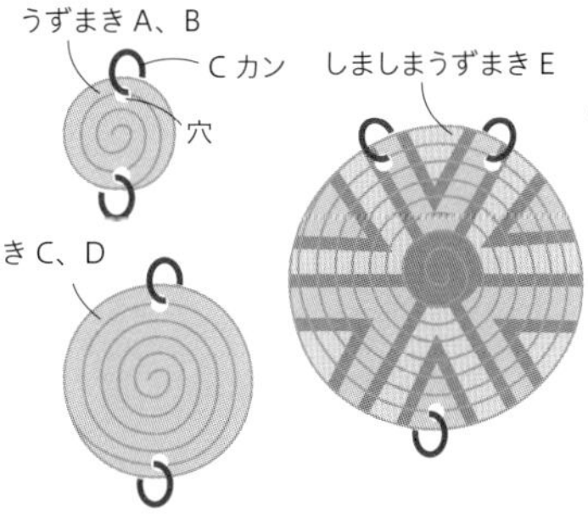

※新しく取り付ける糸は、隣の糸の長さに合わせてもよい。

❹すべてのパーツを組み立てる。

小さな飾りモチーフ

㉒
芽 ▶ P.70

㉓
ランタン
▶ P.74

㉔
ひしがたアレンジ
▶ P.75

㉕
四葉 ▶ P.76

motif

㉒ 巻き結びを駆使して作る、シンメトリーなモチーフ。小さな中に巻き結びの面白さが詰まっています。

㉓ 10mm のビーズを取り囲むようにライン結びで飾ったモチーフは、優しく灯るランタンのよう。

㉔ 小さなひし形が連なる細長いモチーフ。上から順に結んでいきます。

㉕ 4つのひし形で形成された四葉。まずは上下を1つずつ作り、突き合わせてから左右を結びます。

17 【ブレスレット】可愛い芽のモチーフを横に配置して、華やかなブレスレットに。▶ P.77

18 【ブレスレット】小さなひし形の連続模様は、細身でもしっかりした編み地になります。▶ P.78

19 【リング】平結びの両端にひし形を作り、ひし形を突き合わせて四葉にします。▶ P.79

20 【ピアス】耳元で揺れる、存在感たっぷりのランタンピアス。▶ P.78

Lesson.4 ｜ 飾りモチーフの作り方

22
P.68

芽

●サイズ：モチーフ
縦 2.6×横 1.9cm

材 料

ワックスコード　0.75mm　ネイビー
80cm×2本、50cm×4本
メタルビーズ　シルバー　4mm　1個

※材料を参考にコードをカットしておきます。
※巻き結びの進む方向は図を参照してください。

1

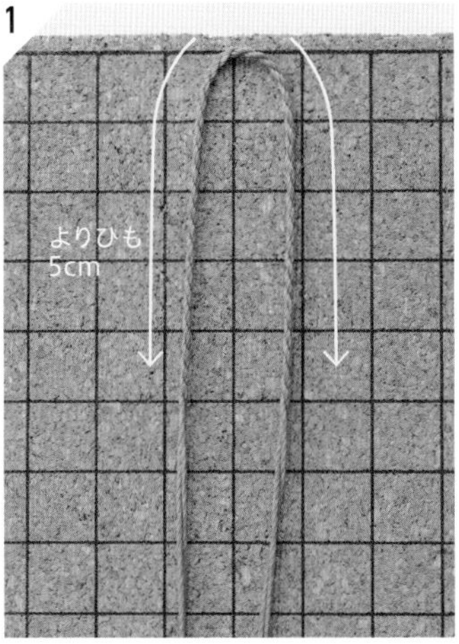

よりひもを結ぶ

コード80cm 2本をそろえ、中心からよりひも（P.123）を5cm結びます。反対側も同様に5cm結びます（合計10cm分）。

コードをセットする

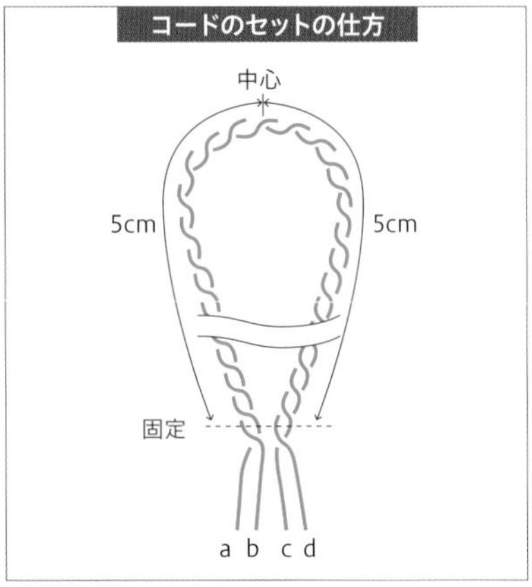

2

中心から5cmのところをボードに固定します。

3

モチーフを結んでいきます。cを芯にしてbで斜め裏巻き結び（左へ進む）(P.127)を1回します（1）。

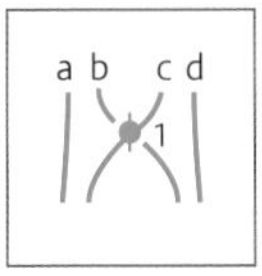

4

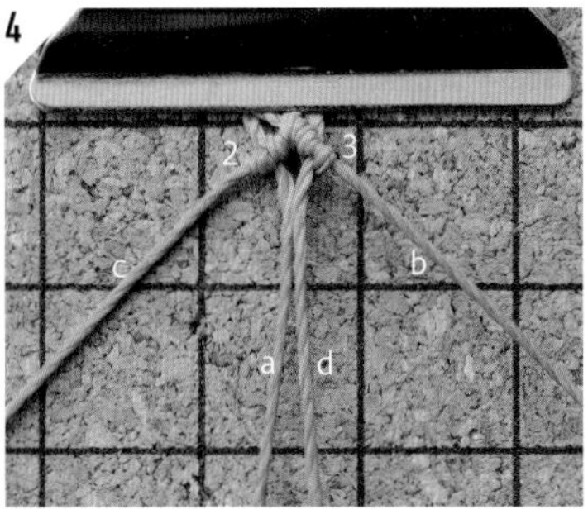

c、bを芯にしてa、dでそれぞれ斜め巻き結び（左へ進む）（2）、（右へ進む）（3）（P.126）をします。

5

dを芯にしてaで斜め裏巻き結び（左へ進む）を1回します（4）。

6

cを芯にしてdで斜め巻き結び（右へ進む）（5）、bを芯にしてaで斜め巻き結び（左へ進む）（6）、bを芯にしてcで斜め裏巻き結び（左へ進む）（7）をします。

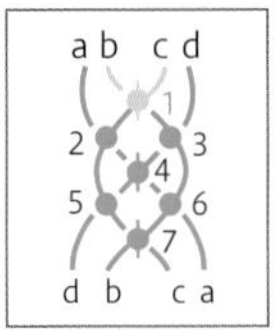

7

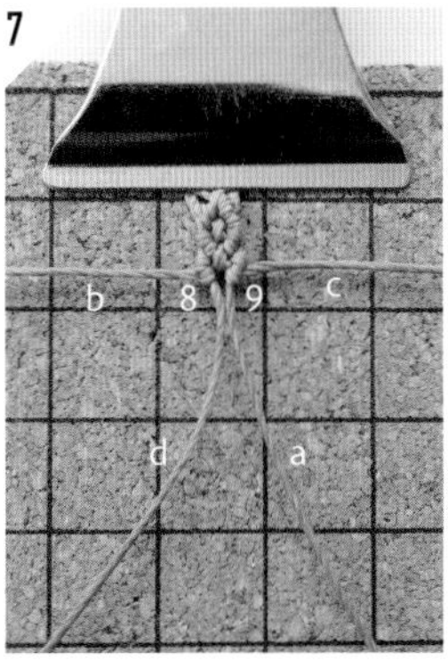

d、a を芯にして b、c でそれぞれ斜め巻き結びを1回ずつします（8、9）。

8

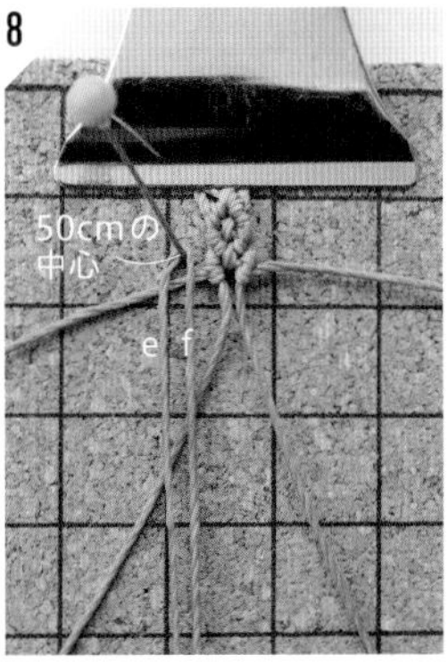

新たなコード 50cm の中心を、写真の位置にまち針で固定します。

9

e を芯にして f で斜め巻き結びを1回します（10）。

10

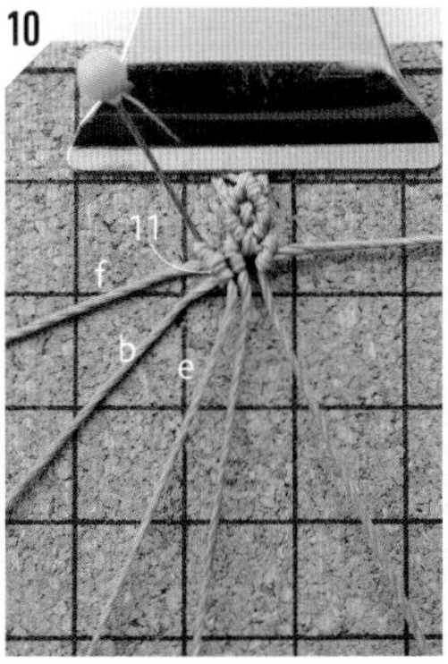

e を芯にして b で斜め巻き結びを1回します（11）。

記号図

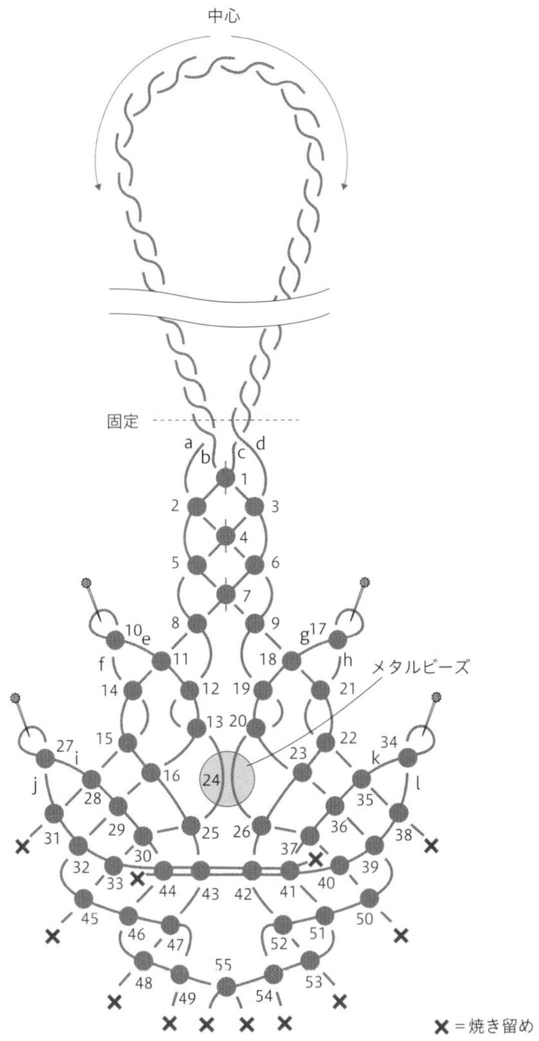

11

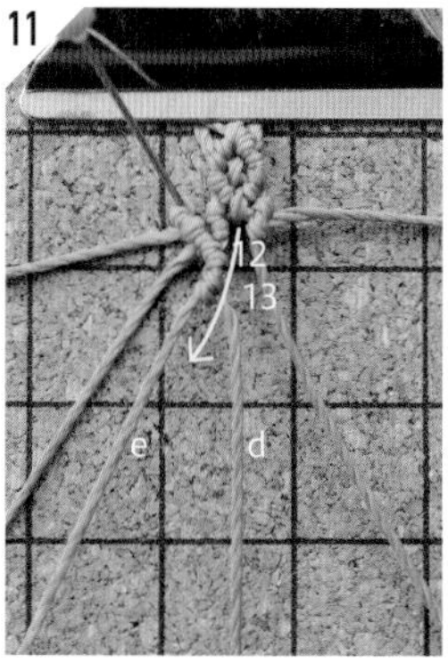

eを芯にしてdで斜め巻き結びを2回します（12、13）。

12

bを芯にしてfで斜め巻き結びを2回します（14、15）。

13

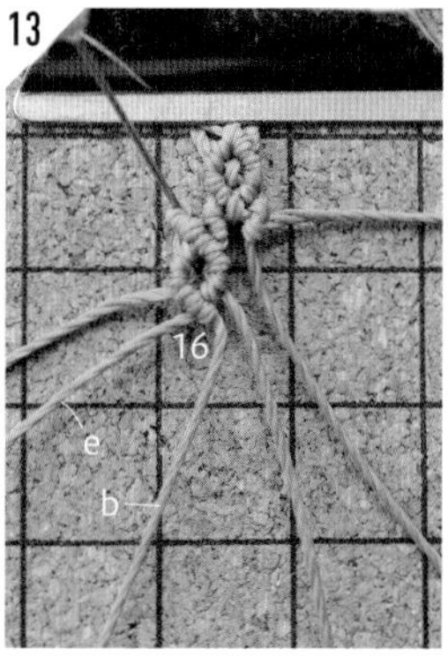

bを芯にしてeで斜め巻き結びを1回します（16）。

14

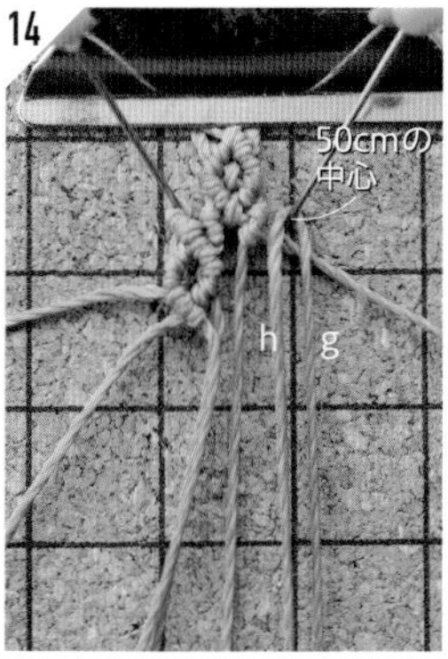

新たなコード50cmの中心を、反対側の写真の位置にまち針で固定します。

15

左右対象になるように結びます（17～23）。

16

ビーズにd、aを通します（24）。

17

bを芯にしてdで斜め巻き結びを1回します（25）。

18

cを芯にしてaで斜め巻き結びを1回します（26）。

19

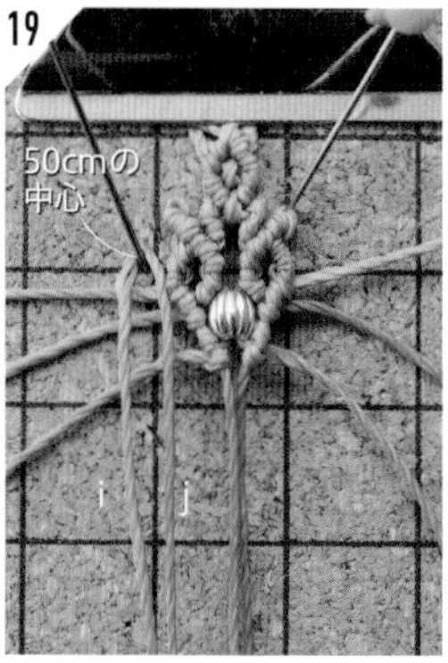

新たなコード50cmの中心を、写真の位置にまち針で固定します。

20

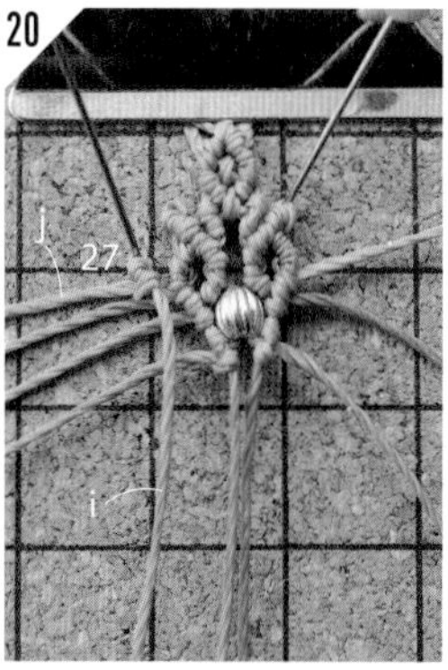

iを芯にしてjで斜め巻き結びを1回します（27）。

21

iを芯にしてf、e、dで斜め巻き結びを1回ずつします（28～30）。

22

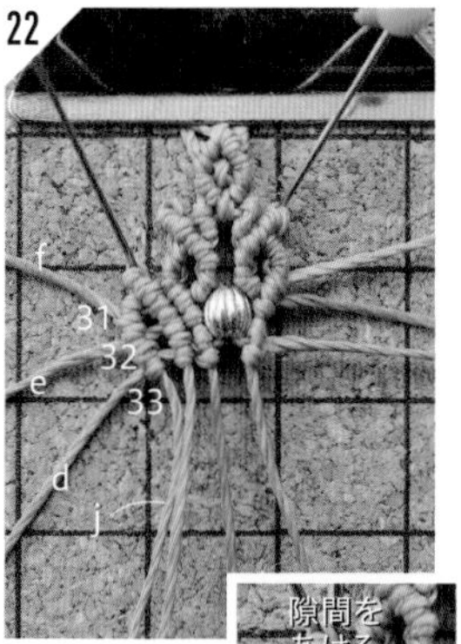

jを芯にしてf、e、dで斜め巻き結びを1回ずつします（31～33）。
このとき、写真のようにひし形の中に1mmほどの隙間ができるように結びます。

23

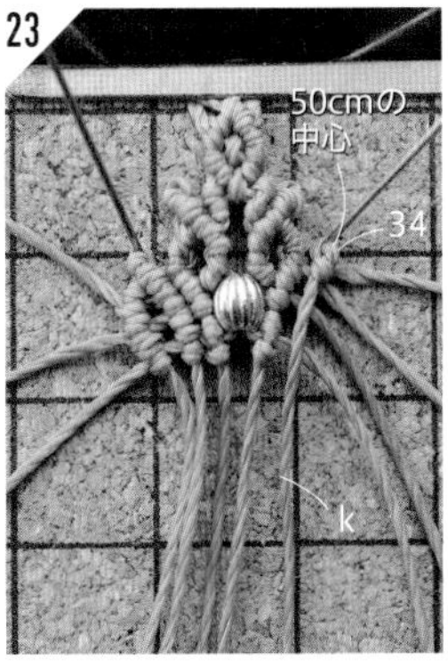

新たなコード50cmの中心を、反対側の写真の位置にまち針で固定します。

24

左右対象になるように結びます（34～40）。

25

j、lを交差させ、2本を芯にして結んでいきます。芯糸2本の左側は指が入るくらいたるませておく。

Point

結び目が崩れないように、左右に少しずつ引き締めましょう。

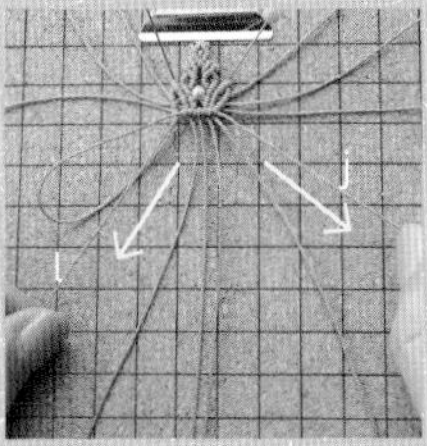

26

j、l2本を芯にしてkで横巻き結びを1回します（41）。

27

続けてj、l2本を芯にしてc、b、iで横巻き結びを1回ずつします（42～44）。

28

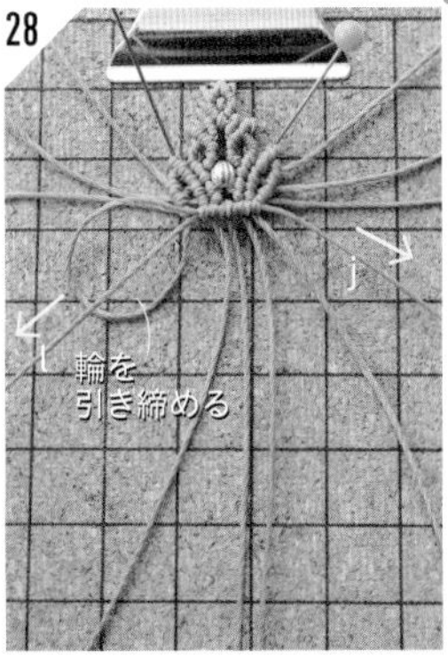

jとlを左右に引き、左側の輪を引き締めます。

29

引き締めたところ。左右対称になるように形を整えます。

30

eを芯にしてd、i、bで斜め巻き結びを1回ずつします（45～47）。

31

iを芯にしてb、eで斜め巻き結びを1回ずつします（48、49）。

32

右側も左右対称になるように結びます（50～54）。

33

kを芯にしてiで斜め巻き結びを1回します（55）。すべてのコードを1本ずつ焼き留め（P.127）で始末します。

完成！

23

P.68

ランタン

●サイズ：
モチーフ 2.5cm
ひも 10cm

材料

ワックスコード　0.75mm
ネイビー
糸 a 70cm × 2 本
糸 b 40cm × 2 本
糸 c 70cm × 2 本
メタルビーズ　3.5mm シルバー　2 個
ファイアポリッシュ　10mm
クリスタル　1 個

スタートの仕方

糸 a 2 本の中心によりひもを 10cm 結び、両端の 4 本をそろえて固定する。

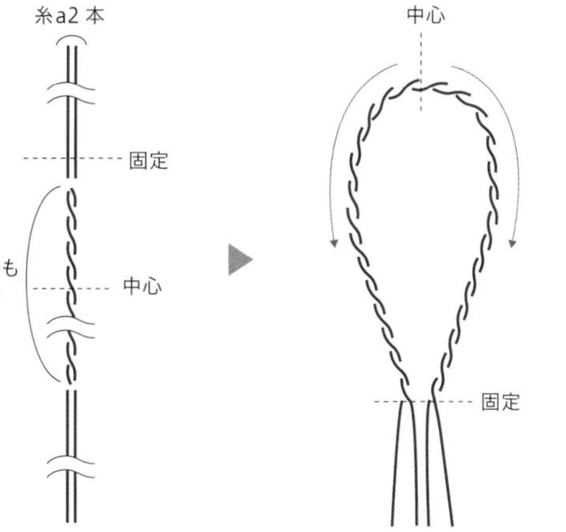

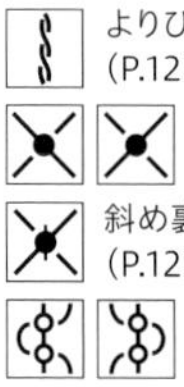

よりひも
(P.123)
斜め巻き結び
(P.126)
斜め裏巻き結び
(P.127)
ライン結び
(P.124)

結び方手順

途中で糸 b と糸 c を足しながら結ぶ。
メタルビーズとファイアポリッシュには、糸 2 本を通す。
結びやすい位置をまち針で固定しながら結び、最後に糸端をすべて焼き留めで始末する。

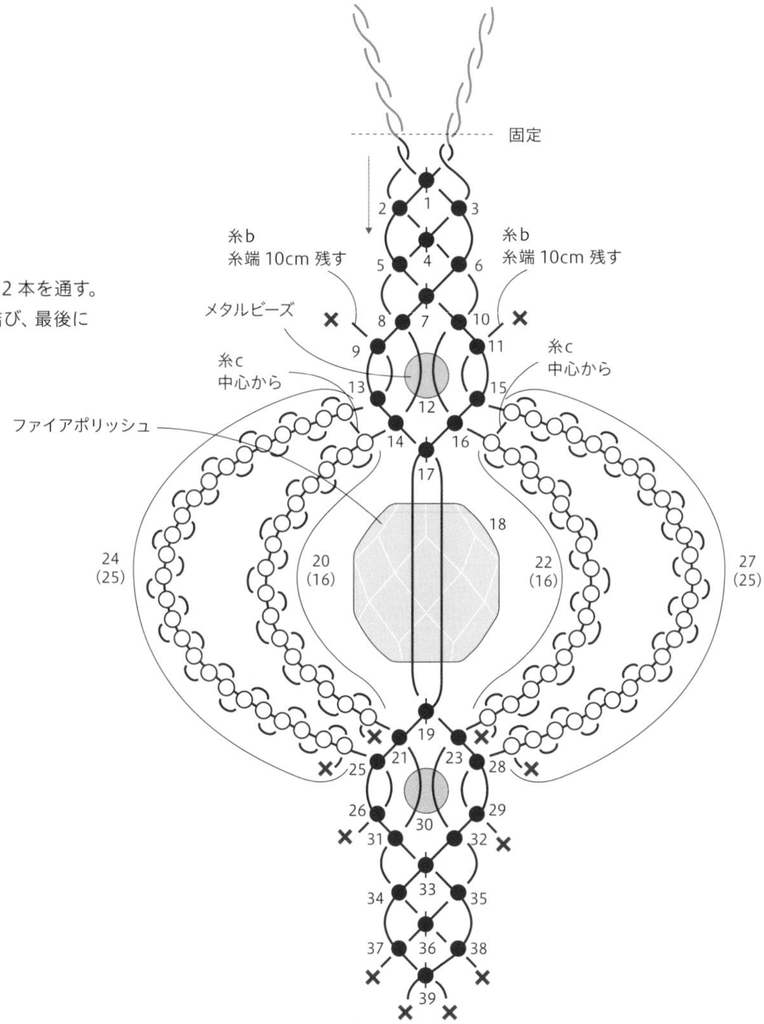

✕ =焼き留め
(　) =ライン結びの回数

24
P.68

ひしがたアレンジ
●サイズ：モチーフ 3cm
　　　　ひも 10cm

材料

ワックスコード　0.75mm
ヒヤシンス
糸 a 80cm × 2 本
糸 b 40cm × 2 本
メタルビーズ　3.5mm シルバー　3 個

よりひも
(P.123)

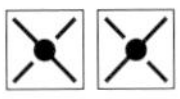
斜め巻き結び
(P.126)

斜め裏巻き結び
(P.127)

スタートの仕方

糸 a 2 本の中心によりひもを 10cm 結び、両端の 4 本をそろえて固定する。

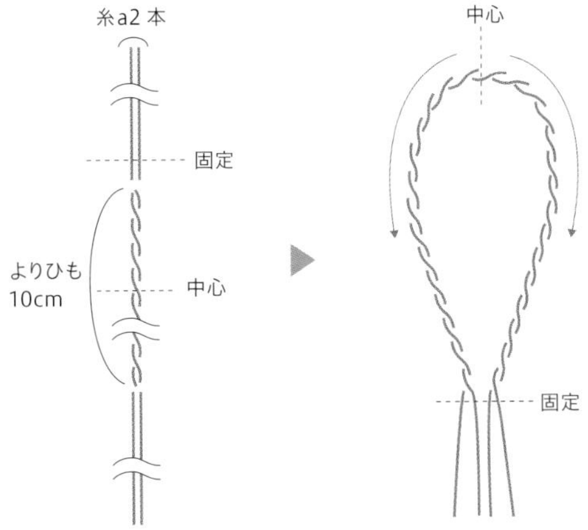

結び方手順

途中で糸 b を足しながら結ぶ。
メタルビーズには、糸 2 本を通す。
結びやすい位置をまち針で固定しながら結び、最後に糸端をすべて焼き留めで始末する。

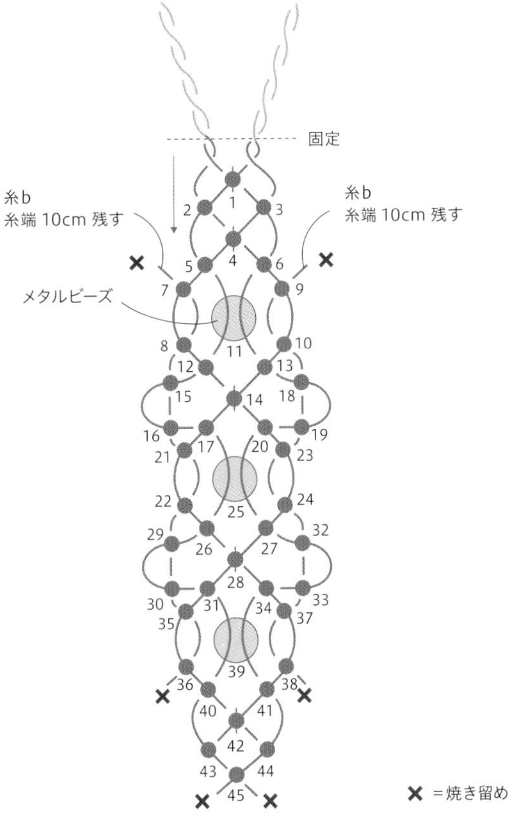

25 四葉

P.68

●サイズ：モチーフ 3cm
ひも 10cm

材料

ワックスコード　0.75mm
ヒヤシンス
糸 a 70cm × 2 本
糸 b 40cm × 8 本
メタルビーズ　3.5mm シルバー　3 個

よりひも
(P.123)

斜め巻き結び
(P.126)

斜め裏巻き結び
(P.127)

スタートの仕方

糸 a 2 本の中心によりひもを 10cm 結び、両端の 4 本をそろえて固定する。

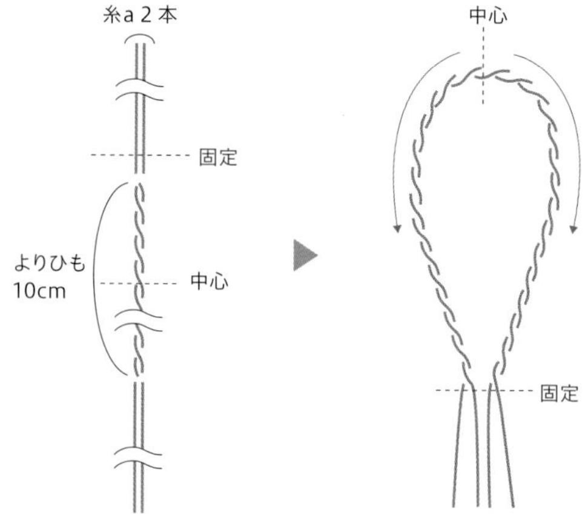

結び方手順

途中で糸 b を足しながら、四葉の上部を結ぶ。
結びやすい位置をまち針で固定しながら結ぶ。

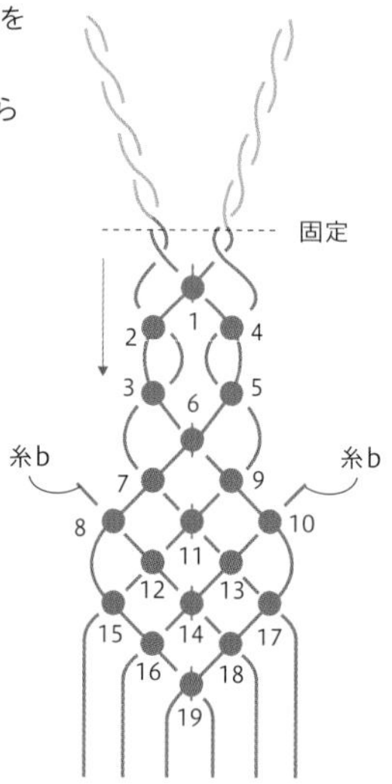

新たな糸 b 4 本を糸端で固定し、四葉の下部を結ぶ。

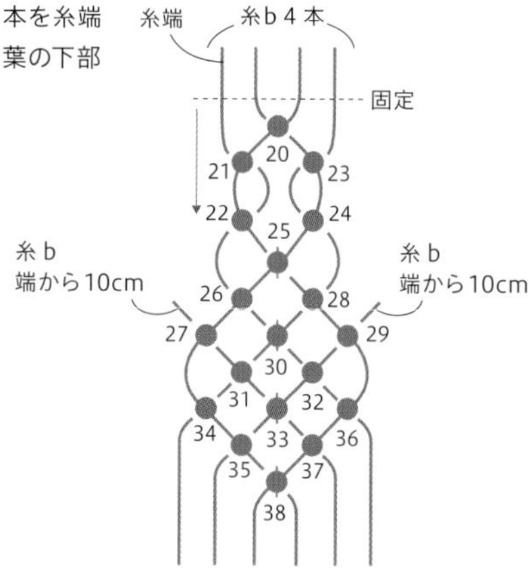

四葉の上部パーツと下部パーツの結び終わりを突き合わせ、左右にひし形を結ぶ。
糸端をすべて焼き留めで始末する。

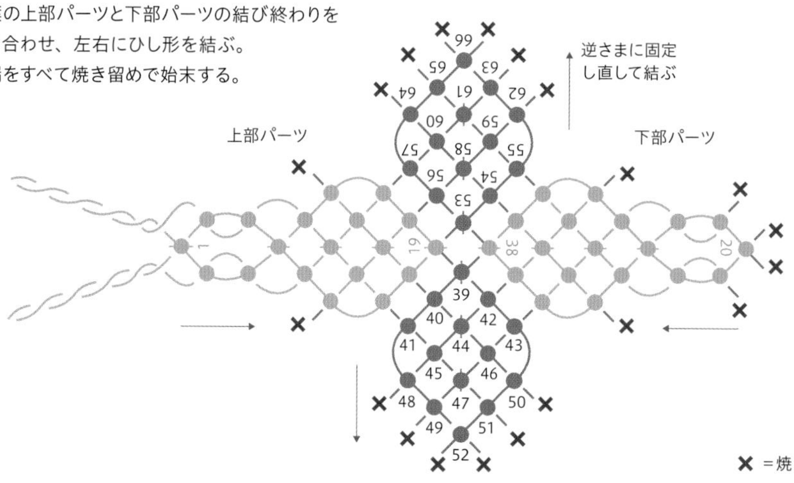

× ＝焼き留め

17 ブレスレット

P.69

motif ㉒

●サイズ：手首周り 16 ～ 24cm

材料

ワックスコード　0.75mm

ヒヤシンス

糸 a 90cm × 2 本

糸 b 40cm × 4 本

糸 c 80cm × 2 本

糸 d 30cm × 2 本

糸 e 30cm × 4 本

糸 f 30cm × 2 本

ファイアポリッシュ　10mm クリスタル　1 個

ラウンドビーズ　4mm クリスタル　2 個

メタルビーズ　3.5mm シルバー　4 個

作り方手順

❶糸 a 2 本、糸 b 4 本、糸 c 2 本を中心そろえで固定し、㉒芽（P.70 ～ 73）を参考に結ぶ。

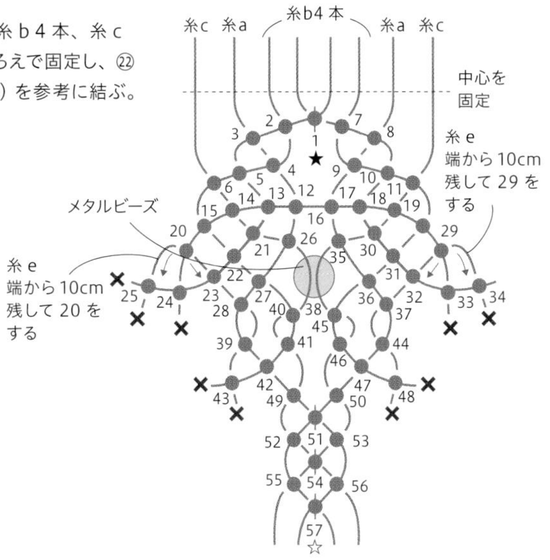

❷結び始めに戻り、ファイアポリッシュを通してその周りを囲むようにライン結びをする。続けて❶と同様に結ぶ（数字 72=12）。

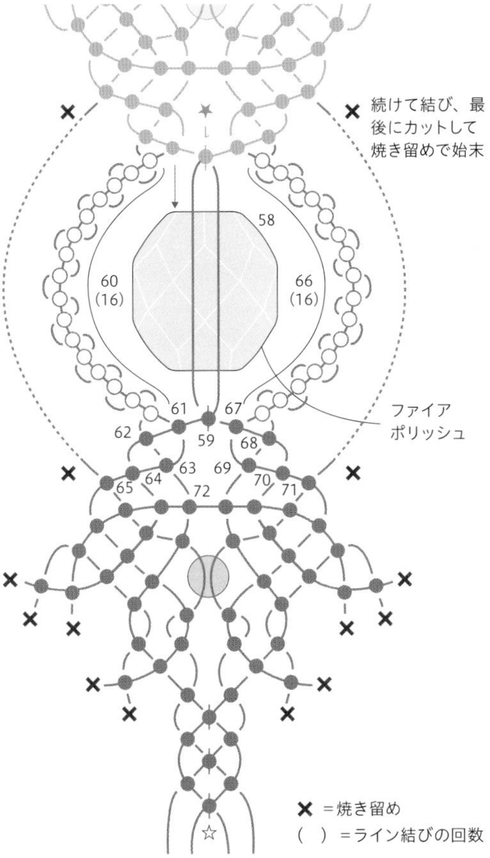

❸ブレスレット部分を作る。四つ組み 4cm、左上ねじり結び 12 回、よりひも 4cm、ひと結びををする。片方の糸にメタルビーズとラウンドビーズを通し、ひと結びをする。

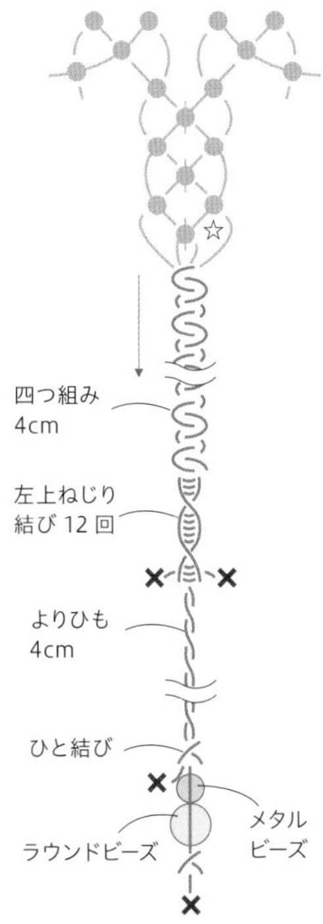

❹反対側も同様に結ぶ。

❺糸 f 1 本の中心に、もう 1 本の糸 f で左タッチング結びを 5 回する。

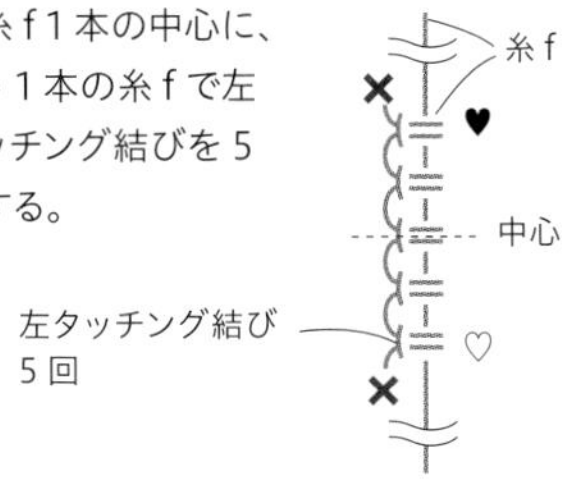

❻ よりひもの部分を 2 本交差して重ね、❺を巻き付けて本結びし、糸端をすべて焼き留めで始末する。

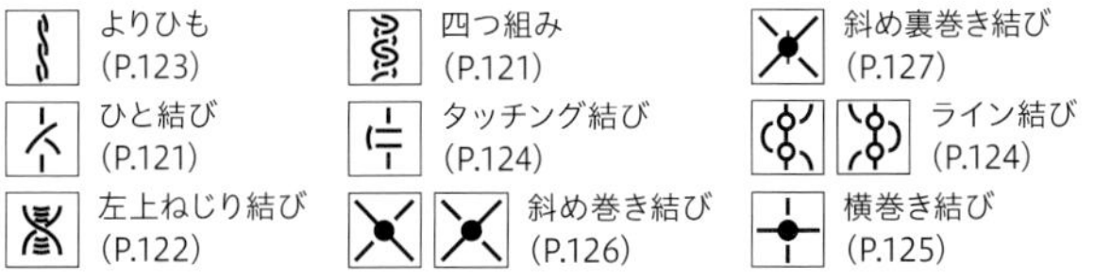

18 ブレスレット
P.69

motif ㉔

●サイズ：手首周り 17 ～ 24cm

材料

ワックスコード　0.75mm

ビリジアングリーン

糸 a 130cm × 2 本

糸 b 60cm × 2 本

糸 c 130cm × 2 本

糸 d 40cm × 2 本

糸 e 30cm × 2 本

メタルビーズ　3.5mm　シルバー　21 個

斜め巻き結び（P.126）

斜め裏巻き結び（P.127）

左上ねじり結び（P.122）

左上平結び（P.122）

ひと結び（P.121）

よりひも（P.123）

作り方手順

❶糸 a、b、c を指定の長さを残して固定し、㉔ひしがたアレンジ（P.75）を参考に、パターンをくり返して結ぶ。

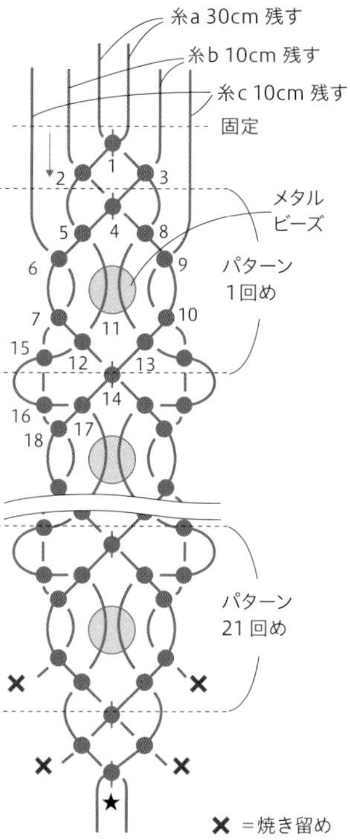

❷よりひもを 4cm 結び、糸 d をひと結びで取り付け、これを結び糸とし、左上ねじり結びを1cm 結ぶ。芯 2 本をひと結びする。反対側も同様に結ぶ。

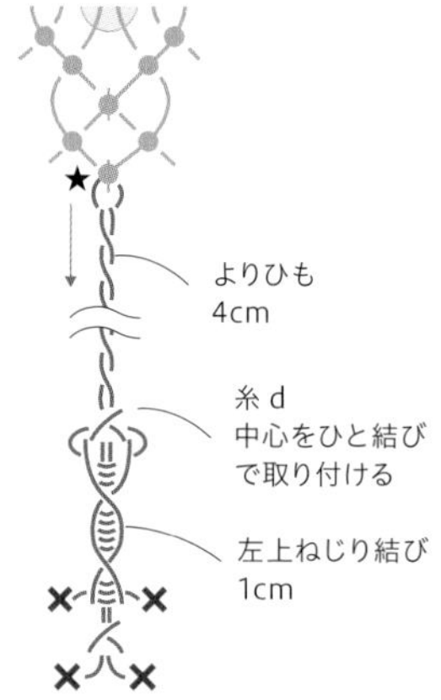

❸よりひも部分を 2 本交差して重ねて芯とし、糸 e 2 本で左上平結びを 4 回結ぶ。糸端をすべて焼き留めで始末する。

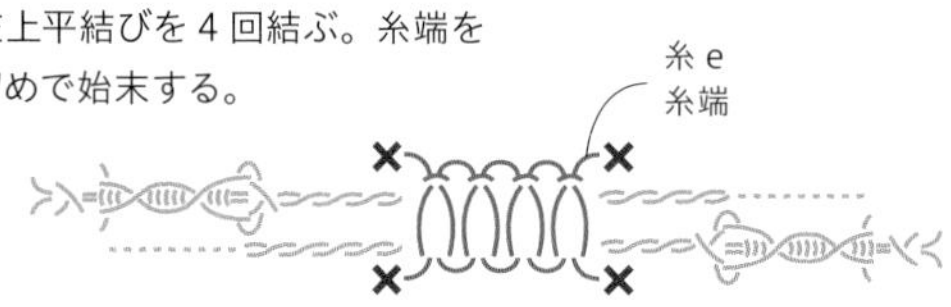

20 ピアス
P.69

motif ㉓

●サイズ：全長 4cm

材料　**（1 組分）**

ワックスコード　0.75mm

ライトグレー

糸 a 60cm × 6 本

糸 b 40cm × 8 本

ファイアポリッシュ　10mm　クリスタル　2 個

メタルビーズ　4mm　シルバー　4 個

C カン　0.8 × 4 × 5mm　シルバー　2 個

ピアス金具　シルバー　1 組

斜め巻き結び（P.126）

斜め裏巻き結び（P.127）

ライン結び（P.124）

作り方手順

❶糸 a 1 本の中心を C カン 1 個に通し、裏巻き結びを 1 回結ぶ。

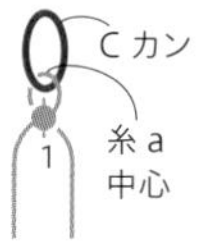

❷㉓ランタン（P.74）を参考に結ぶ。
同じものをもう 1 個作る。

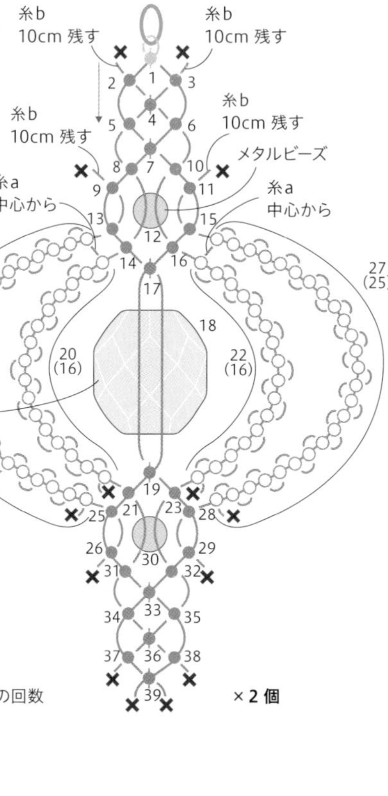

❸ C カンにピアス金具を取り付ける。

19

P.69

リング

motif ㉕

●サイズ：フリーサイズ

材料

ワックスコード　0.75mm

ネイビー

糸 a 50cm × 2 本

糸 b 70cm × 2 本

糸 c 40cm × 4 本

左上平結び（P.122）

右上平結び（P.122）

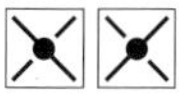
斜め巻き結び（P.126）

斜め裏巻き結び（P.127）

作り方手順

❶糸 a 2 本、糸 b 2 本の中心を固定し、左上平結びを 10 回結ぶ。
逆さまに固定し直し、反対側に右上平結びを 10 回結ぶ。

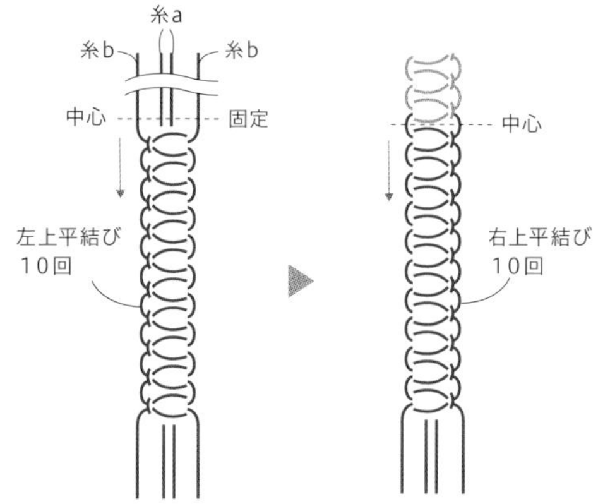

❷❶の両端に㉕四葉（P.76）の左右のひし形と同様に結ぶ。

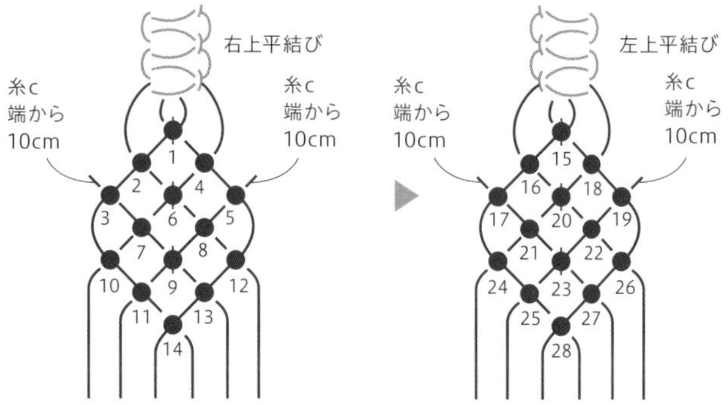

❸❷の両端を突き合わせ、上部パーツと同様に結び、
逆さまに固定し直して下部パーツと同様に結ぶ。
糸端をすべて焼き留めで始末する。

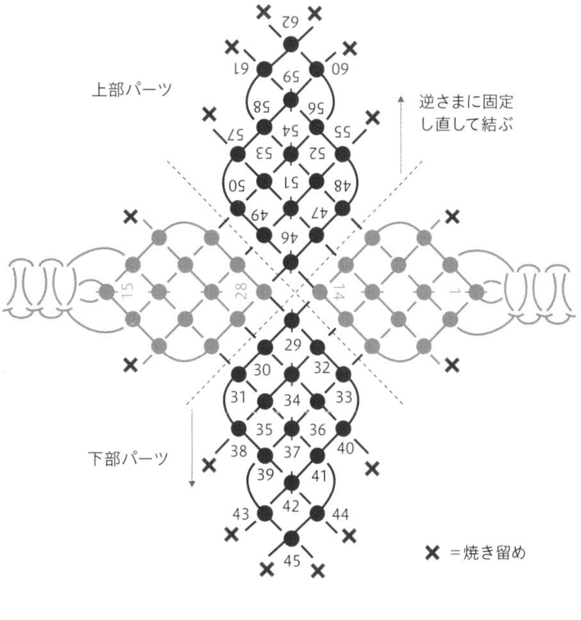

Part.3

大きな飾りモチーフ

26
ステンドグラス
▶P.82

27
まんだら
▶P.83

28
リース
▶P.84

29
かぎ▶P.85

motif

(26) 透け感の美しいアラベスク模様。すべてのひし形が同じサイズになるよう整えながら結びます。

(27) 中心の小さな輪から、外側に結びながら広げていくまんだら模様。

(28) ぐるりと1周結んでいくリース。2段の巻き結びの間に、しゃこ結びの小さな実をちりばめて。

(29) シャープな印象ながらハート型が可愛い大きなかぎは、ライン結びと巻き結びで。

21 【ネックレス】マンテルの輪にかぎのチャームをつないだラリエット風のデザイン。▶P.86
22 【ピアス】大きなラウンドのモチーフは、顔周りをパッと明るく見せてくれます。▶P.87
23 【ブローチ】ステンドグラスとまんだらをつないだ、華やかなピンブローチ。▶P.87

26 ステンドグラス

P.80

●サイズ：直径 5cm

材料

ワックスコード　0.75mm

ラベンダー　糸 50cm × 24 本

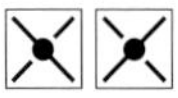

斜め巻き結び
(P.126)

斜め裏巻き結び
(P.127)

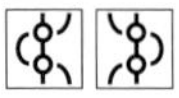

ライン結び
(P.124)

スタートの仕方

糸 4 本を中心で固定し、図のように結ぶ。
これをモチーフ A ①とし、もう 1 個作る②。

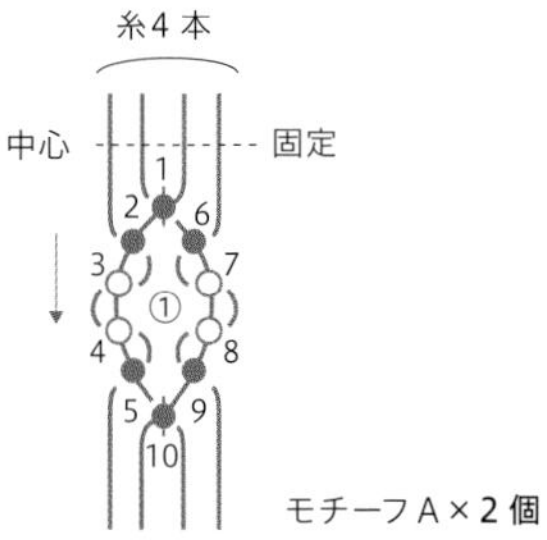

結び方手順

モチーフ A 2 個の結び始めを突き合わせて固定し、
上下の糸 4 本ずつでパターンを結ぶ③、④。
これをモチーフ B とし、もう 1 個作る⑤〜⑧。

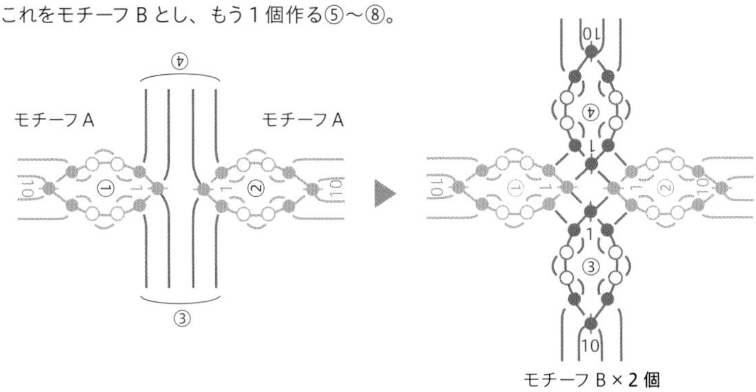

モチーフ B 2 個を横に並べ、突き合わせた糸 4 本ずつでパターンを結ぶ⑨、⑩。

さらにモチーフ A を 2 個作り⑪、⑫、突き合わせてパターン⑬〜⑯を結ぶ。

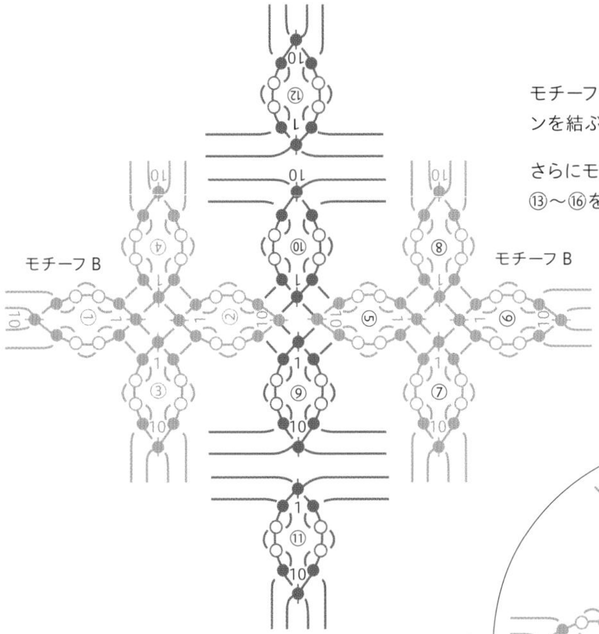

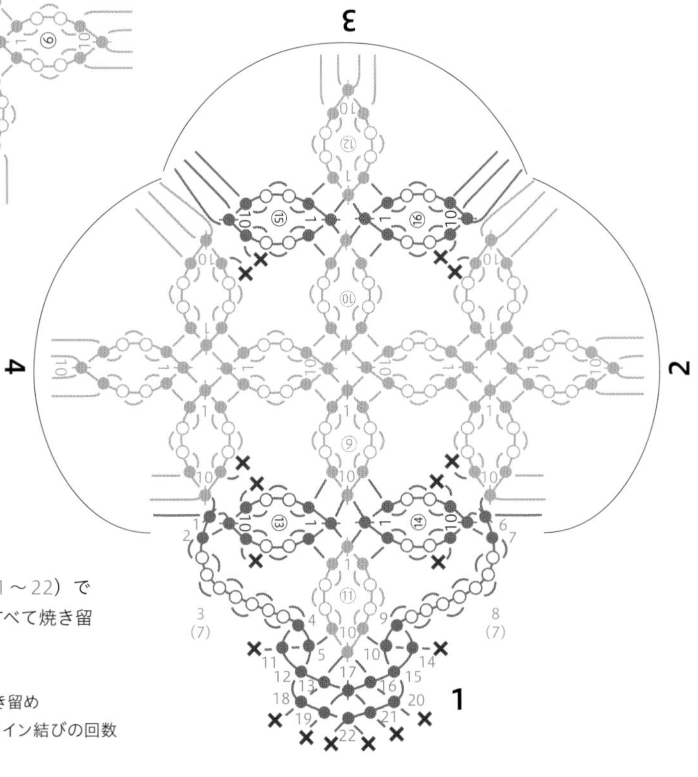

外側を同じパターン（1 〜 22）で 4 方向結び、糸端をすべて焼き留めで始末する。

× ＝焼き留め
（　）＝ライン結びの回数

27

P.80

まんだら

●サイズ：モチーフ 3.5cm

材料

ワックスコード　0.75mm

テラコッタ　糸 50cm × 18 本

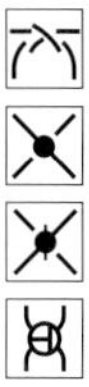

ひと結び
(P.121)

斜め巻き結び
(P.126)

斜め裏巻き結び
(P.127)

本結び
(P.121)

スタートの仕方

糸 1 本を固定し、中央に糸 11 本の中心をひと結びで取り付ける。

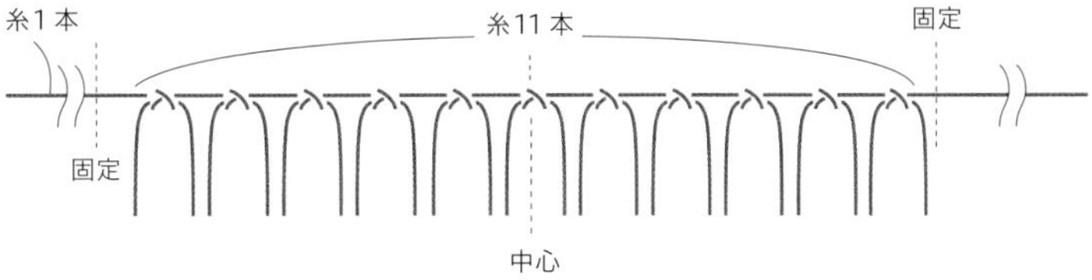

結び付け方（ひと結び）

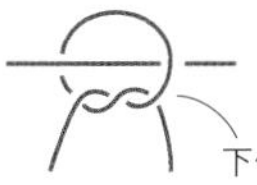

結び方手順

芯糸を輪にし、両端の 2 本で本結びをする。引き締めて輪を小さくする。

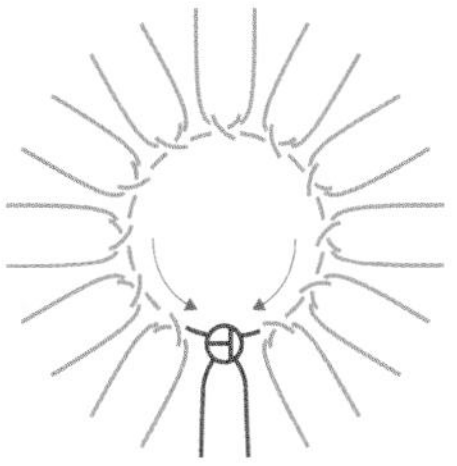

糸を 4 本ずつに分け、図のように同じパターンを 6 組（**1** ～ **6**）結ぶ。結びやすい位置に固定し直しながら結ぶ。

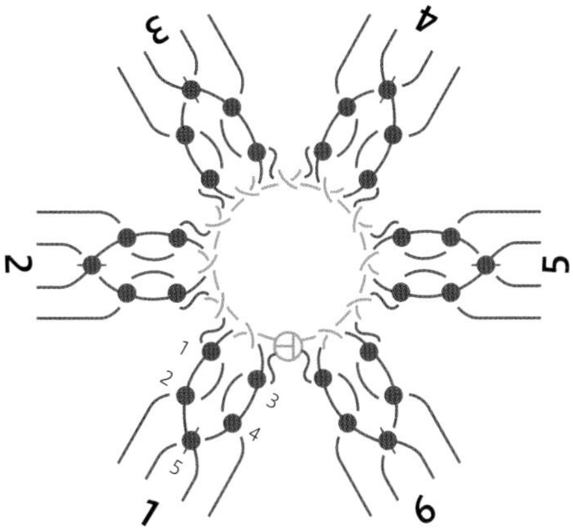

★で新たな糸の中心を足し、パターンとパターンの間に、新たなパターン（1 ～ 18）を 6 組（**7** ～ **12**）結ぶ。糸端をすべて焼き留めで始末する。

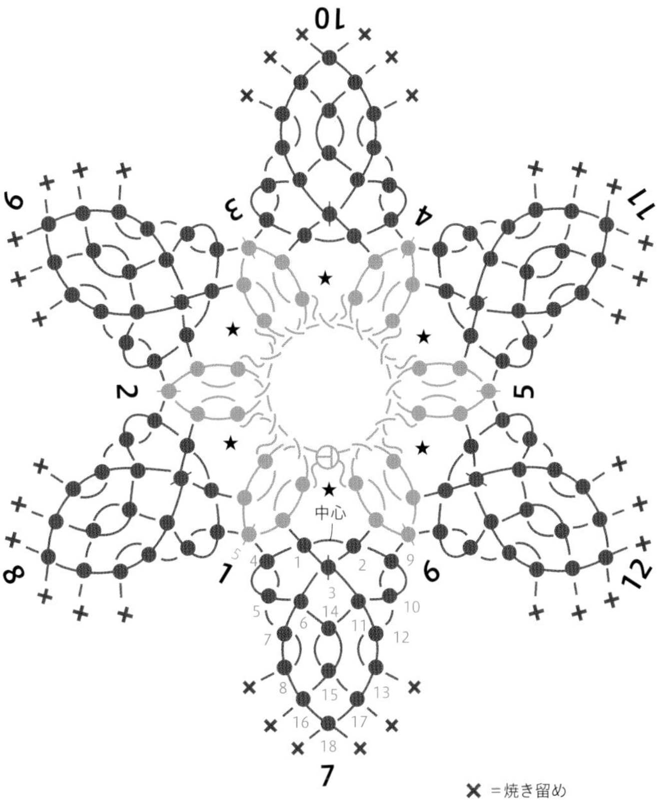

✕ ＝焼き留め

★＝糸を中心で足す位置

28 リース

P.80

●サイズ：3.2cm

材料

ワックスコード　0.75mm

セピア

糸 a 100cm × 2 本

糸 b 70cm × 3 本

糸 c 50cm × 2 本

スタートの仕方

糸 a、糸 b、糸 c を図の順に並べて固定する。右端の糸 c 1 本を芯にし、横巻き結び（左へ進む）を 6 回する（1 ～ 6）。

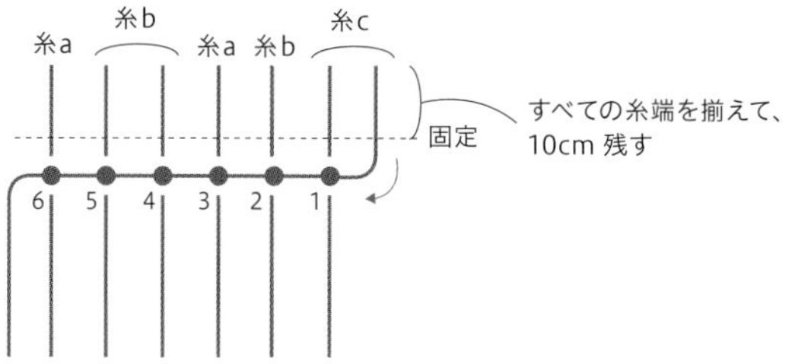

結び方手順

芯を右へ折り返し、横巻き結び（右へ進む）を 6 回結ぶ。

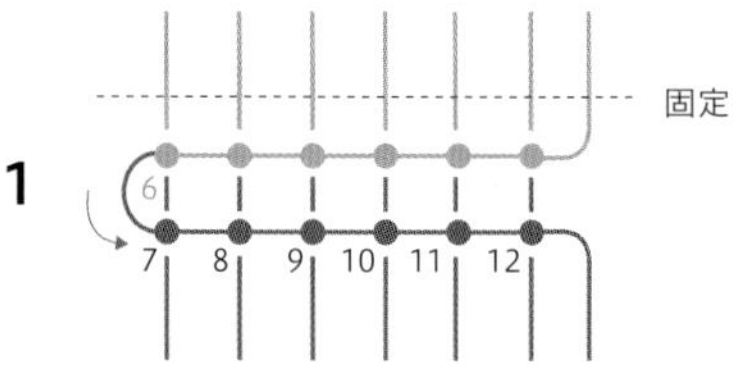

横巻き結び（P.125）

斜め巻き結び（P.126）

しゃこ結び（P.123）

左上平結び 3 回のしゃこ結びをし、芯を左斜め下に折り返して横巻き結びを 6 回する。

これを 1 パターンとし、結びやすい位置に固定し直しながら、あと 9 回くり返す。

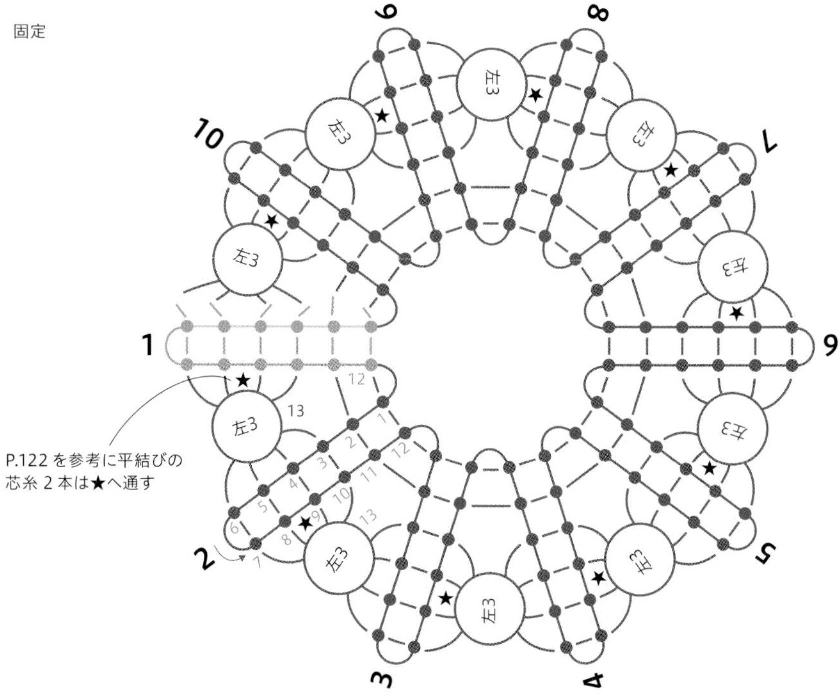

裏に返して、結び始めと結び終わりの糸を斜め巻き結び（表から見ると斜め裏巻き結び）する。

糸端をすべて焼き留めで始末する。

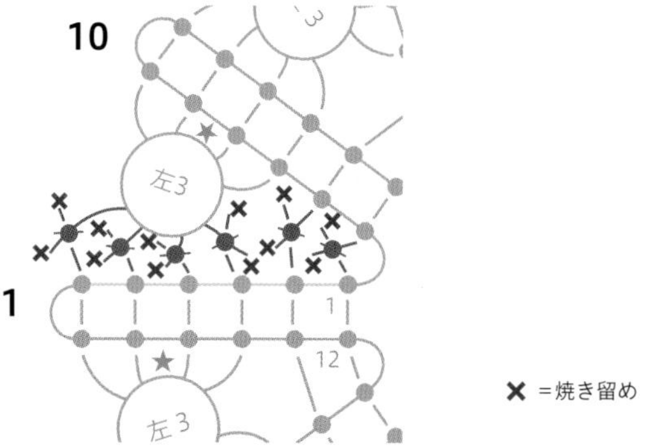

29 かぎ

P.80

●サイズ:縦4.5×横1.7cm

材料

ワックスコード　1.0mm

シルバーグレイ

糸 a 40cm × 6 本

糸 b 20cm × 1 本

糸 c 30cm × 1 本

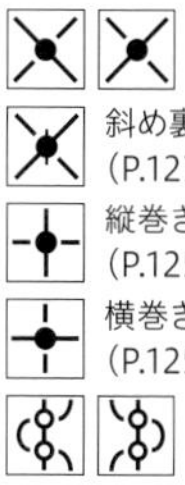

斜め巻き結び (P.126)

斜め裏巻き結び (P.127)

縦巻き結び (P.125)

横巻き結び (P.125)

ライン結び (P.124)

スタートの仕方

糸 a 4 本を糸端 10cm 残して固定する。

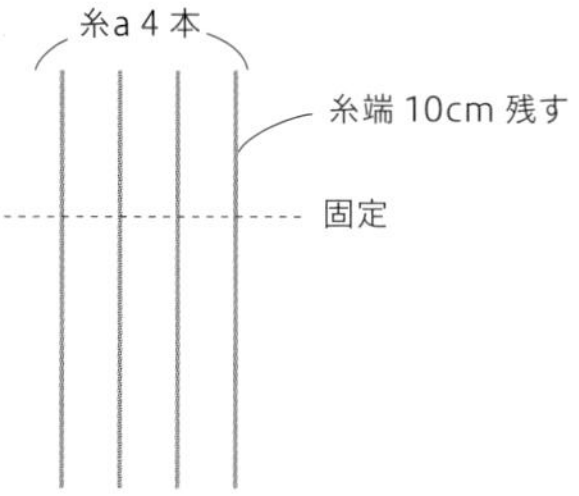

結び方手順

途中で糸を足しながら、数字の順に結ぶ。
結びやすいように、まち針で固定し直しながら結び、
糸端をすべて焼き留めで始末する。

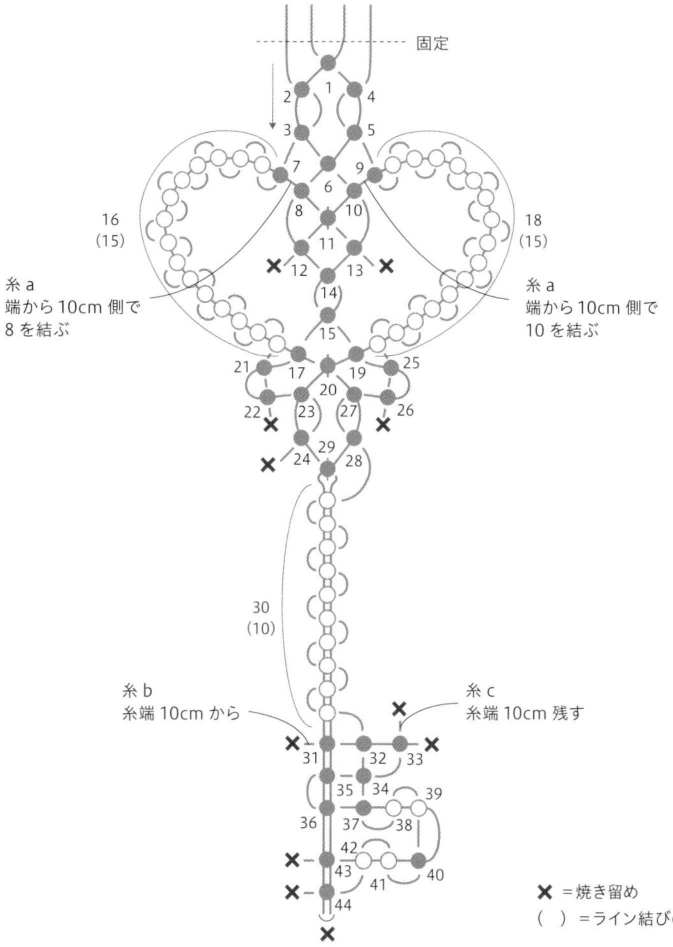

× =焼き留め

(　) =ライン結びの回数

21
P.81

ネックレス
motif ㉙

●サイズ：首周り 68cm
飾り長さ 10cm

材料

ワックスコード　1.0mm
セピア
糸 a 40cm × 6 本
糸 b 20cm × 1 本
糸 c 30cm × 1 本
ファイアポリッシュ　6mm　クリスタル　3 個
チェーン　金古美　67cm
C カン　0.8 × 5 × 6mm　金古美　7 個
9 ピン　0.7 × 20mm　金古美　3 本
マンテル　金古美　1 セット

作り方手順

❶糸 a、b、c で ㉙ かぎ（P.85）を参考に作る。

❷ 9 ピンパーツを 3 個作る。

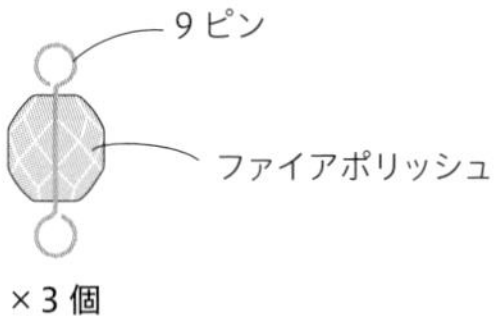

❹❸に❷とマンテルの輪を C カンでつなぐ。反対側にはチェーンを C カンでつなぐ。

❸かぎの穴に C カンをつなぐ。

❺チェーンの反対端に C カンでマンテルのバーをつなぐ。

22
P.81

ピアス
motif ㉘
●サイズ：モチーフ 3.1cm

材料
ワックスコード　0.75mm
テラコッタ
糸 a 100cm × 4 本
糸 b 70cm × 6 本
糸 c 50cm × 4 本
ピアス金具　ゴールド　1 組

作り方手順
❶糸 a、b、c で㉘リース（P.84）を参考に 2 個作る。

❷リースに目打ちで穴をあけ、ピアス金具をつなぐ。

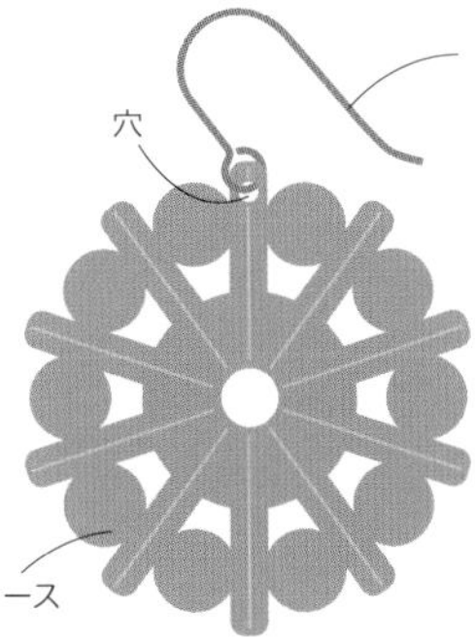

23
P.81

ブローチ
motif ㉖㉗
●サイズ：飾り長さ 10cm

材料
ワックスコード　0.75mm
ステンドグラス　テラコッタ
糸 50cm × 24 本
まんだら　カーキ
糸 50cm × 18 本
C カン　0.8 × 5 × 6mm　金古美　4 個
ブローチピン　39mm　金古美　1 個

作り方手順
❶糸（テラコッタ）で ㉖ステンドグラス（P.82）を、糸（カーキ）で㉗まんだら（P.83）を各 1 個作る。

❷ステンドグラス、まんだらそれぞれに目打ちで穴をあけ、C カンをつなぐ。

❸2 つのモチーフを C カンでつなぎ、ステンドグラスの上部に C カンでブローチピンをつなぐ。

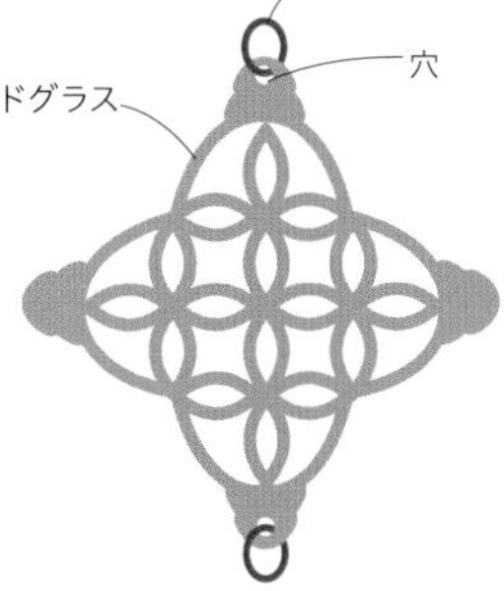

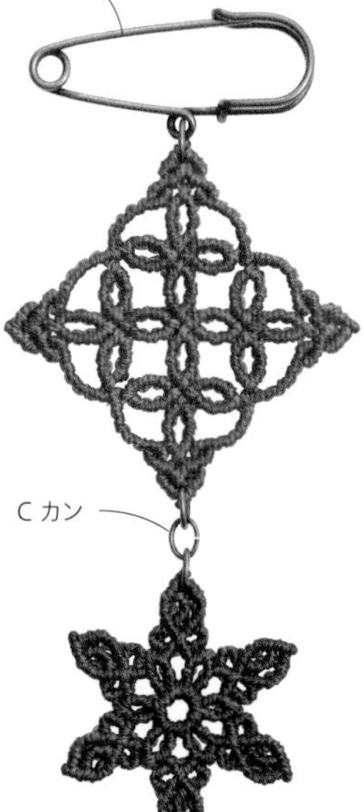

Part.4
ブレードのパターン

ブレスレット本体や、 ネックレスのネック部分に使える、
真っ直ぐな編み地のバリエーションを紹介します。
幅広のパターンはリングにアレンジしても。

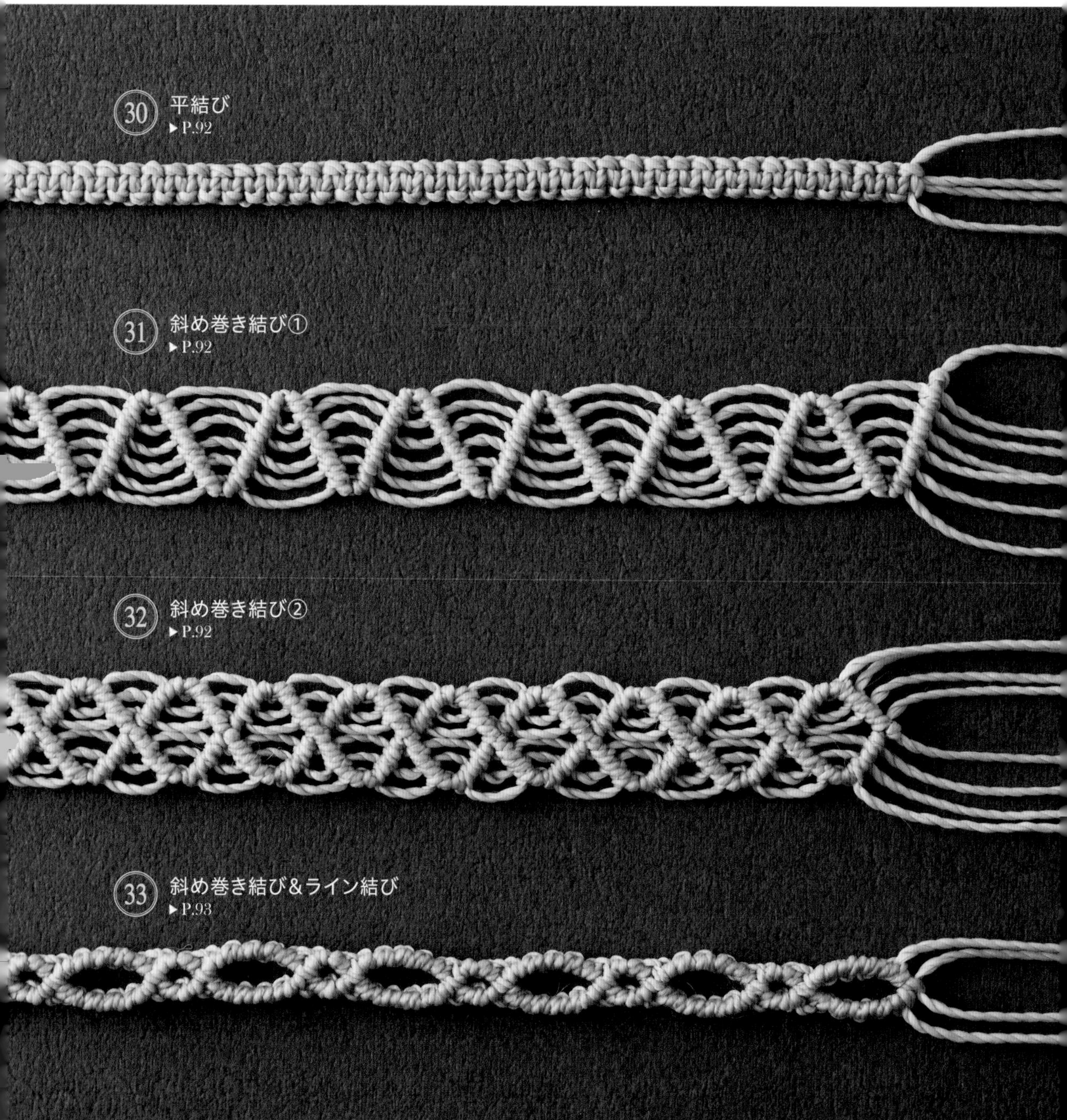

30 平結び
▶ P.92

31 斜め巻き結び①
▶ P.92

32 斜め巻き結び②
▶ P.92

33 斜め巻き結び＆ライン結び
▶ P.93

motif

30 4本で結ぶシンプルな平結び。平らで細め、しっかりした編み地です。
31 コードの隙間を変化させながらジグザグに結びます。ピンで固定しながら角を作ると、きれいなラインに。
32 芯糸の方向を変えながら、ひし形をつないでいきます。渡り糸にビーズを通してアレンジしても素敵。
33 大小のひし形を連続させるパターン。大きなひし形はライン結び、小さなひし形は巻き結びで作ります。

㉞ ねじり結び

▶ P.93

㉟ ライン結び

▶ P.93

㊱ ライン結び & タッチング結び

▶ P.94

㊲ 七宝結び

▶ P.94

motif

㉞ 4本で結ぶねじり結びは、ネックレスのネック部分の定番。

㉟ ライン結びで細い線を2連に描くパターン。波紋のようなデザインです。

㊱ 下の2列はライン結び、上の1列はタッチング結びで。飛び出したピコットのサイズがそろうように結びます。

㊲ 平結びをずらして結ぶ「七宝結び」を突き合わせて輪にした編み地。中が空洞になっています。

24【リング】1パターンごとに、中心にビーズを通して。ビーズの種類でアレンジ自在。▶ P.96

25【リング】1パターンが短いので、サイズが調整しやすい編み地です。▶ P.95

26【リング】小さな粒がきらめく細身のリング。重ね着けしたくなる繊細さです。▶ P.96

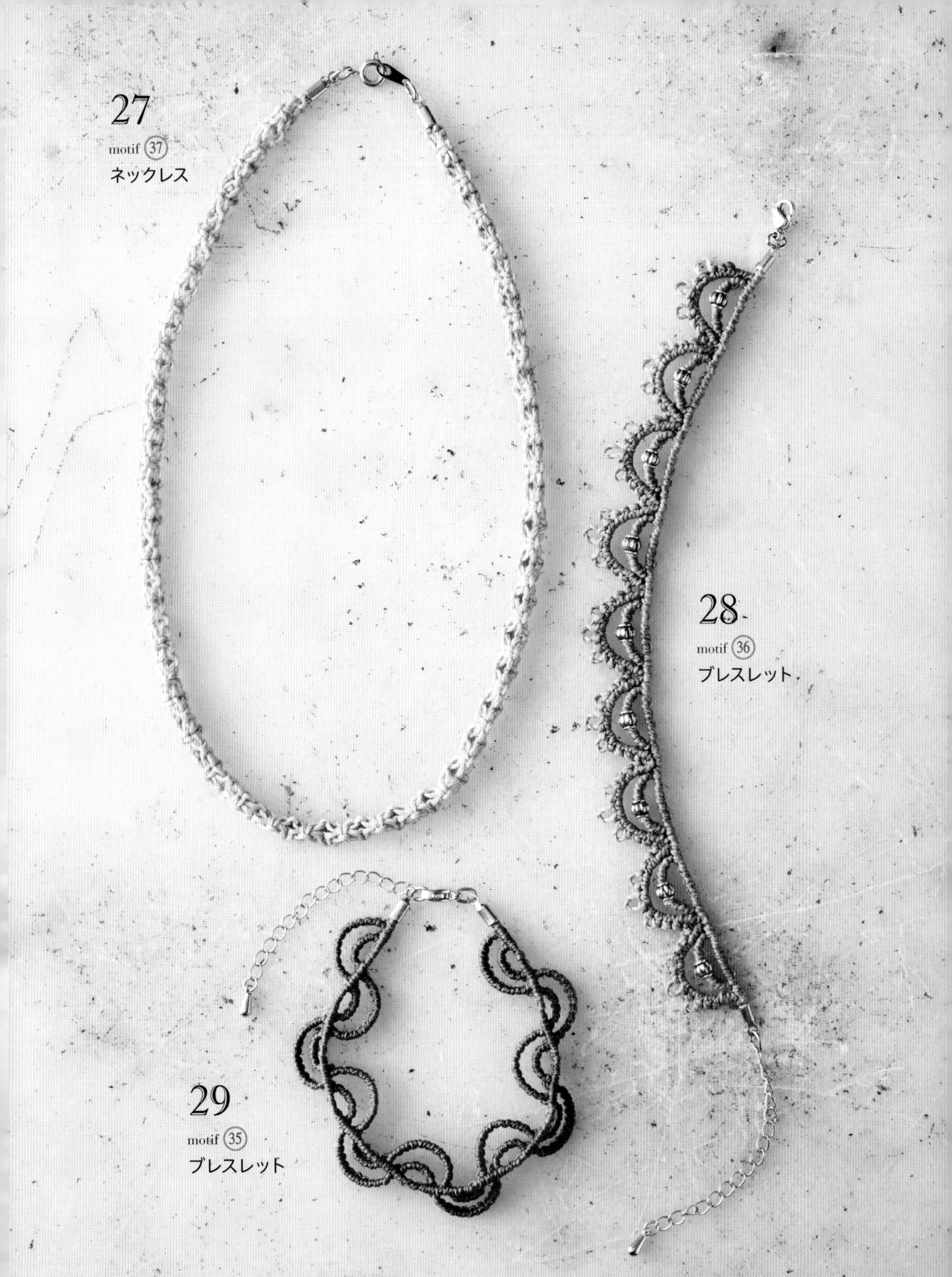

27【ネックレス】存在感ある編み地は、そのままショートネックレスに。
編み地が空洞になっているので軽いのも嬉しい。▶P.96

28【ブレスレット】レースのブレードのようなパターンは、上品なよそいきのブレスレットに。▶P.97

29【ブレスレット】上下に広がる波紋が個性的。コードだけなのに存在感抜群です。▶P.97

30 平結び

P.88

●サイズ：11cm

材料

ワックスコード　1.0mm

リネン　糸 a 60cm × 2 本

糸 b 90cm × 2 本

左上平結び（P.122）

右上平結び（P.122）

スタートの仕方

糸 a 2 本、糸 b 2 本を中心で固定する。

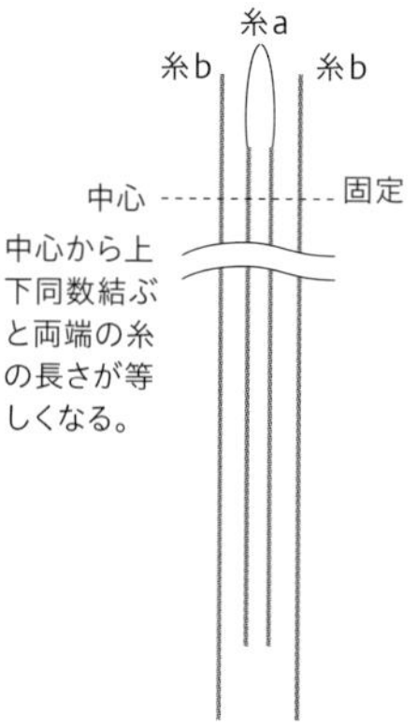

結び方手順

糸 a 2 本を芯、糸 b を結び糸にし、左上平結びを 22 回結ぶ。上下を返して固定し直し、同じ糸で右上平結びを 22 回結ぶ。

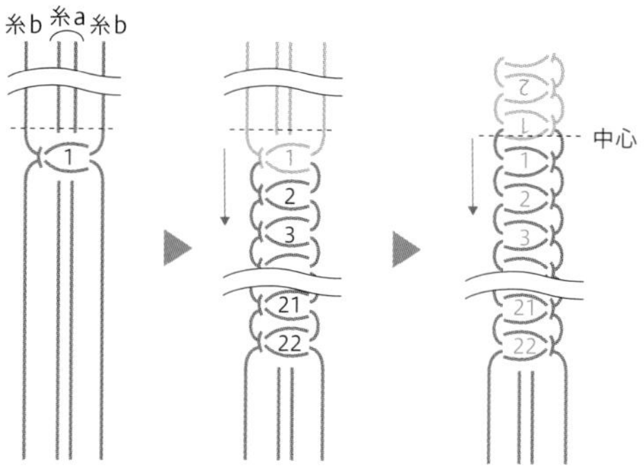

31 斜め巻き結び①

P.88

●サイズ：11cm

材料

ワックスコード　1.0mm

リネン　糸 a 60cm × 6 本

糸 b 50cm × 1 本

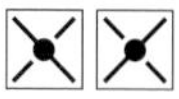

斜め巻き結び（P.126）

スタートの仕方

糸 a 6 本、糸 b 1 本を糸端から 10cm で固定する。

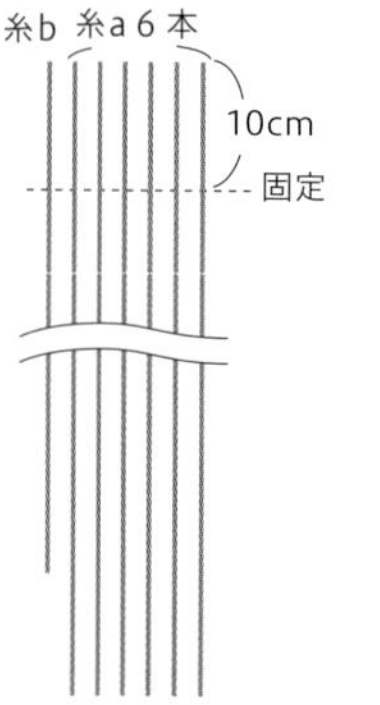

結び方手順

糸 b を芯、糸 a を結び糸とし、右に向かって斜め巻き結びを 6 回結ぶ。芯を折り返し左に向かって斜め巻き結びを 6 回結ぶ。これを 11cm 分くり返す。

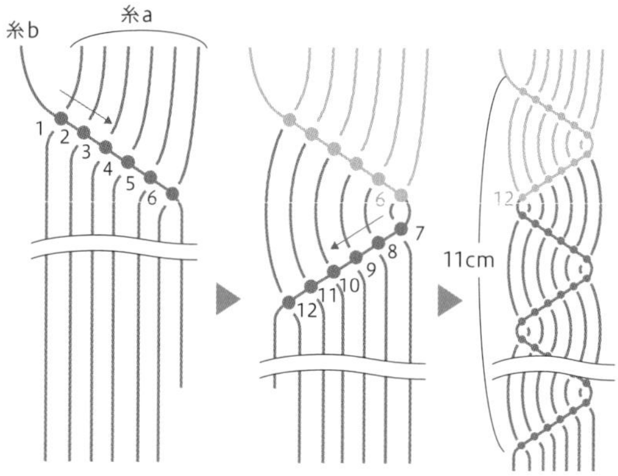

32 斜め巻き結び②

P.88

●サイズ：11cm

材料

ワックスコード　1.0mm

リネン　糸 a 50cm × 2 本

糸 b 70cm × 6 本

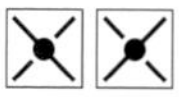

斜め巻き結び（P.126）

スタートの仕方

糸 a 2 本、糸 b 6 本を糸端から 10cm で固定する。

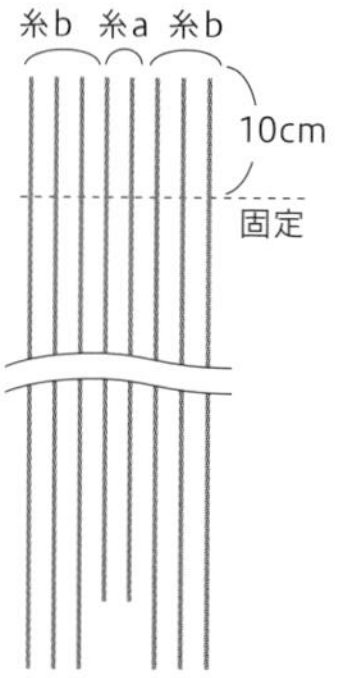

結び方手順

中心の 2 本、左右外側に向かっての順で斜め巻き結びをする。続けて内側に向けて結ぶ。これを 10 回くり返す。

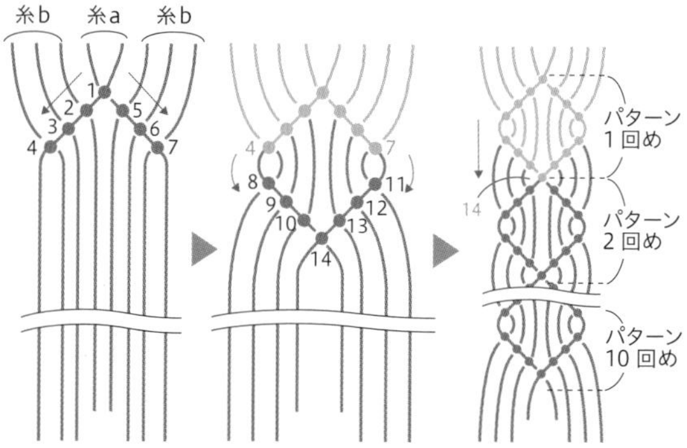

33 斜め巻き結び＆ライン結び

P.88

●サイズ：11cm

材料

ワックスコード　1.0mm

リネン　糸 a 50cm × 2 本

糸 b 110cm × 2 本

斜め巻き結び（P.126）

斜め裏巻き結び（P.127）

ライン結び（P.124）

スタートの仕方

糸 a 2 本、糸 b 2 本を糸端 10cm で固定する。

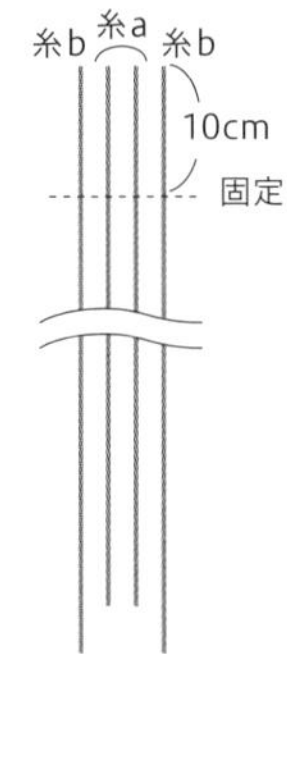

結び方手順

糸 a 2 本で斜め裏巻き結び、それぞれの糸で外側に向かって斜め巻き結びをする。ライン結び、斜め巻き結び、裏巻き結びを使ってパターンを 7 回くり返す。

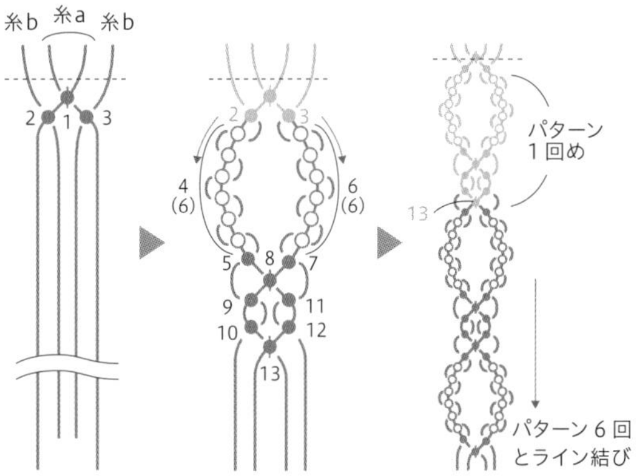

34 ねじり結び

P.89

●サイズ：10cm

材料

ワックスコード　0.75mm

レーズン　糸 a 50cm × 2 本

糸 b 110cm × 2 本

左上ねじり結び（P.122）

スタートの仕方

糸 a 2 本、糸 b 2 本を中心で固定する。

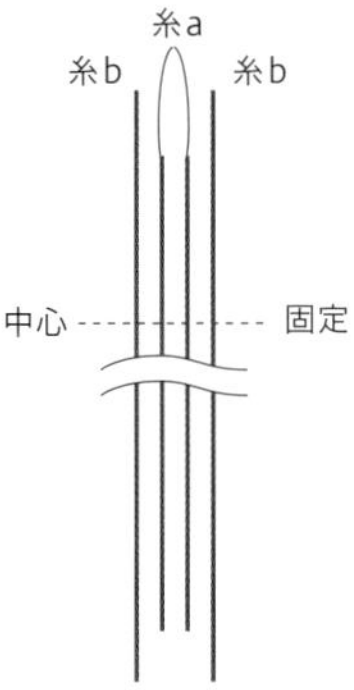

結び方手順

糸 a 2 本を芯、糸 b を結び糸にし、左上ねじり結びを 5cm する。上下を返して固定し直し、同じ糸で左上ねじり結びを 5cm する。

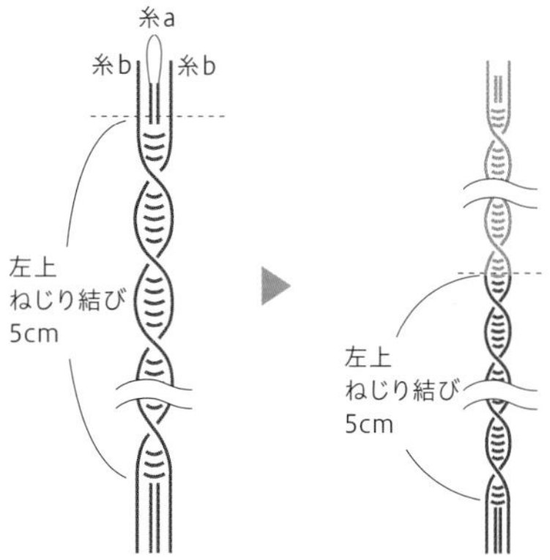

35 ライン結び

P.89

●サイズ：11cm

材料

ワックスコード　0.75mm

レーズン　糸 a 50cm × 2 本

糸 b 90cm × 2 本

糸 c 120cm × 2 本

縦巻き結び（P.125）

ライン結び（P.124）

スタートの仕方

糸 a ～ c を糸端から 10cm で固定し、縦巻き結び（右へ進む）とライン結び（芯が左）をする。

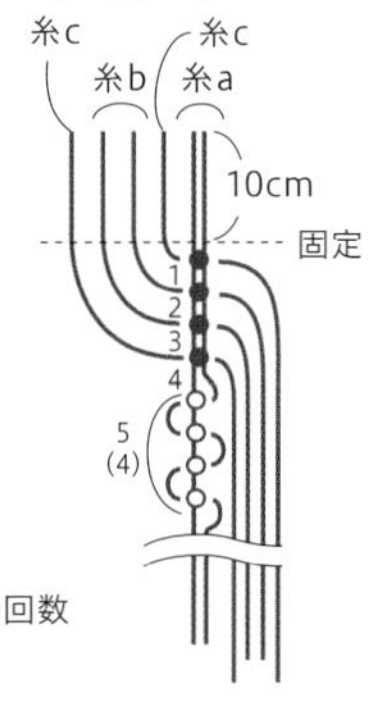

（　）＝ライン結びの回数

結び方手順

ライン結びと縦巻き結びで、右側にアーチを描くようにする。続けて左側も左右対称にする。これを 4.5 回くり返す。

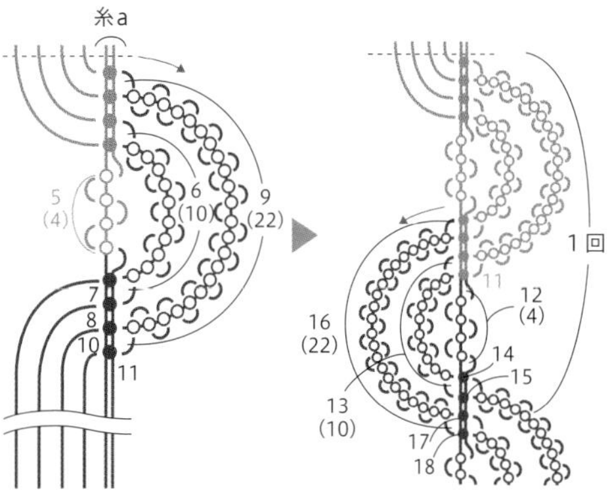

36 ライン結び＆タッチング結び

P.89

●サイズ：11cm

材料

ワックスコード　0.75mm

レーズン

糸 a 60cm × 2 本
糸 b 50cm × 1 本
糸 c 70cm × 1 本
糸 d 100cm × 1 本
糸 e 130cm × 1 本

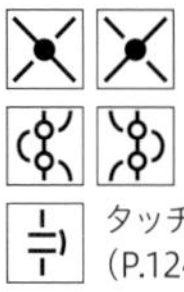

斜め巻き結び（P.126）
ライン結び（P.124）
タッチング結び（P.124）

スタートの仕方

糸 a ～ d を糸端から10cm で固定する。

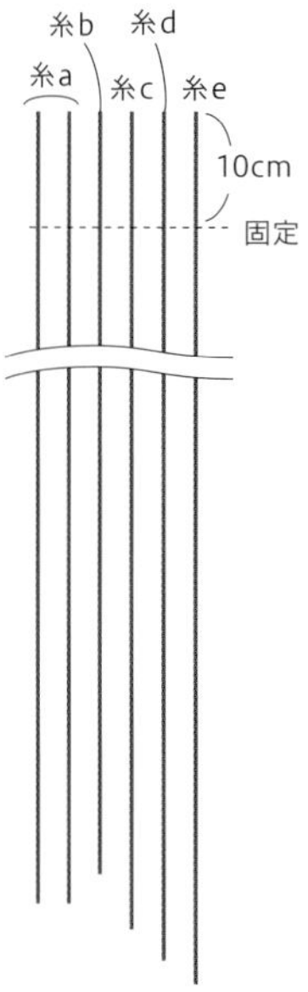

結び方手順

ライン結び、斜め巻き結び、タッチング結びでパターンを結ぶ。タッチング結びの途中、渡り糸を指定の長さで結び、ループを作る。これを 6 回くり返す。

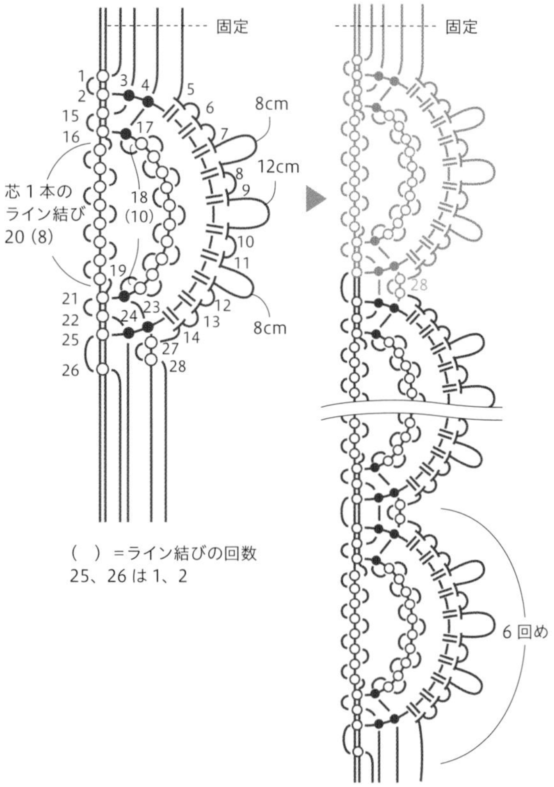

（　）＝ライン結びの回数
25、26 は 1、2

37 七宝結び

P.89

●サイズ：11cm

材料

ワックスコード　0.75mm

レーズン

糸 50cm × 8 本

左上平結び（P.122）
タッチング結び（P.124）

スタートの仕方

糸 8 本を糸端から10cm で固定し、4本1組で左上平結びを1回ずつ結ぶ。

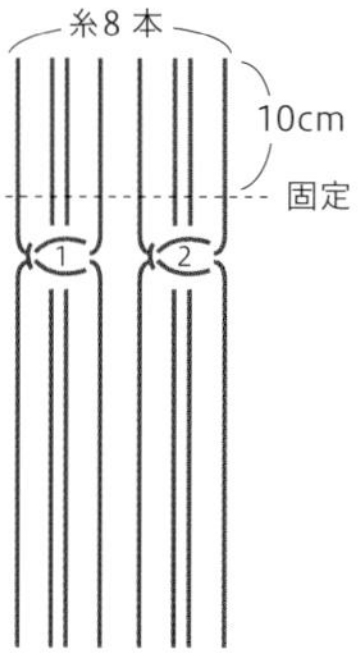

結び方手順

2 段めで輪にして、1 段ごとに芯を 2 本ずつずらしながら、平結びを 22 段結ぶ。
両端に芯 7 本のタッチング結びを 2 回ずつ結ぶ。

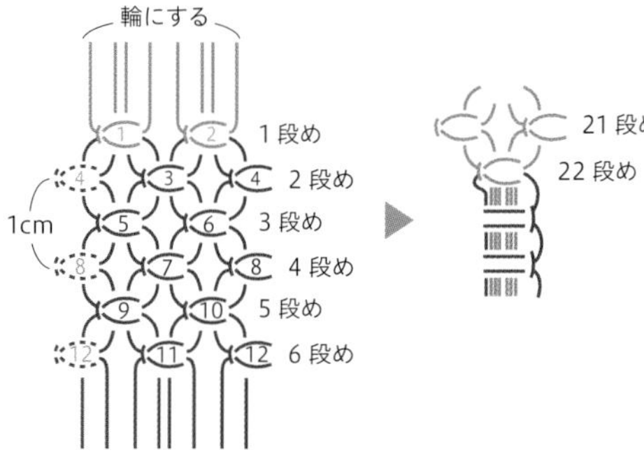

25 リング

P.90

motif ㉛

●サイズ：11号

材料

ワックスコード　0.5mm

リネン　糸 60cm × 8 本

作り方手順

❶糸 8 本を糸端から10cm で固定し、右から2番めの糸を芯とし、斜め巻き結び（左へ進む）を1段結ぶ。一番右の糸を芯とし、間をあけずにもう1段結ぶ。

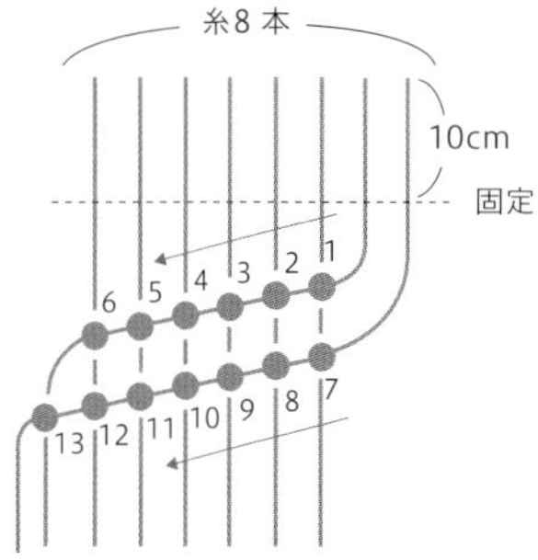

❷㉛斜め巻き結び①（P.92）を参考に、斜め巻き結びをする。幅の狭いジグザグを 9 回くり返す。

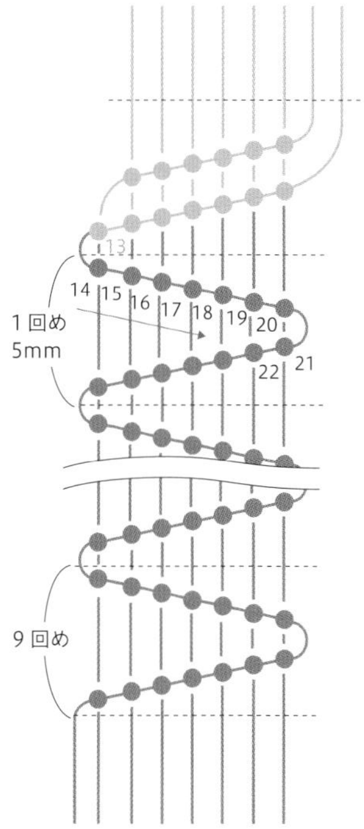

❸右端の糸で、間をあけずにもう1段結ぶ。

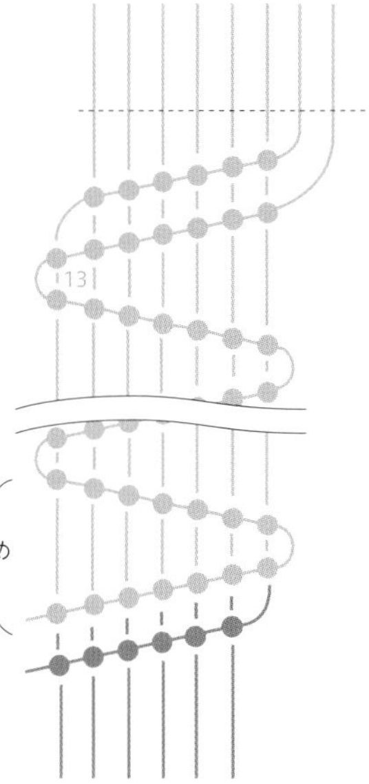

リングのサイズは斜め巻き結びの回数かジグザクの幅で調節する

❹結び始めと終わりを突き合わせて中表で輪にし、それぞれの結び糸を斜め巻き結びでつなぐ。形を整え、糸端をすべて焼き留めで始末する。

【裏側】

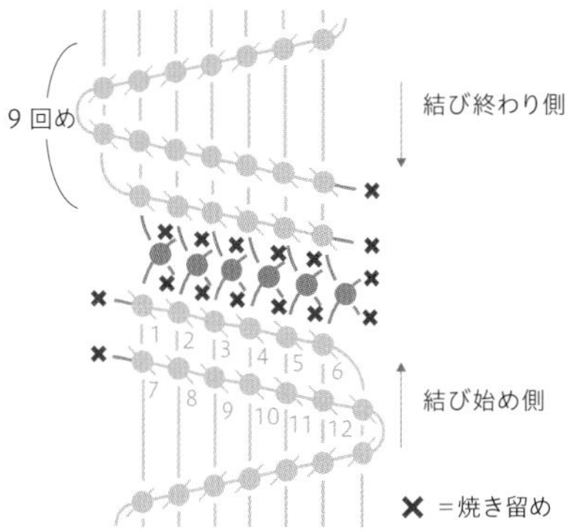

❺表側に返して完成。

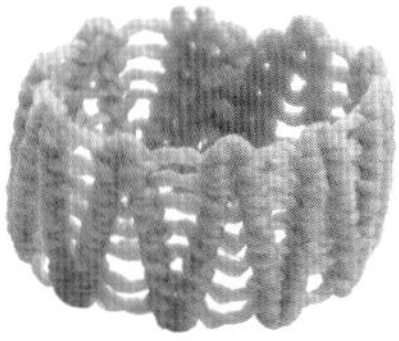

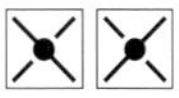

斜め巻き結び（P.126）

Point

1

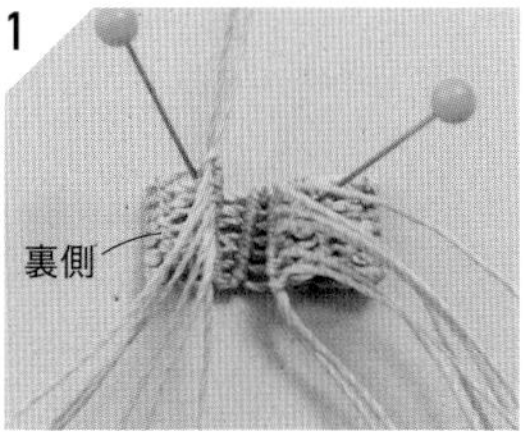

上の図の通りに、斜め巻き結びの編み地を作り、端を突き合わせてつなぎます。編み地を中表に輪にし、まち針で固定します。

2

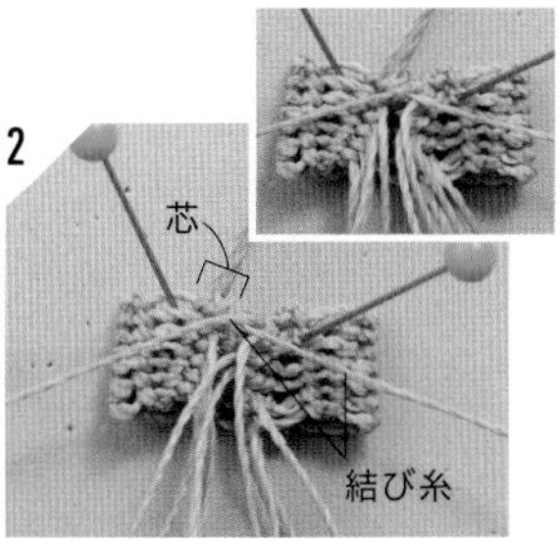

芯糸はよけておきます。図を参照し、結び糸同士で巻き結びを1回します。

3

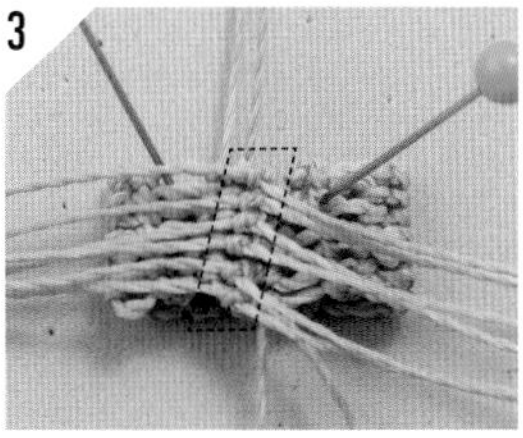

全部で6回巻き結びをします。

4

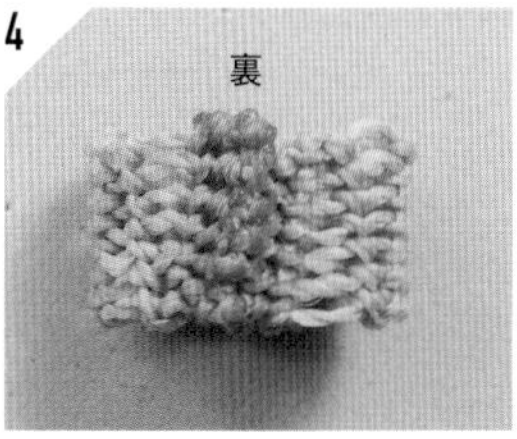

コードを1本ずつ焼き留めで始末します。

作品を表にして完成！

24

P.90

リング

motif ㉜

●サイズ：11 号

材料

ワックスコード　0.5mm

ライトブラウン　糸 60cm × 8 本

メタルビーズ　3.5mm　ゴールド　3 個

斜め巻き結び（P.126）

斜め裏巻き結び（P.127）

作り方手順

❶糸 8 本を糸端から 20cm で固定する。㉜斜め巻き結び②（P.92）を参考に、メタルビーズを入れないパターンを 3 回、メタルビーズを入れたパターンを 3 回、ビーズを入れないパターンを 3 回結ぶ。

❷両端の糸を突き合わせて巻き結びをする。形を整え、糸端をすべて裏側で焼き留めで始末する。

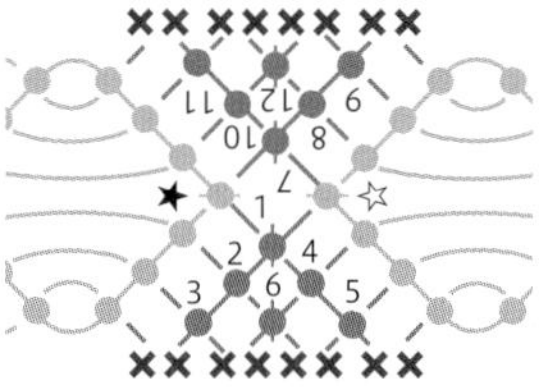

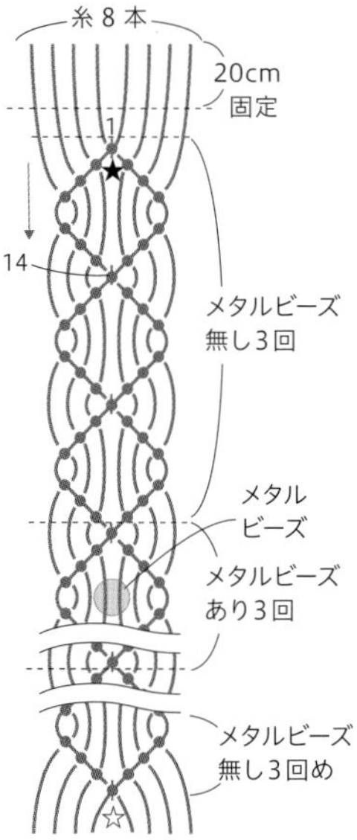

26

P.90

リング

motif ㉝

●サイズ：フリーサイズ

材料

ワックスコード　0.5mm

カフェオレ　糸 a 70cm × 2 本

糸 b 80cm × 2 本

丸大ビーズ　5 個

斜め巻き結び（P.126）

斜め裏巻き結び（P.127）

ライン結び（P.124）

左上平結び（P.122）

作り方手順

❶糸 a、b を糸端から 20cm で固定する。㉝斜め巻き結び&ライン結び（P.93）を参考にパターンを 4.5 回結ぶ。

❷両端の糸を突き合わせて巻き結びし、芯同士合計 4 本を芯とし、結び終わり側の結び糸で左上平結びを 3 回（サイズに合わせて回数は調整）する。固定せず、手に持って結ぶとよい。
形を整え、糸端をすべて裏側で焼き留めで始末する。

（　）＝ライン結びの回数

✕ ＝焼き留め

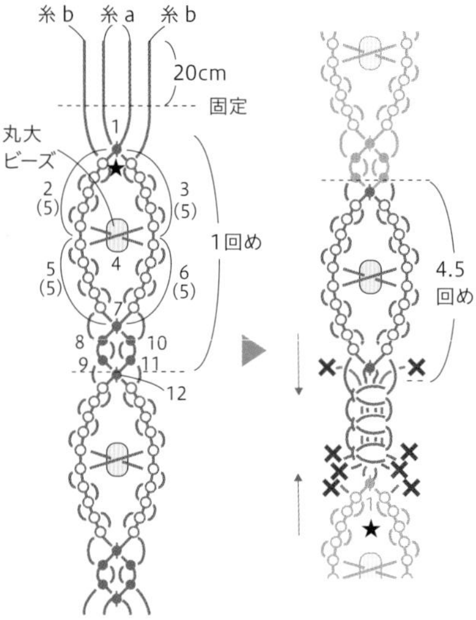

27

P.91

ネックレス

motif ㊲

●サイズ：首周り 38cm

材料

ワックスコード　0.75mm

リネン　糸 110cm × 8 本

ひも留め金具　ゴールド　2 個

C カン　0.8 × 3.5 × 5mm　ゴールド　2 個

引き輪　ゴールド　1 個

ダルマカン　ゴールド　1 個

接着剤

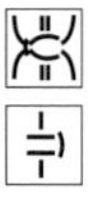

左上平結び（P.122）

タッチング結び（P.124）

作り方手順

❶糸を糸端から 10cm で固定する。㊲七宝結び（P.94）を参考にパターンを 38cm 結び、両端に芯 7 本のタッチング結びを 2 段ずつ結ぶ。糸端をすべて焼き留めで始末する。

❷両端のタッチング結びに、接着剤でひも留め金具を取り付ける。C カンでダルマカンと引き輪を取り付ける。

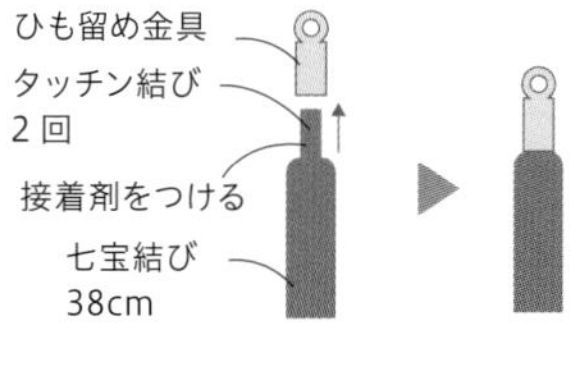

28

P.91

ブレスレット

motif ㊱

●サイズ：手首周り 17cm
（アジャスターを除く）

材料

ワックスコード　1.0mm
ライトグレー
糸 a 80cm × 3 本
糸 b 100cm × 1 本
糸 c 150cm × 1 本
糸 d 220cm × 1 本
メタルビーズ　シルバー　9 個
ひも留め金具　シルバー　2 個
C カン　0.8 × 3.5 × 5mm　シルバー　2 個
カニカン　シルバー　1 個
アジャスター　シルバー　1 個

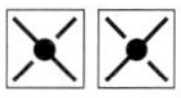
斜め巻き結び
（P.126）

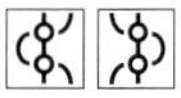
ライン結び
（P.124）

タッチング結び
（P.124）

作り方手順

❶糸 a ～ d を糸端から 10cm で固定する。㊱ライン結び＆タッチング結び（P.94）を参考に、途中でメタルビーズを入れてパターンを 9 回結ぶ。

❷両端の 3 本をひも留め金具の長さにはさみで切り、3 本まとめて焼き留めで始末する。他の糸端もすべて焼き留めで始末する。

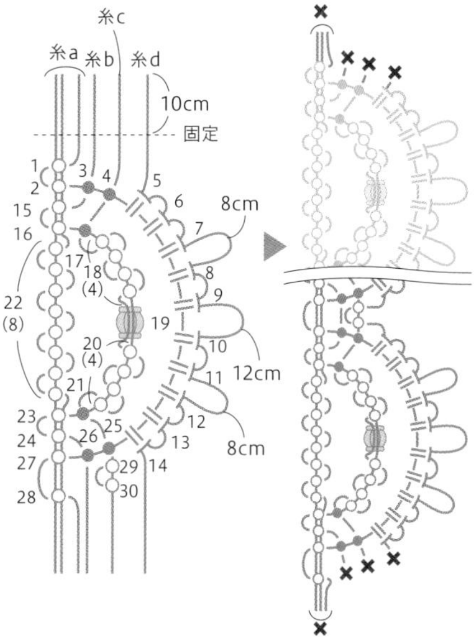

（　）＝ライン結びの回数
✕ ＝焼き留め

❸ひも留め金具を取り付け、C カンでカニカンとアジャスターを取り付ける。

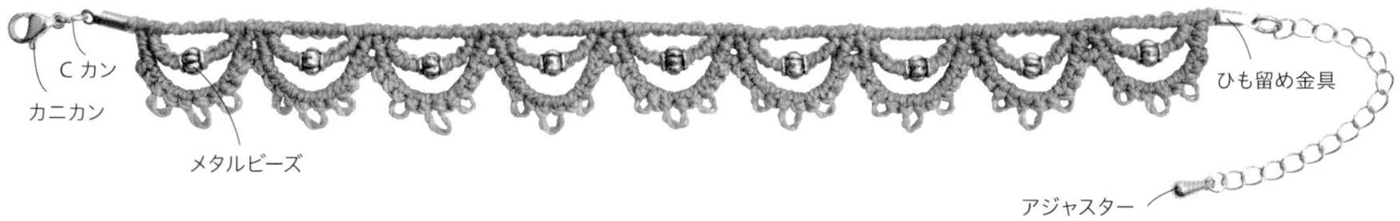

29

P.91

ブレスレット

motif ㉟

●サイズ：手首周り 17cm

材料

ワックスコード　0.75mm ラベンダー
糸 a60cm × 2 本
糸 b100cm × 2 本
糸 c140cm × 2 本
ひも留め金具　ゴールド　2 個
C カン　0.8 × 3.5 × 5mm　ゴールド　2 個
カニカン　ゴールド　1 個
アジャスター　ゴールド　1 個

縦巻き結び
（P.125）

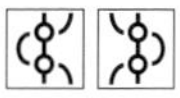
ライン結び
（P.124）

作り方手順

❶糸 a ～ c を糸端から 10cm で固定する。㉟ライン結び（P.93）を参考に、パターンを 6 回結ぶ。

❷両端の 3 本をひも留め金具の長さにはさみで切り、3 本まとめて焼き留めで始末する。他の糸端もすべて焼き留めで始末する。

（　）＝ライン結びの回数
✕ ＝焼き留め

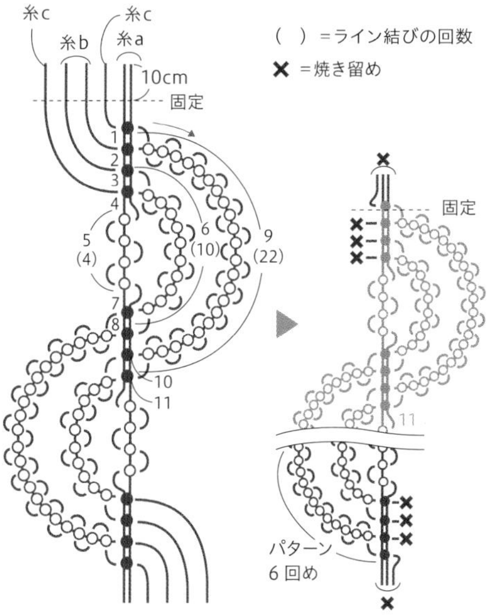

❸ひも留め金具を取り付け、C カンでカニカンとアジャスターを取り付ける。

Column
留め具のアレンジ

コードで作るブレスレットやネックレスの、留め具部分のアレンジバリエーションを紹介します。
金具を使わず、金属アレルギーの方にも優しい作り方です。

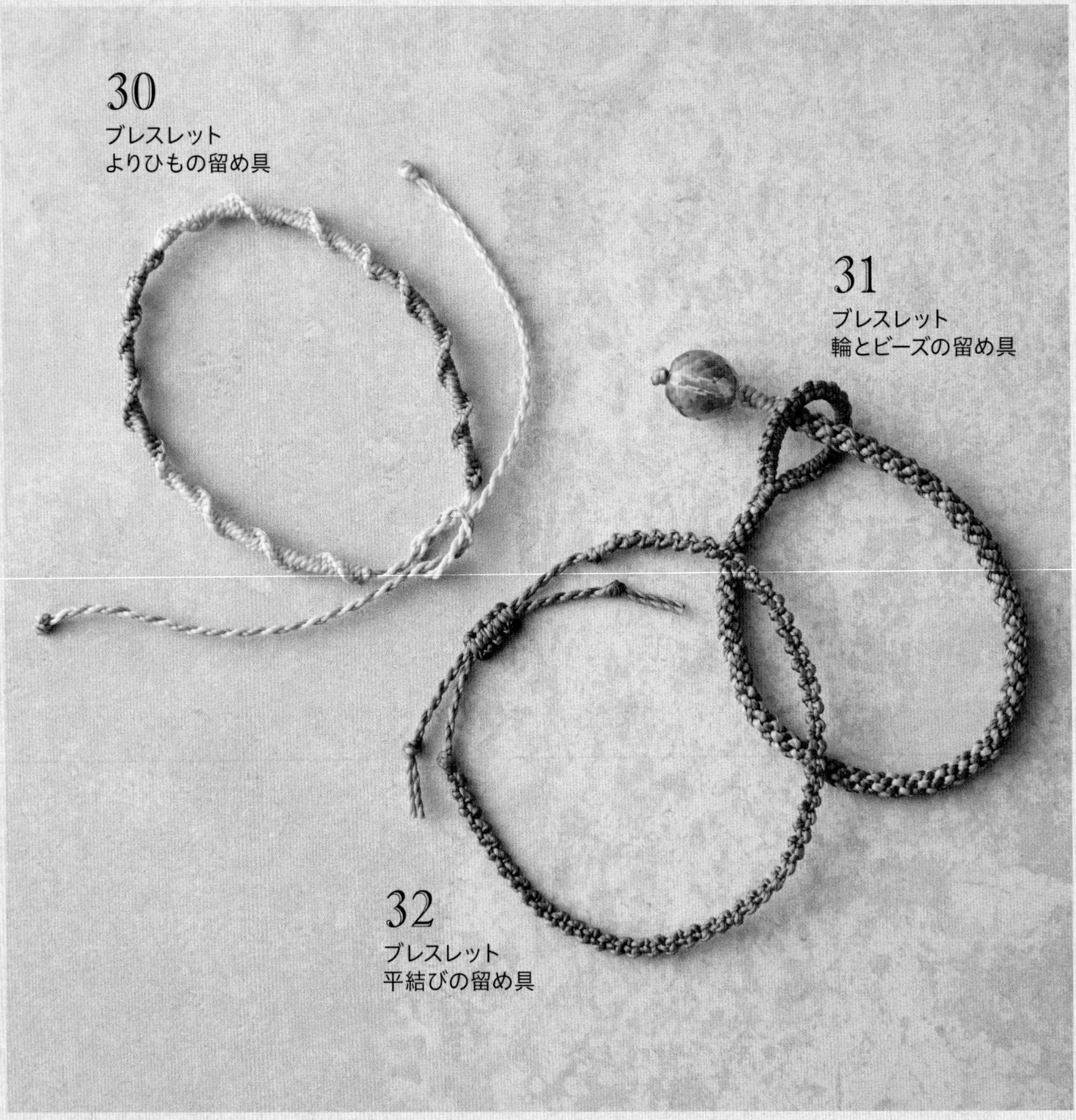

30【ブレスレット】編み地からコードの本数を減らし、2本で作るよりひも。結んで着脱します。▶P.99
31【ブレスレット】ビーズをタッチング結びの輪に通して着脱します。輪から作り始めます。▶P.99
32【ブレスレット】別糸で平結びを少しゆるめに編み、留め具に。ブレスレットの輪を広げて着脱します。▶P.99

30 ブレスレット

P.98

よりひもの留め具

●サイズ：手首周り 16cm
～フリーサイズ

材料

ワックスコード　0.75mm
スカイブルー　糸 a 50cm × 1 本
糸 b 160cm × 1 本
ライトグレー　糸 c 160cm × 1 本

ひと結び (P.121)
よりひも (P.123)
右輪結び (P.123)

作り方手順

❶糸 a、糸 b の端から 10cm をそろえて固定し、よりひもを 10cm 結ぶ。

❷糸 a、糸 b を芯にして、糸 c の糸端を固定し、糸 c で右輪結びを 4cm 結ぶ。

❸糸 a、糸 c を芯にして糸 b で右輪結びを 4cm 結ぶ。

❹糸 a、糸 b を芯にして、糸 c で右輪結びを 4cm 結ぶ。

❺糸 a、糸 c を芯にして糸 b で右輪結びを 4cm 結ぶ。

❻糸 a と糸 c でよりひもを 10cm 結ぶ。

❼よりひも 10cm のところをひと結びし、焼き留めで始末する。

✕ = 焼き留め

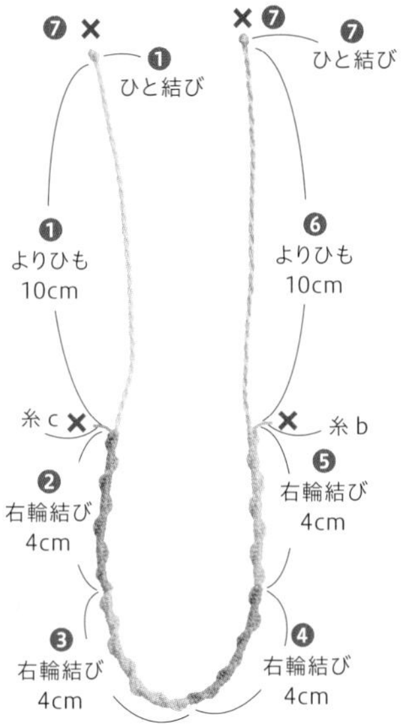

31 ブレスレット

P.98

輪とビーズの留め具

●サイズ：手首周り 18cm

材料

ワックスコード　1.0mm
チョコ　糸 a 220cm × 1 本
サックスブルー　糸 b 200cm × 1 本
ファイアポリッシュ　10mm　1 個

作り方手順

❶糸 a、b の端から 100cm 残し、糸 b を芯にしてタッチング結びを 20 回結ぶ。
輪にしてファイアポリッシュ 10mm が通るか確認し、両端をそろえて糸 a で芯 3 本のタッチング結びを 3 回結ぶ。

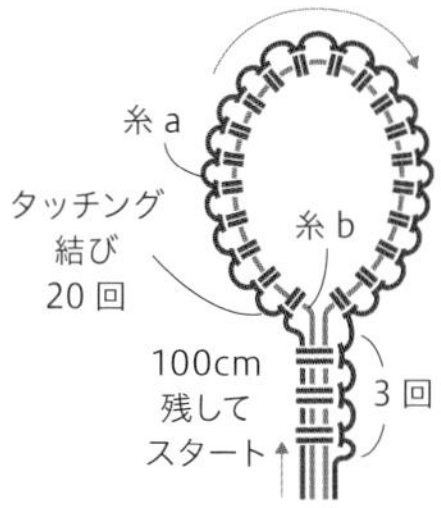

❷手のひらの上で四つだたみ (P.121) を 15cm 結ぶ。
❸糸 a 2 本、糸 b 1 本を芯にして糸 b で輪結びを 1cm (10 回) 結ぶ。
❹糸 a 2 本を焼き留めし、糸 b 2 本をファイアポリッシュに通して、ひと結びをする。
❺糸端をすべて焼き留めで始末する。

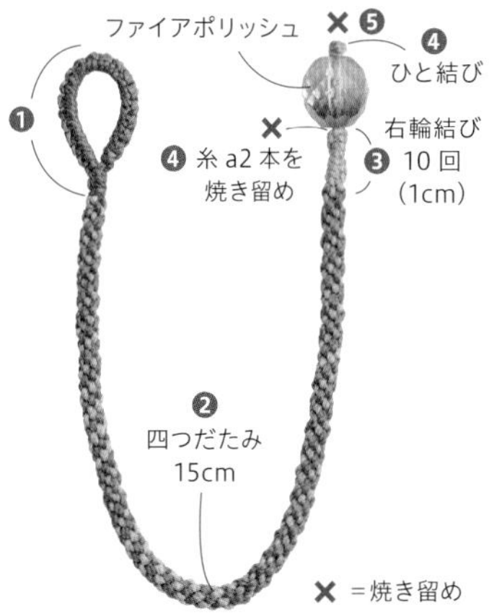

✕ = 焼き留め

右タッチング結び (P.124)
四つだたみ (P.121)
ひと結び (P.121)
右輪結び (P.123)

32 ブレスレット

P.98

平結びの留め具

●サイズ：手首周り 15 ～ 23cm

材料

ワックスコード　1.0mm
フィッシャー　糸 a 90cm × 1 本
セピア　糸 b 90cm × 1 本
糸 c 30cm × 2 本

作り方手順

❶糸 a、b の端から 10cm のところをひと結びし、端を固定してよりひもを 4cm、ひと結びをする。

❷左右結び (P.123) を 15cm、ひと結び、よりひもを 4cm、ひと結びをし、両端を 2cm 残してカットする。

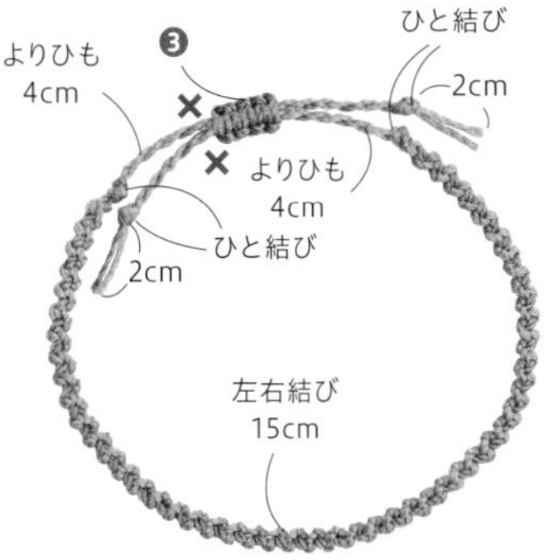

❸全体を輪にしてよりひも部分を重ねる。これを芯とし、糸 c で 左上平結びを 4 回結ぶ。糸 c の糸端 2 本を焼き留めで始末する。

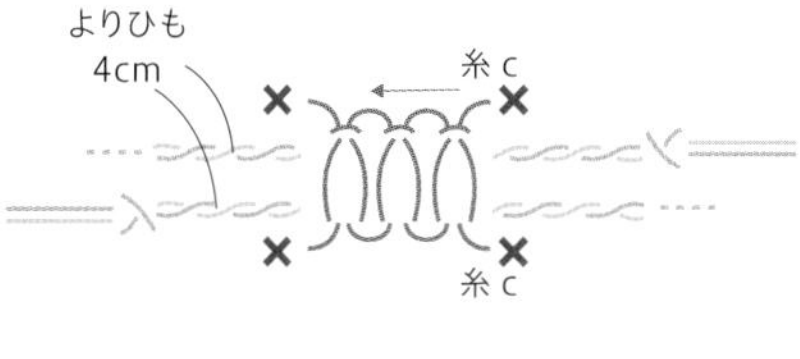

✕ = 焼き留め

左上平結び (P.122)
よりひも (P.123)
左右結び (P.123)
ひと結び (P.121)

Gallery 作品の作り方

A

P.06

Plaid brooch
チェック柄ブローチ
●サイズ：直径 3.5cm

材料

【A-1】
ワックスコード　0.75mm
グリーン　糸 a 55cm × 8 本
糸 d 70cm × 1 本
ラズベリー　糸 b 55cm × 6 本
オフホワイト　糸 c 55cm × 6 本

【A-2】
ワックスコード　0.75mm
グリーン　糸 a 55cm × 8 本
糸 d 70cm × 1 本
サックスブルー　糸 b55cm × 6 本
パープル　糸 c 55cm × 6 本

【共通】
メタルフープ　25mm　シルバー　1 個
ブローチ金具　22mm　シルバー　1 個

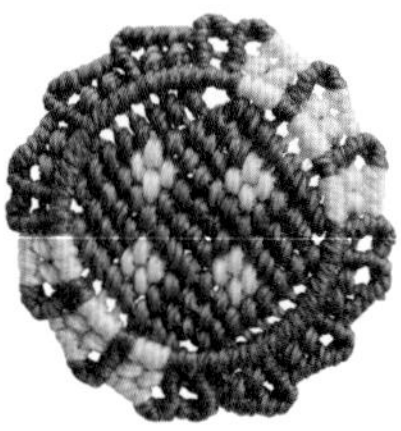
A-1

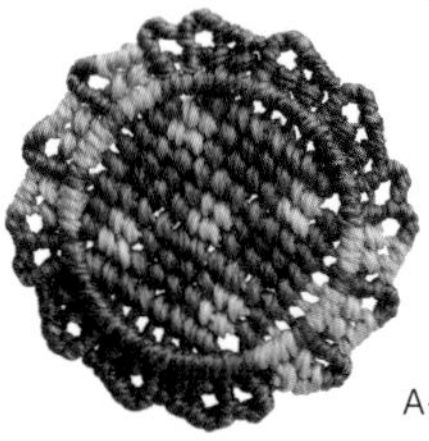
A-2

斜め巻き結び
(P.126)

斜め裏巻き結び
(P.127)

裏巻き結び
(P.127)

横巻き結び
(P.125)

本結び
(P.121)

作り方手順

❶糸 a 1 ～ a 3、糸 b 6 本を糸端から 25cm の位置をメタルフープを芯にして横巻き結びで取り付け (1 ～ 9)、メタルフープの内側に斜め裏巻き結びを 1 列する (10 ～ 17)。a1 の最後はメタルフープに横巻き結びする (18)。

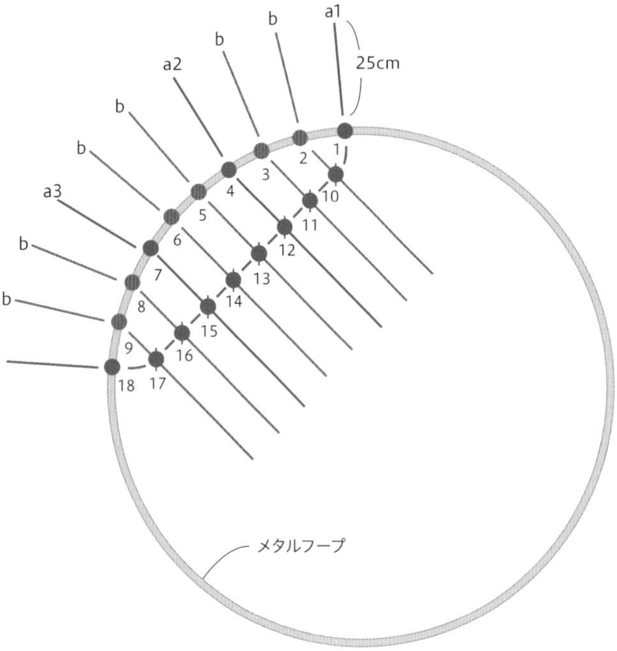

❷左右対称の位置に❶と同様に糸 a5 ～ a7、糸 c 6 本を取り付け (19 ～ 27)、続けてメタルフープの内側に斜め裏巻き結びを 1 列する (28 ～ 35)。a5 の最後はメタルフープに横巻き結びする。b、または c を 4 回、その周りを a で囲みブロックごとに結んでいく。

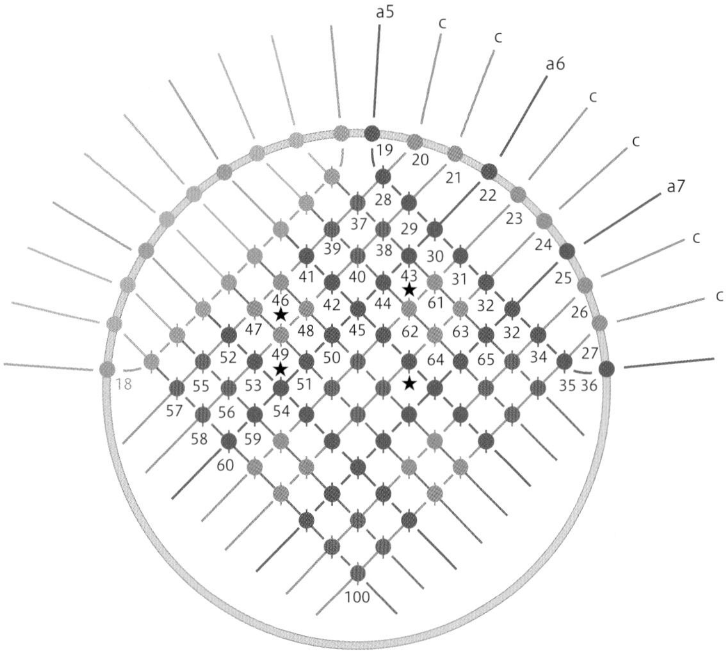

❸新たな糸 a8、糸 a9 を糸端 25cm を残し、メタルフープに横巻き結びで結び付ける(101、110)。メタルフープの内側の糸で斜め巻き結びをする（102 ～ 109、111 ～ 118)。メタルフープを芯とし、斜め巻き結びをする（119 ～127、128 ～136)。

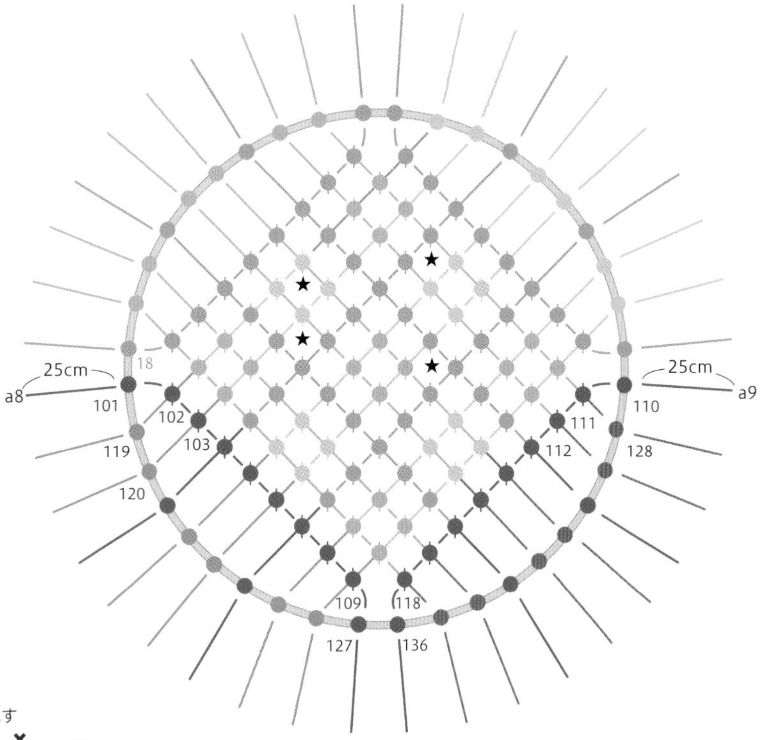

❹糸 d の糸端 10cm を残し、メタルフープの外側に巻き結びで模様を結ぶ（1 ～ 96)。糸端をすべて焼き留めで始末する。

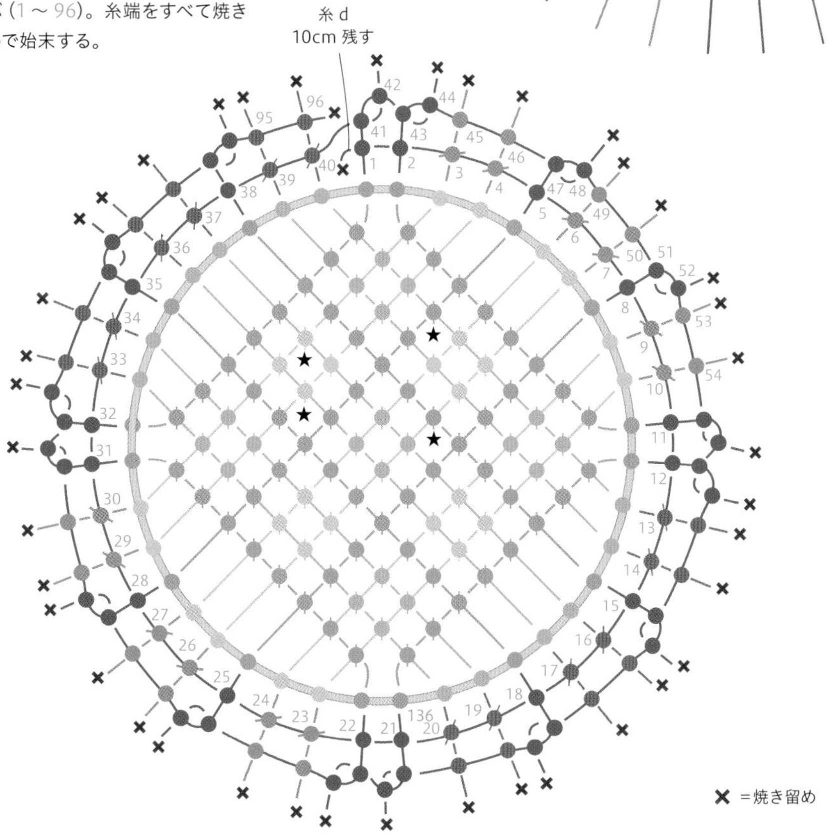

❺★の結び目に別糸（引っかける結び目と同じ色で 20cm）を裏側から縦に引っかけて通し、ブローチ金具の穴の上下 4 ヶ所に本結びする。糸端をすべて焼き留めで始末する。

B

P.07

Kaleidoscope pendant
万華鏡ペンダント

●サイズ：首周り 43 ～ 70cm
モチーフ長さ 5.5cm

材料

ワックスコード　0.75mm　ストロー
糸 a 60cm × 8 本
糸 b 40cm × 16 本
糸 c 150cm × 4 本
糸 d 40cm × 8 本
糸 e 30cm × 2 本
チェコツインビーズ　2.5 × 5mm　28 個
メタルビーズ　3.5mm　シルバー　4 個

斜め巻き結び
(P.126)
斜め裏巻き結び
(P.127)
ライン結び
(P.124)
タッチング結び
(P.124)
ねじり結び
(P.122)
本結び
(P.121)
ダブルよりひも
(P.123)

作り方手順

❶糸 a 4 本を中心で固定し、図のように結ぶ。
これをモチーフ A とし、もう 1 個作る。

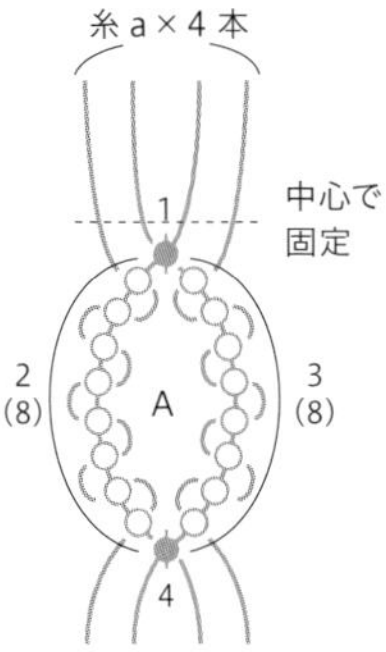

× 2 個

❷モチーフ A2 個の結び始めを突き合わせて固定する。チェコツインビーズを通し、上下の糸 4 本ずつでモチーフ B（結び方はモチーフ A と同じ）を結ぶ。

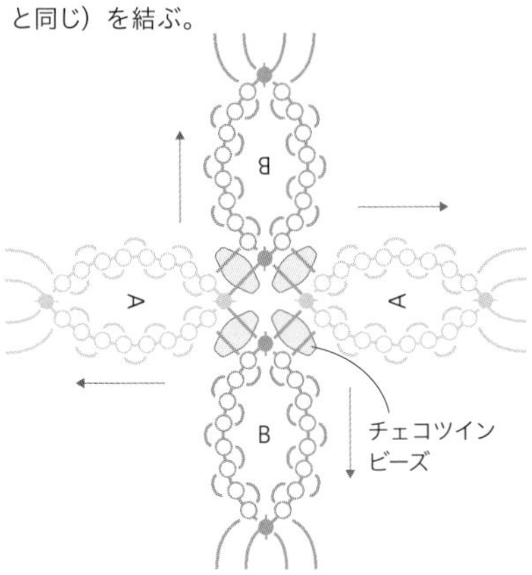

❸糸 b 4 本を端から 10cm のところで固定し、❶と同様に結ぶ。これをモチーフ C（結び方はモチーフ A と同じ）とし、合計 4 個作る。

❹モチーフ C の結び終わりを❷の外側に突き合わせてモチーフ D（結び方はモチーフ A と同じ）を結ぶ。

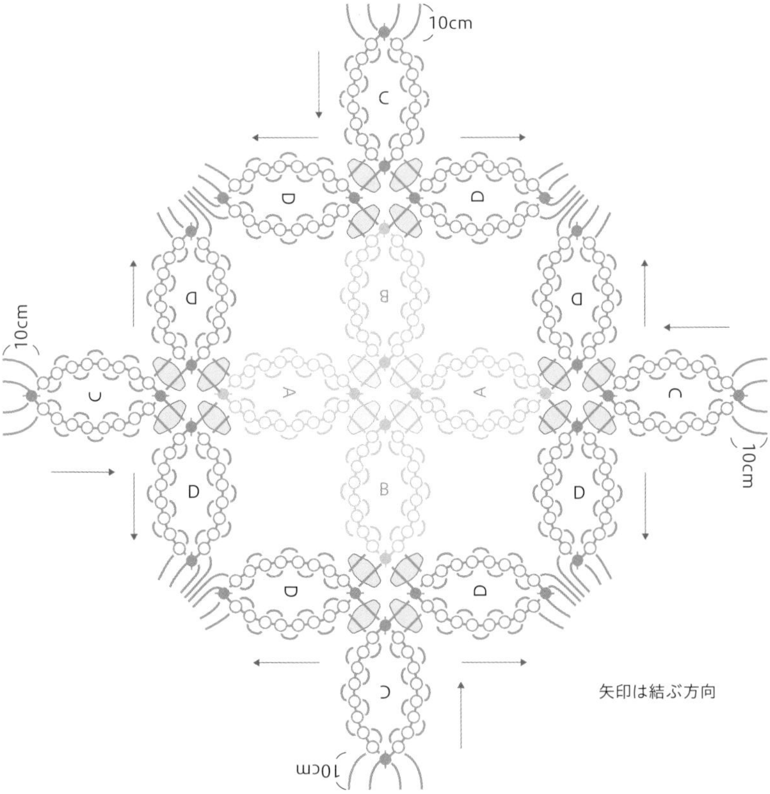

❺メタルビーズを通しながら、外側を同じパターンで4方向結び、バチカン用の糸以外の糸端をすべて焼き留めで始末する。

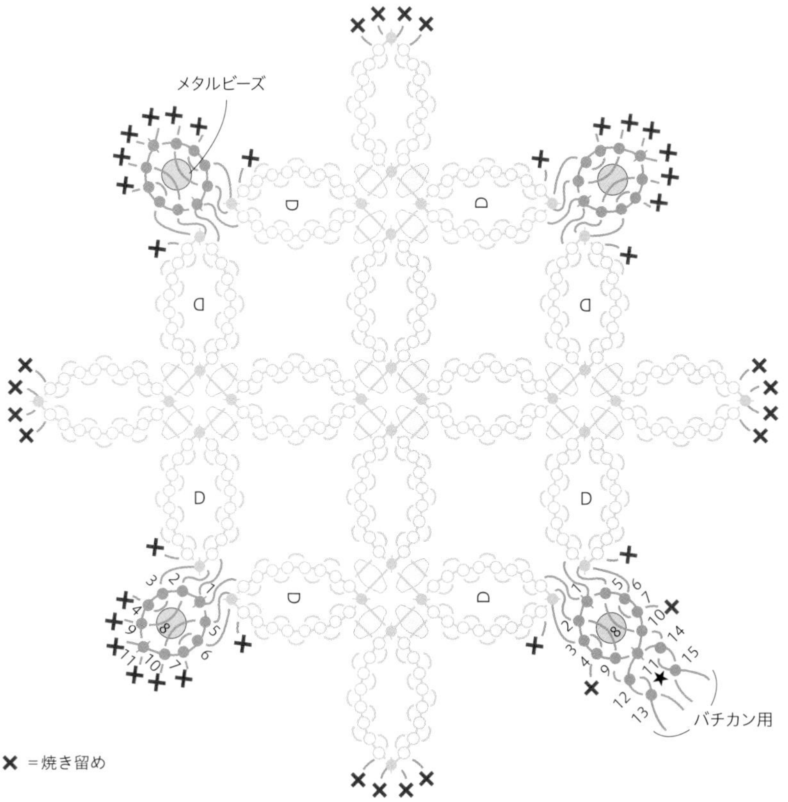

✖ =焼き留め

❻糸 c 4 本の中心に❺の本体のバチカン用糸を横巻き結びで取り付け、バチカン用の糸端 4 本を焼き留めで始末する。

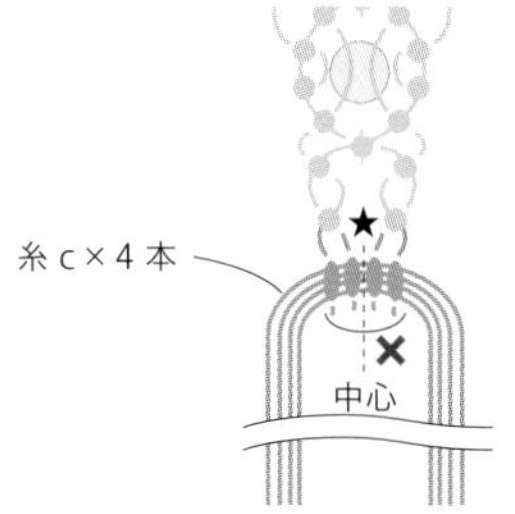

❼ネックレス部分を結ぶ。取り付けた糸 c 4 本の中心からダブルよりひも（P.123）と左上ねじり結びをし、ストッパー部分を結ぶ。糸端をすべて焼き留めで始末する。反対側も同様にする（ねじり結びは右上ねじり結びにする）。

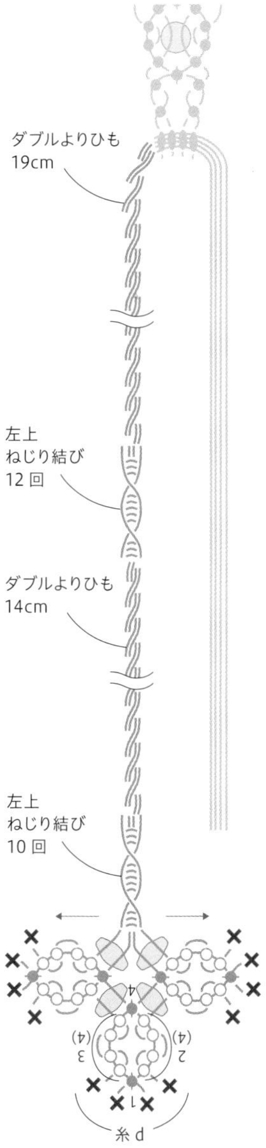

❽糸 e 1 本の中心に、もう 1 本の糸 e で左タッチング結びを 8 回結ぶ。

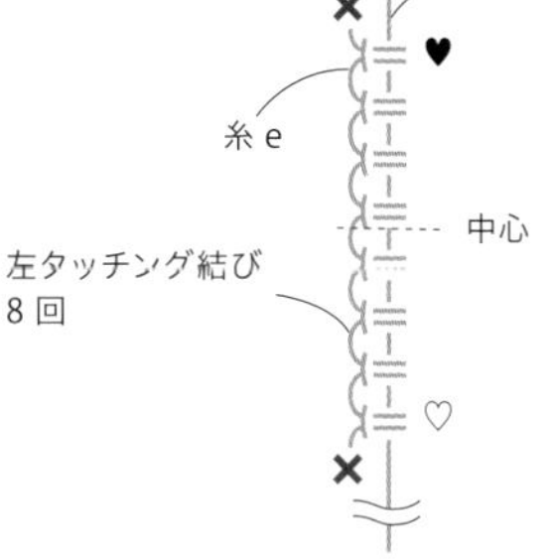

❾ ダブルよりひも 14cm の部分を双方向から重ね合わせて、❽を巻き付けて本結びし、糸端をすべて焼き留めで始末する。

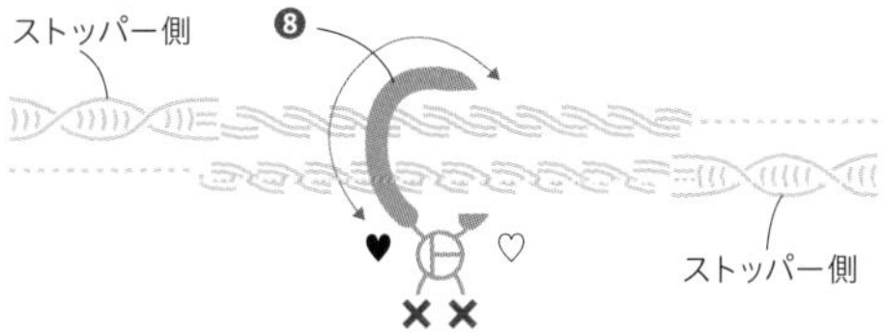

C

P.08

Stone ring
石包みリング

●サイズ：フリーサイズ
（10 号以上〜）

材料

【C-1】

ワックスコード　0.75mm

リーフグリーン　糸 a 60cm × 2 本
糸 b 120cm × 1 本
糸 c 70cm × 12 本

モスグリーン　糸 d 40cm × 4 本

ビルマ翡翠　カボション　18 × 13mm　1 個

【C-2】

ワックスコード　0.75mm

オフホワイト　糸 a 60cm × 2 本
糸 b 120cm × 1 本
糸 c 70cm × 12 本

グレージュ　糸 d 40cm × 4 本

チェリークォーツ　カボション

18 × 13mm　1 個

作り方手順

❶糸 a、糸 b で、01シングルフレーム（P.24 〜 29）を参考に、カボションを包む（タッチング結び：表 27 回、裏 26 回 / 帯幅 9mm）。

【側面図】

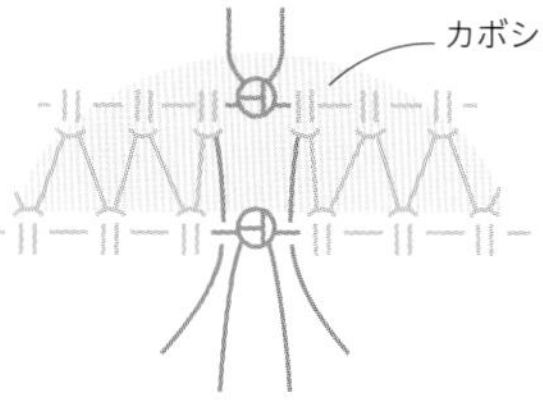

【側面図】

本結びの糸を側面の裏に近いところで焼き留めで始末する。

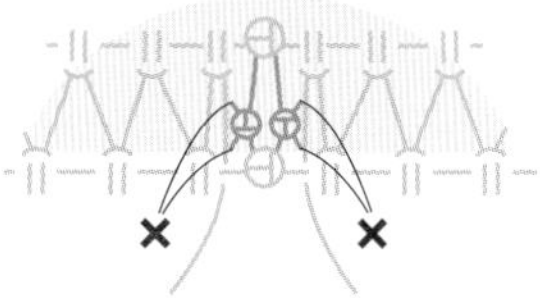

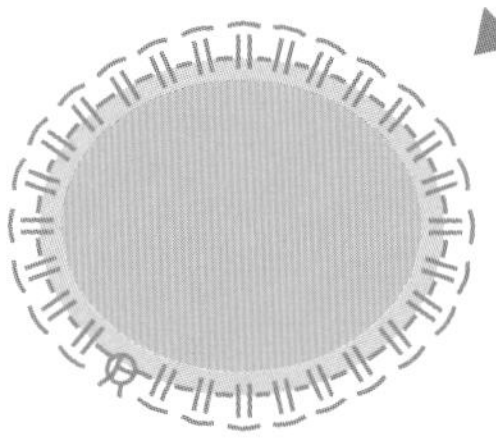

タッチング結びの糸は 1cm 残してカットし、石と帯の間に目打ちで入れ込む。

❷タッチング結びの渡り糸に糸 c（中心）を通す。

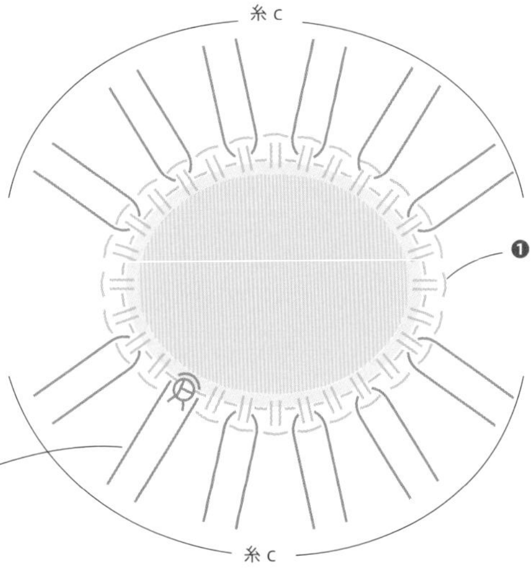

【側面図】

本結びの渡り糸への糸 c の通し方

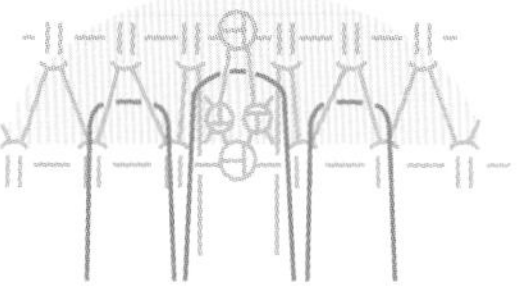

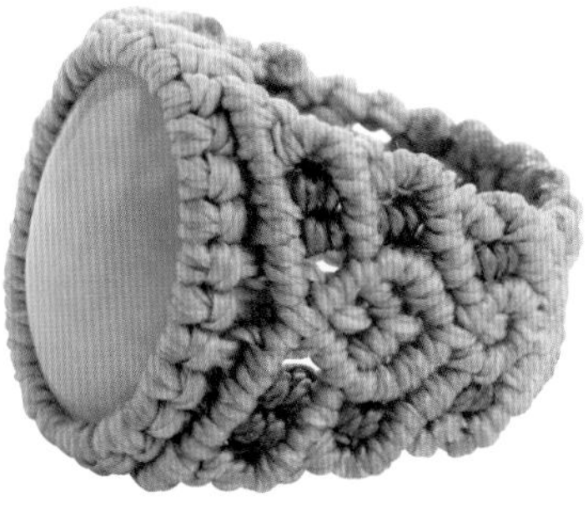

C-1

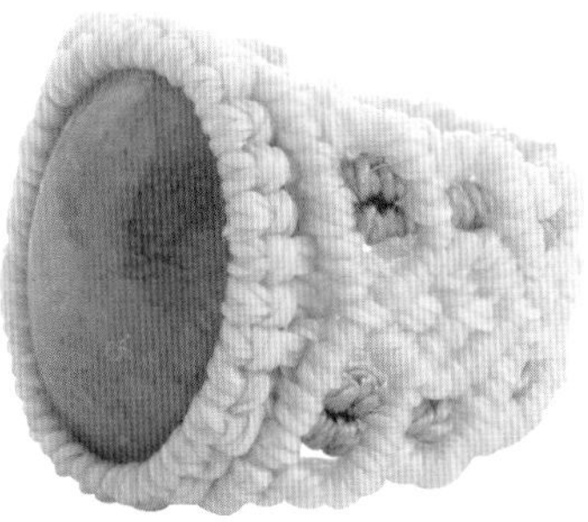

C-2

❸❷で図のようにリング部分を結ぶ。

タッチング結び
(P.124)
本結び
(P.121)
斜め巻き結び
(P.126)
斜め裏巻き結び
(P.127)

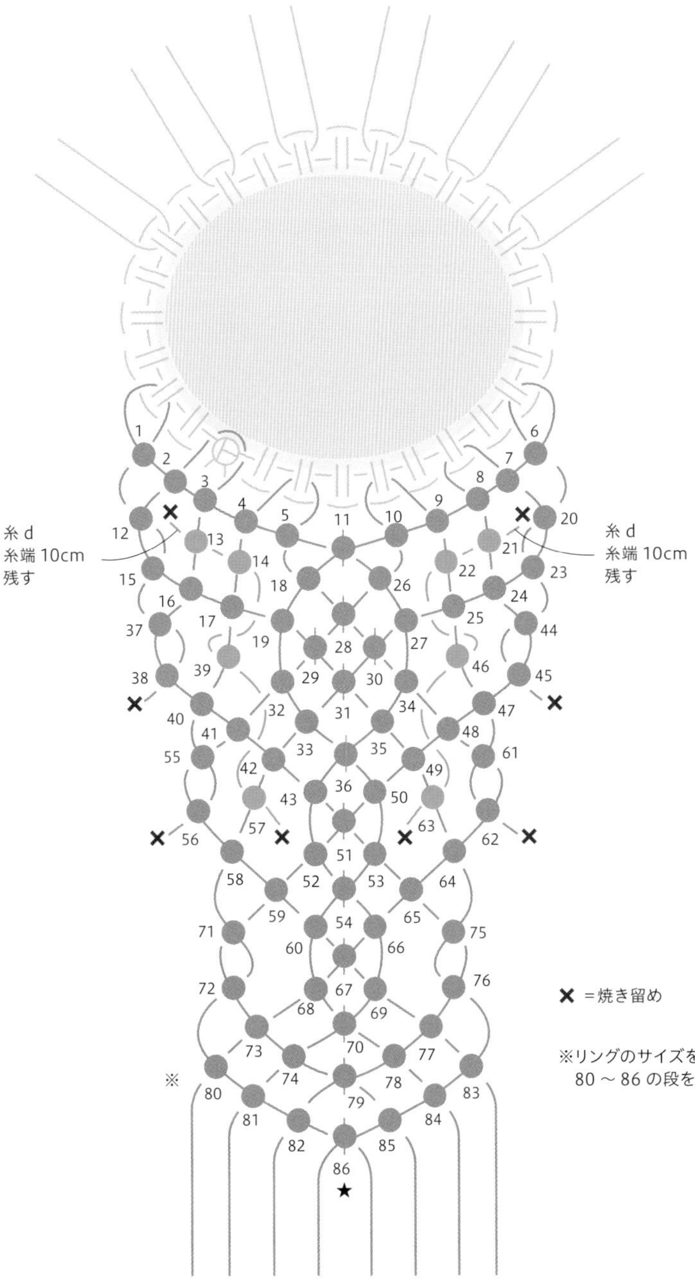

✕ ＝焼き留め

※リングのサイズを変えたい場合は
80 ～ 86 の段を増やすとよい。

❹反対側も❸と同様に結ぶ。

❺両端を突き合わせて輪にし、間を巻き結び、
裏巻き結びで結ぶ。
糸端をすべて焼き留めで始末する。

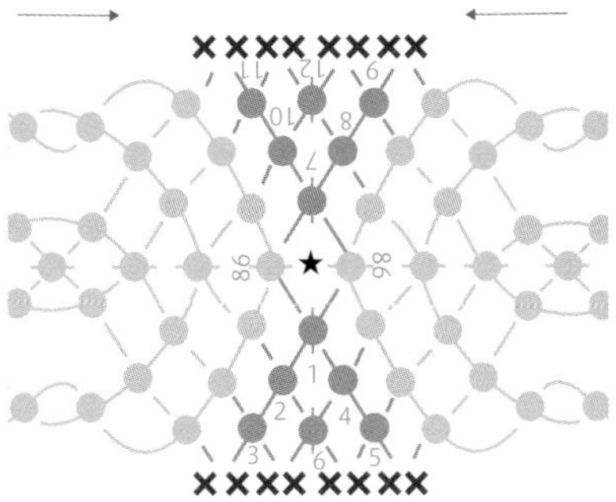

E

P.10

Butterfly bracelet
ちょうちょブレスレット

●サイズ：手首周り 16 ～ 23cm

材料

【E-1】

ワックスコード　0.75mm

カスタード

糸 a 70cm × 2 本

糸 b 50cm × 6 本

糸 c 120cm × 2 本

天然石イエロージェイド　コインカット

16mm　1 個

ファイアポリッシュ　5mm　2 個

ビッグホールビーズ　7mm　1 個

メタルビーズ　3.5mm　シルバー　4 個

【E-2】

ワックスコード　0.75mm

ストロー

糸 a 70cm × 2 本

糸 b 50cm × 6 本

糸 c 120cm × 2 本

天然石チェリークォーツ　コインカット

16mm　1 個

ファイアポリッシュ　5mm　2 個

ビッグホールビーズ　7mm　1 個

メタルビーズ　3.5mm　シルバー　4 個

作り方手順

❶糸 a2 本の中心を固定し、天然石とメタルビーズを通す。

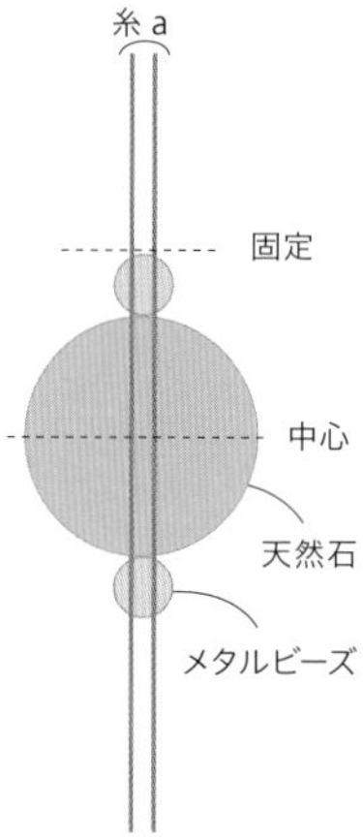

❷メタルビーズのすぐ隣に、糸 b 4 本と糸 c 1 本の中心をひと結びで取り付ける。(結び目は裏側にする。)

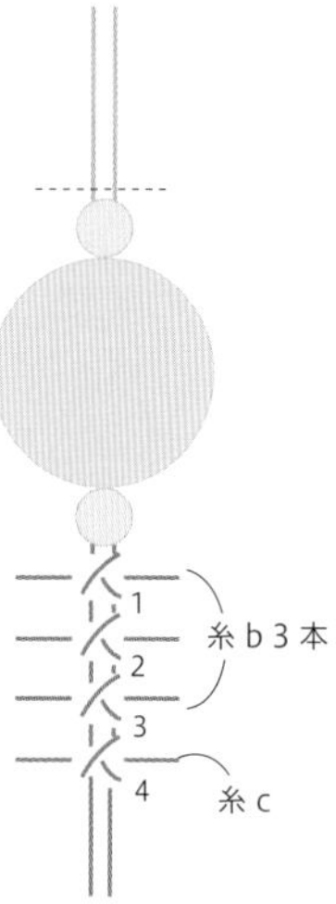

E-1

E-2

❸結びやすい向きに変えながら、モチーフを結ぶ。

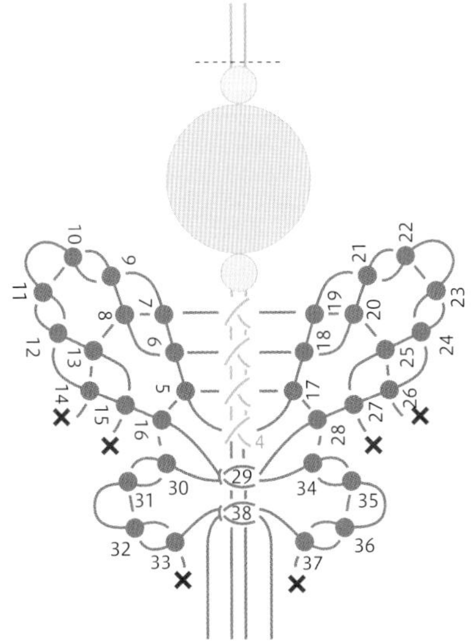

ひと結び
(P.121)

斜め巻き結び
(P.125-126)

左上ねじり結び
(P.122)

よりひも
(P.123)

❹左上ねじり結び 6cm、左上ねじり結びの芯糸 2 本でよりひもを3cm を結ぶ。

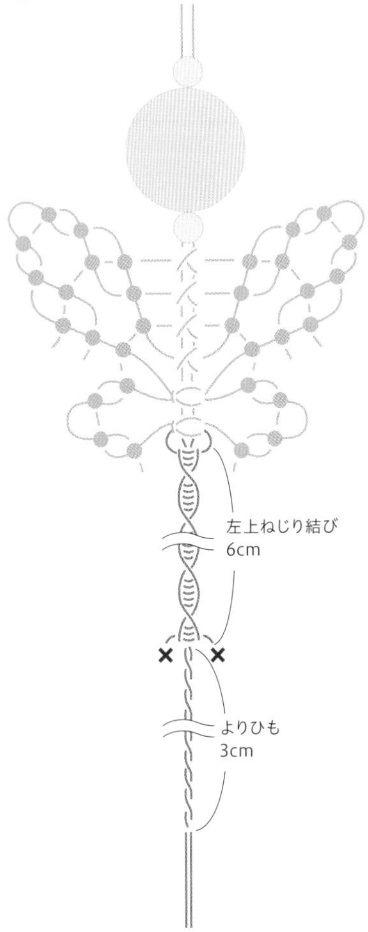

❺反対側も❷～❹と同様に結ぶ。

❻よりひも部分を交差させるようにビッグホールビーズを通し、両端をそれぞれひと結びする。

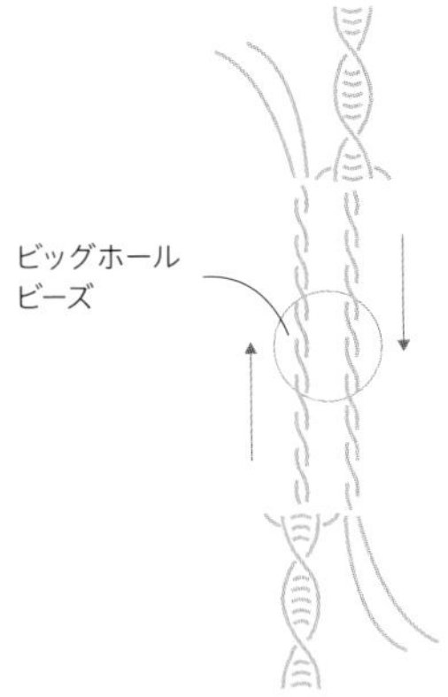

❼長い糸にメタルビーズとファイアポリッシュを通し、ひと結びする。
糸端をすべて焼き留めで始末する。

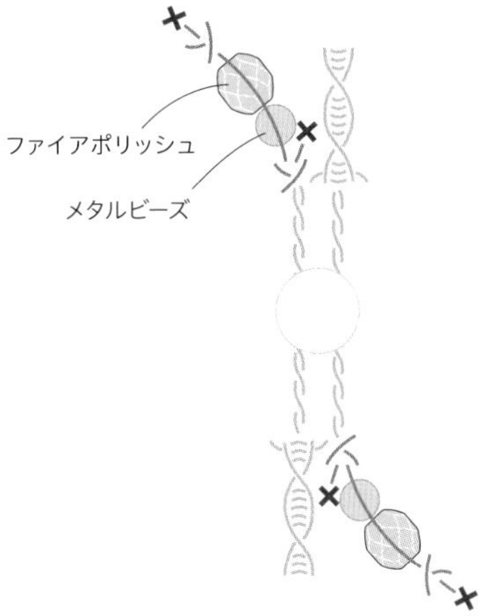

F
P.11

Cross pendant
クロスペンダント

●サイズ：首周り 45 〜 73cm、モチーフ長さ 7cm

材料

ワックスコード　0.75mm　ブルーブラック

糸 a 60cm × 4 本
糸 b 60cm × 4 本
糸 c 45cm × 2 本
糸 d 55cm × 2 本
糸 e 70cm × 2 本
糸 f 40cm × 10 本
糸 g 140cm × 4 本
糸 h 50cm × 1 本
糸 i 30cm × 2 本

天然石　ラウンドカット　10mm　1 個
メタルビーズ　3.5mm　シルバー　4 個
バチカン　3.5mm　シルバー　1 個

作り方手順

❶糸 a 2 本を中心で固定し、糸 b 〜 e で図のように結ぶ (A: 1〜8)。
左右対称にもう 1 個結ぶ (B: 1〜8)。

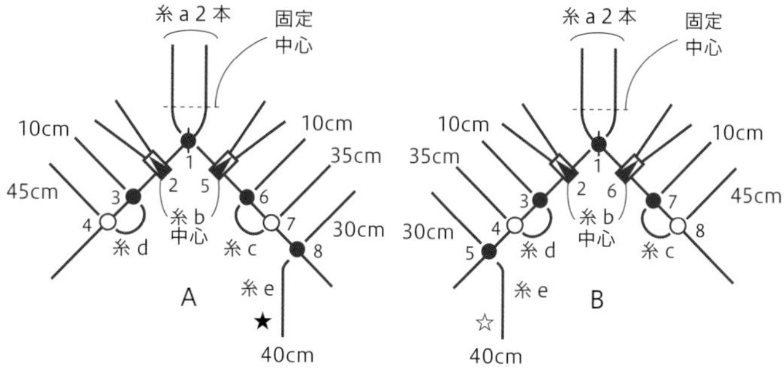

❷★、☆の位置を目安に❶ 2 個を突き合わせ、上側の糸 a 同士で斜め裏巻き結びを1回結ぶ (9)。天然石に 2 本通し、下側の糸で斜め巻き結び (10、11)、斜め裏巻き結び (12) を結び、4 ヶ所の斜め裏巻き結び (A:1、B:1、9、12) をよく引き締めて、天然石と密着させる。

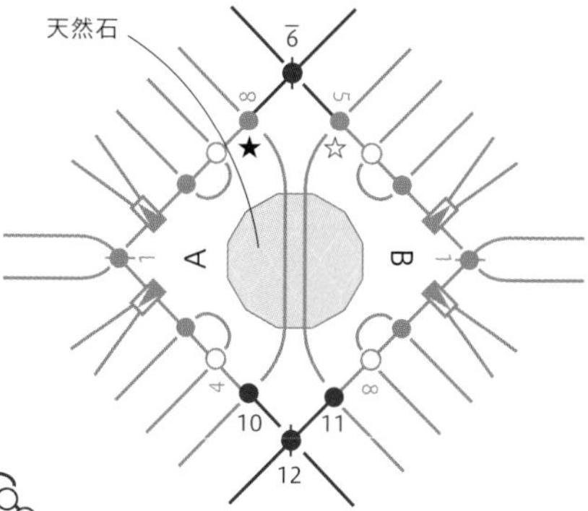

斜め裏巻き結び (P.127)
斜め巻き結び (P.126)
ライン結び (P.124)
芯裏 2 回の取り付け (P.120)

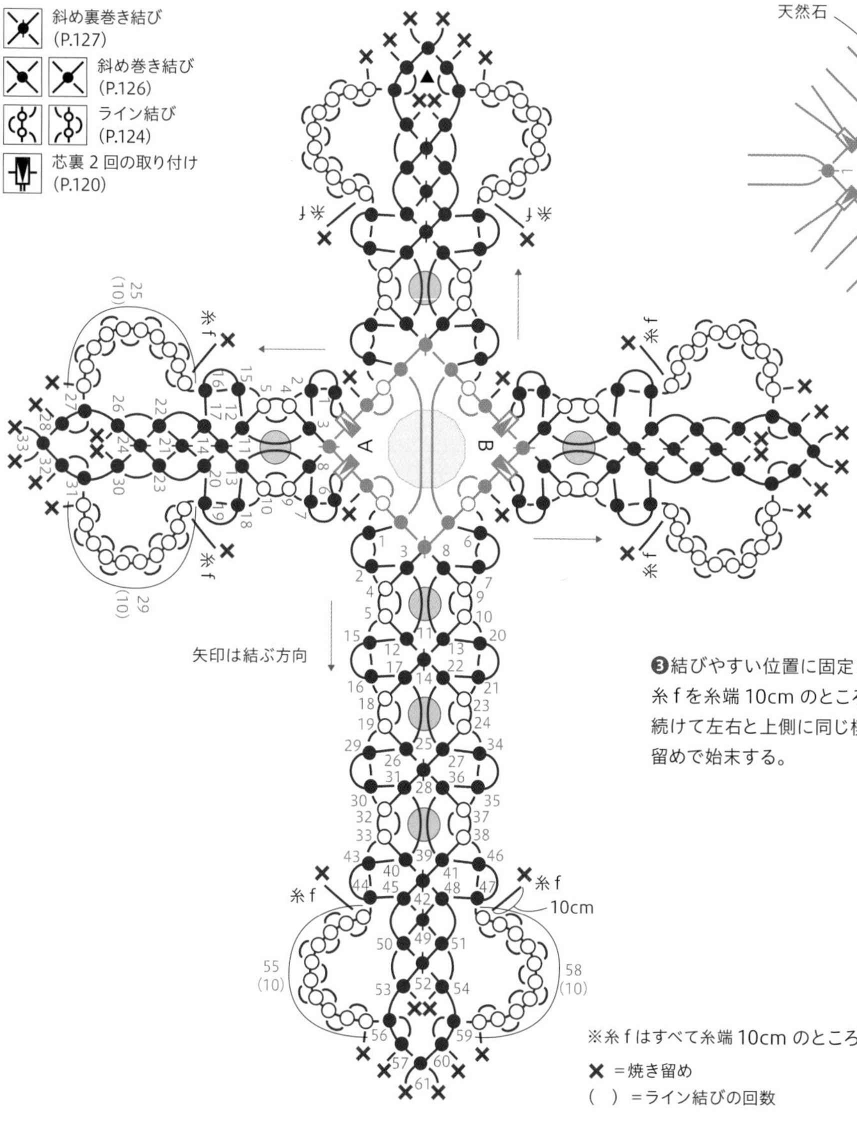

❸結びやすい位置に固定し直しながら下側を結ぶ。途中糸 f を糸端 10cm のところで足す。
続けて左右と上側に同じ模様を結び、糸端をすべて焼き留めで始末する。

※糸 f はすべて糸端 10cm のところで足す
✕ ＝焼き留め
(　) ＝ライン結びの回数

❹ペンダント部分を作る。糸 g 4 本の中心に四つ組みを 2cm 結ぶ。

❺中心から片側に右上ねじり結び 2cm、四つ組み 17cm、右上ねじり結び 1cm、よりひも 14cm を結ぶ。反対側はねじり結びを左上ねじり結びに変え、左右対称に結ぶ。

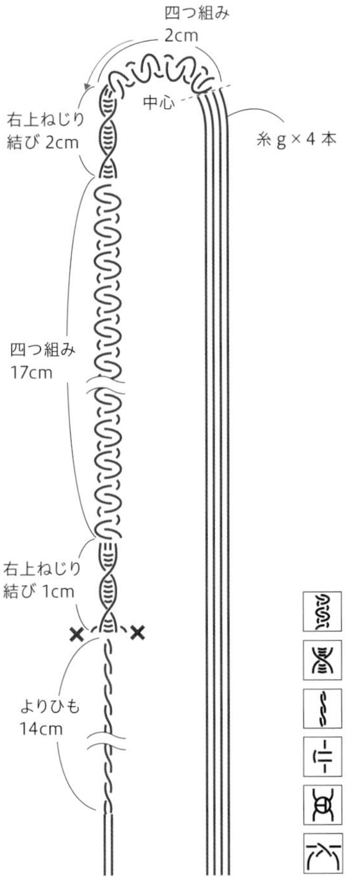

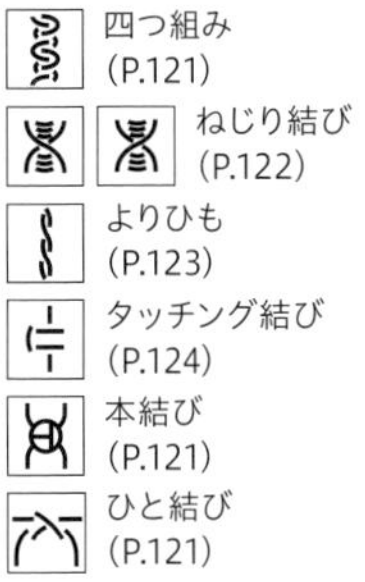

❻❺の両端 4 本をまとめ、ストッパー部分を結ぶ。

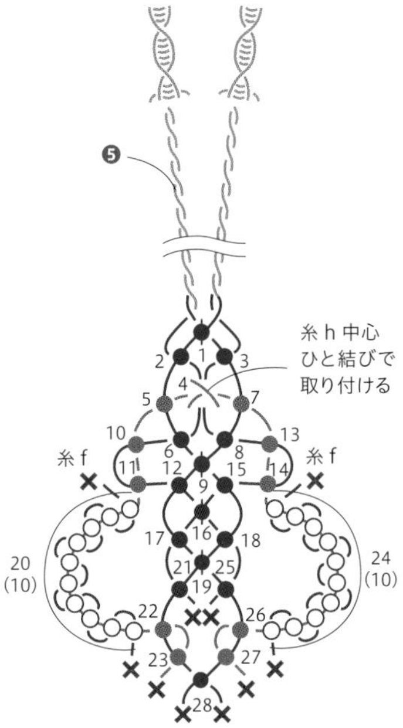

✖ ＝焼き留め
（　）＝ライン結びの回数

❼糸 i 1 本の中心に、もう 1 本の糸 i で左タッチング結びを 5 回結ぶ。

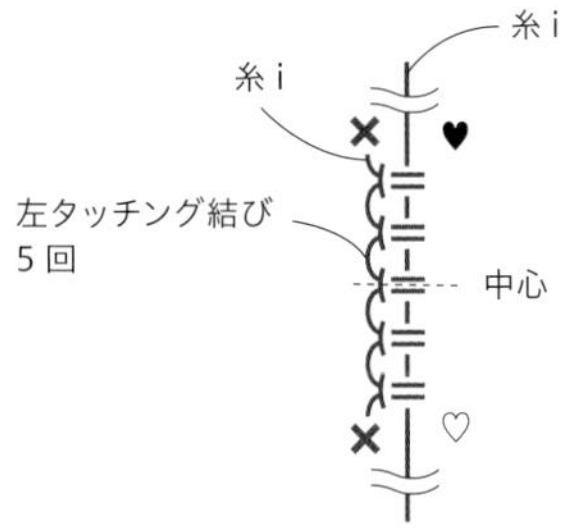

❽よりひも部分を 2 本重ね、❼を巻き付けて本結びし、糸端をすべて焼き留めで始末する。

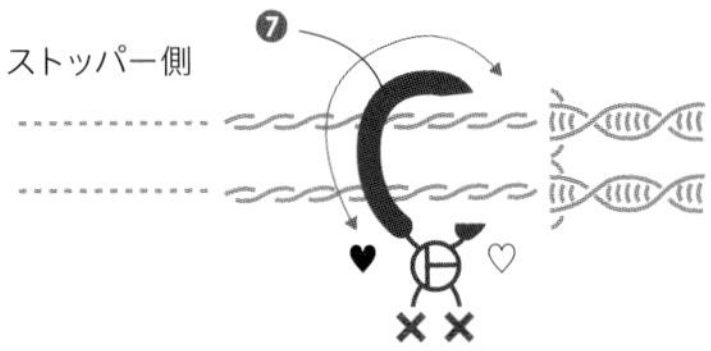

❾ネックレスの中心とクロスモチーフの▲の穴をバチカンでつなぐ。

G

P.12

Lantern pierce
ランタンピアス

●サイズ：モチーフ長さ 6cm

材料 （各1組分）

【G-1】

ワックスコード　0.75mm

リーフグリーン

糸 a 40cm × 4 本

糸 b 60cm × 4 本

糸 c 50cm × 4 本

糸 d 70cm × 4 本

水晶　ラウンド　5mm　4 個

水晶　ラウンドカット　7mm　2 個

水晶　ラウンド　10mm　2 個

C カン　0.8 × 4 × 5mm　シルバー　4 個

ピアス金具　シルバー　1 組

【G-2】

ワックスコード　0.75mm

カスタード

糸 a 40cm × 4 本

糸 b 60cm × 4 本

糸 c 50cm × 4 本

糸 d 70cm × 4 本

ファイアポリッシュ　5mm　4 個

チェコビーズ　6mm　2 個

ファイアポリッシュ　10mm　2 個

C カン　0.8 × 4 × 5mm　シルバー　4 個

ピアス金具　シルバー　1 組

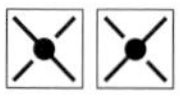
斜め巻き結び
(P.126)

斜め裏巻き結び
(P.127)

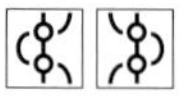
ライン結び
(P.124)

作り方手順

❶糸 a 2 本、糸 b 2 本を糸端 10cm で固定し、図のように結ぶ。

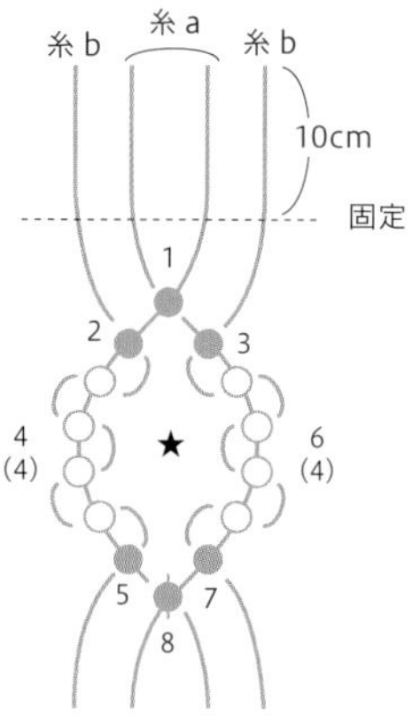

❷途中、指定の位置で新たな糸を足しながら結び、糸端をすべて焼き留めで始末する。

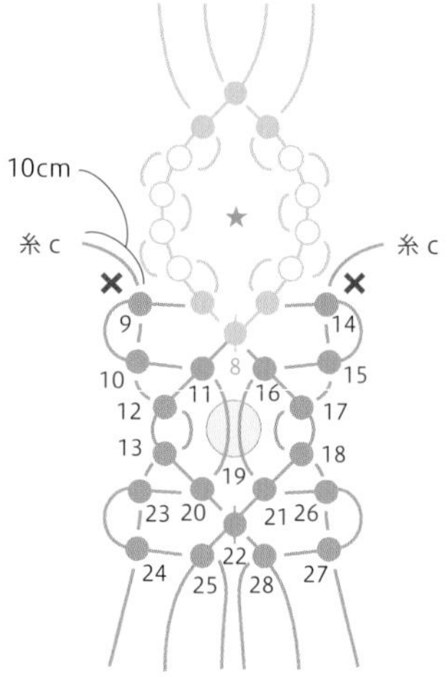

G-1　G-2

❷の続き

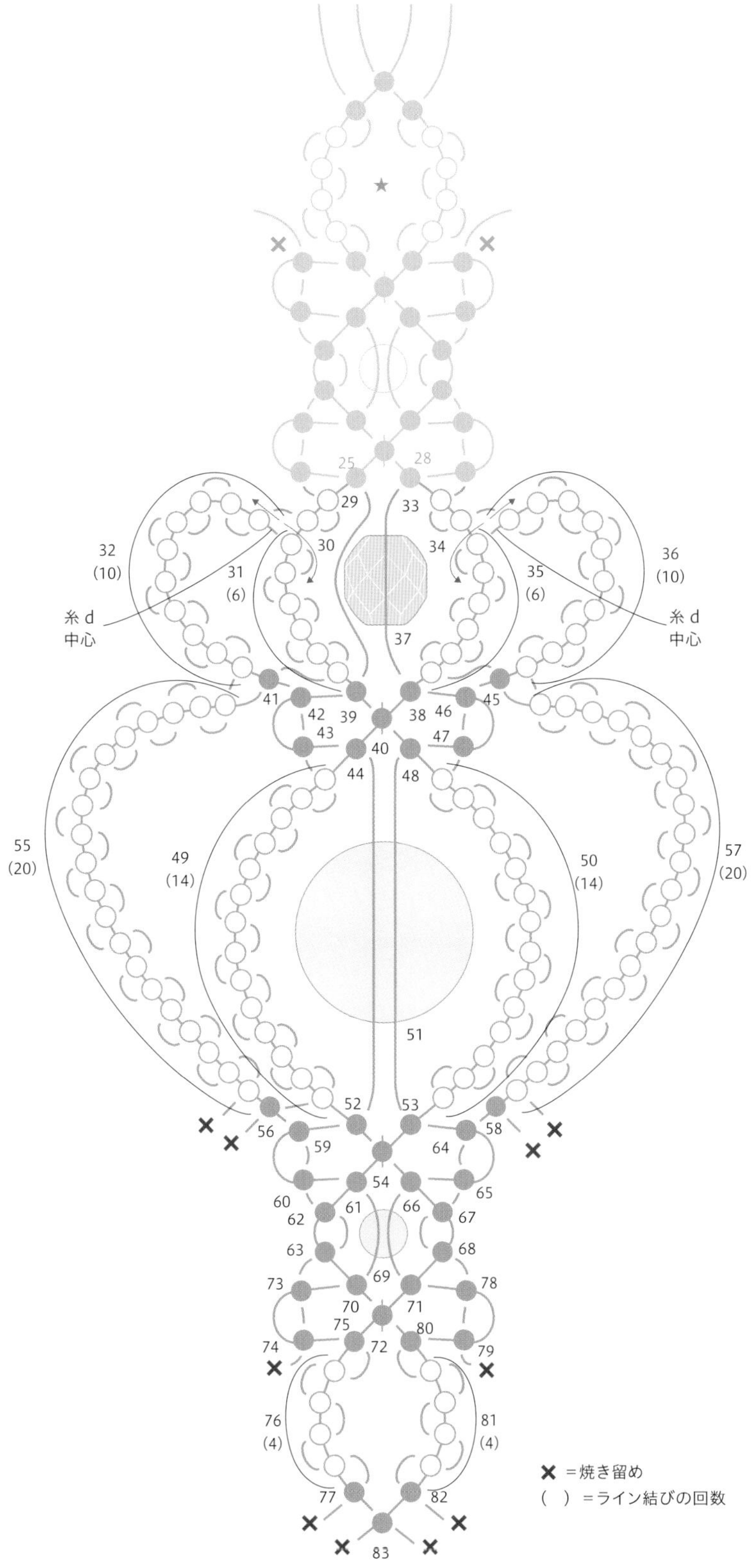

✕ ＝焼き留め
(　) ＝ライン結びの回数

×２個

❸❷と同じものをもう１個作る。

❹★にCカンを通し、さらにCカンでピアス金具を取り付ける。

H

P.13

Bouquet brooch
ブーケブローチ

●サイズ：直径 6cm

材料

ワックスコード　0.75mm

A

フィッシャー
- 糸 a 40cm × 2 本
- 糸 b 50cm × 1 本
- 糸 c 60cm × 1 本
- 糸 d 70cm × 1 本

エンジ
- 糸 e30cm × 2 本

B

エンジ
- 糸 a 40cm × 2 本
- 糸 b 50cm × 1 本
- 糸 c 60cm × 1 本
- 糸 d 70cm × 1 本

フィッシャー
- 糸 e 30cm × 2 本

C

モスグリーン
- 糸 45cm × 6 本

D

ラベンダー
- 糸 a 50cm × 3 本
- 糸 b 60cm × 1 本

ダスクブルー
- 糸 c 30cm × 2 本

E

オフホワイト
- 糸 a 40cm × 2 本
- 糸 b 50cm × 1 本
- 糸 c 60cm × 1 本
- 糸 d 70cm × 1 本

マリーゴールド
- 糸 e 30cm × 2 本

F

リーフグリーン
- 糸 45cm × 6 本

G

マリーゴールド
- 糸 a 40cm × 5 本
- 糸 b 70cm × 1 本
- 糸 c 40cm × 1 本

オフホワイト
- 糸 d 45cm × 1 本
- 糸 e 30cm × 1 本

ダスクブルー
- 糸 f 60cm × 2 本
- 糸 g 40cm × 1 本

H

エンジ
- 糸 a 50cm × 3 本
- 糸 b 60cm × 1 本

フィッシャー
- 糸 c 30cm × 2 本

I

オレンジ
- 糸 a 45cm × 2 本
- 糸 b 65cm × 1 本
- 糸 c 55cm × 1 本

オフホワイト
- 糸 d 30cm × 2 本

J

モスグリーン
- 糸 45cm × 6 本

ドーナツ型シャワーブローチ

金具　1 個

芯裏 2 回の取り付け (P.120)

斜め巻き結び (P.126)

斜め裏巻き結び (P.127)

ライン結び (P.124)

左上平結び (P.122)

本結び (P.121)

縦巻き結び (P.125)

作り方手順

❶モチーフ A、B、E は⑫ 6 弁花① (P.56)、モチーフ D、H は⑬ 6 弁花② (P.56) を参考に各 1 個作る。

❷モチーフ C、F、J は⑰ 2 枚葉 (P.59) を参考に、図のように1段大きめに各 1 個作る。

【C・F・J】

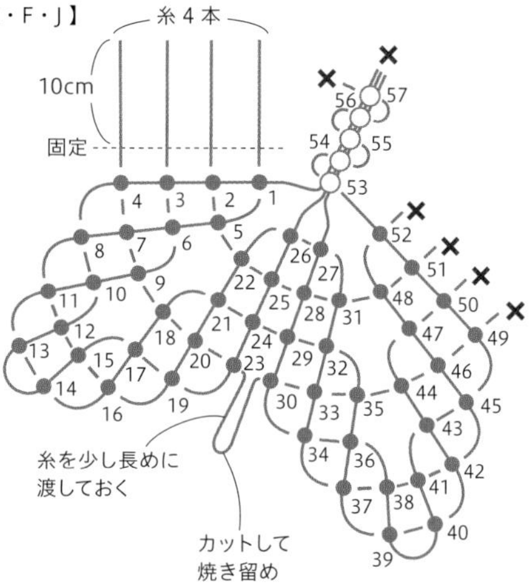

❸モチーフ I を⑬ 6 弁花② (P.56) を参考に、図のように作る。

【I】

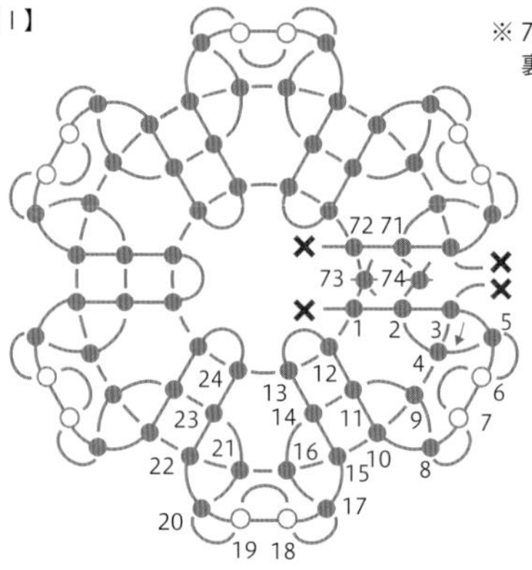

※ 73、74 は裏返して裏側で巻き斜め結び

❹花の中心を A、B、E は糸 e、D、H は糸 c、I は糸 d で作る。それぞれの糸 1 本の中心にもう 1 本で左上平結びを 5 回結び、結び糸 2 本のみ焼き留めで始末する。
芯はブローチ金具に取り付ける際に使うので、始末しない。

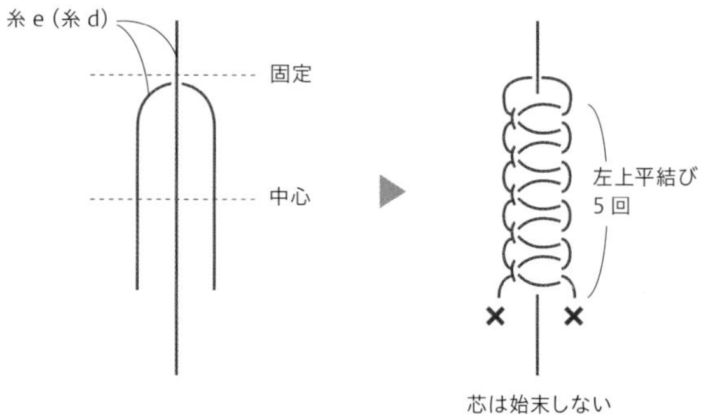

❺図のようにモチーフGを作る。結ぶ順の19、24はとじ針で通す。

【G】

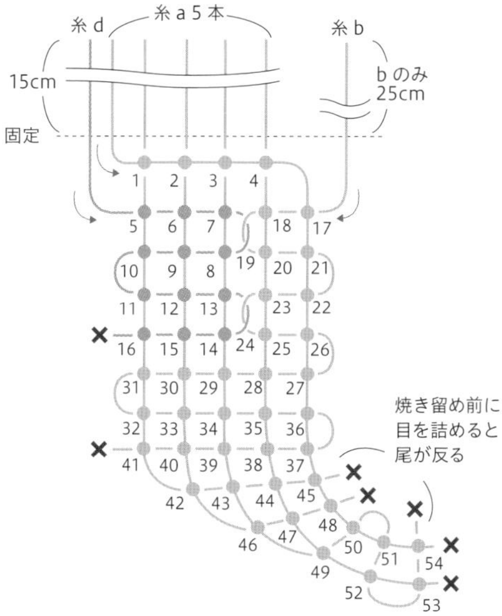

❻上下を返して鳥の頭部を結ぶ。

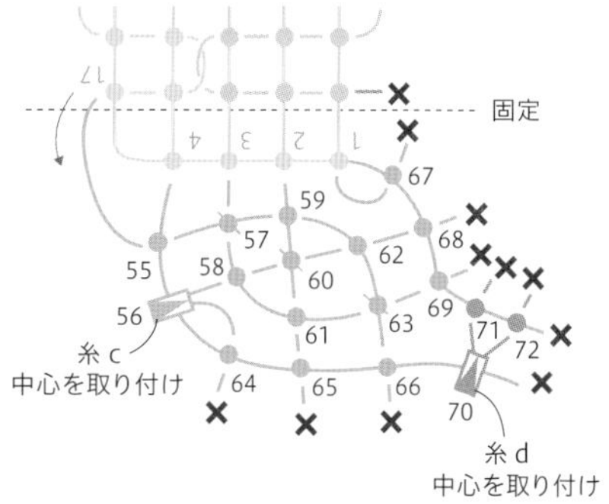

❼羽根を結ぶ。73、74に糸f 2本をとじ針で通し、両端をそろえる。糸gを芯とし、糸端10cmから75を結び、最後は17→55の渡り糸の表から通して、裏側で本結びする。

❽糸端をすべて焼き留めで始末する。

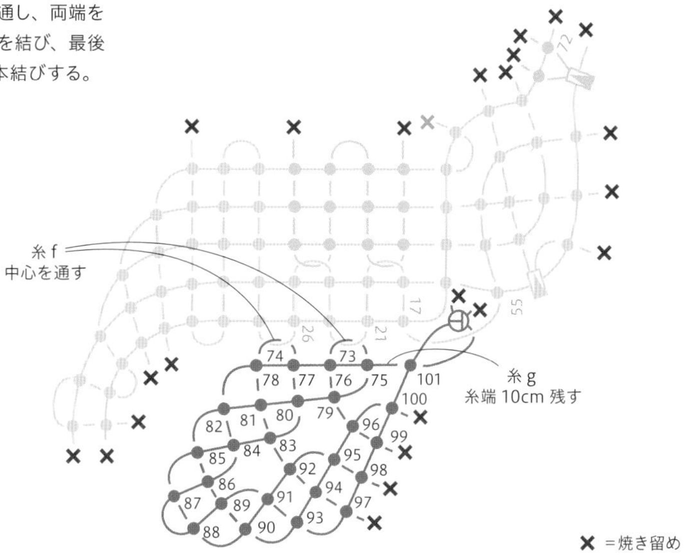

❾各モチーフをブローチ金具のシャワー台に取り付ける。
❹で残した糸を各モチーフの中心に2本合わせて通し、シャワー台の穴2ヶ所に通す。
花芯の無いパーツは別糸（約20cm）を使い目立たないところで取り付ける。
バランスを整え、糸端をすべて焼き留めで始末する。

【側面図】

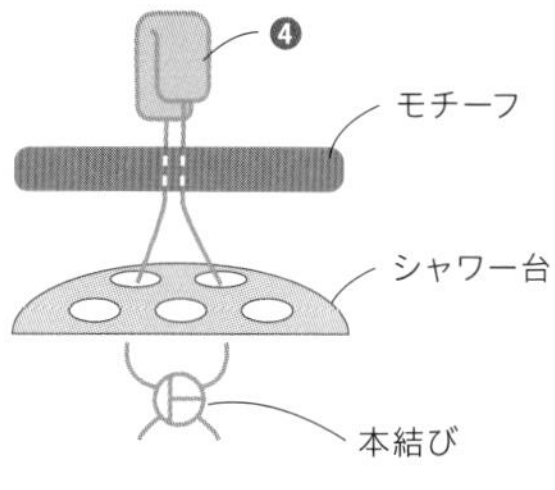

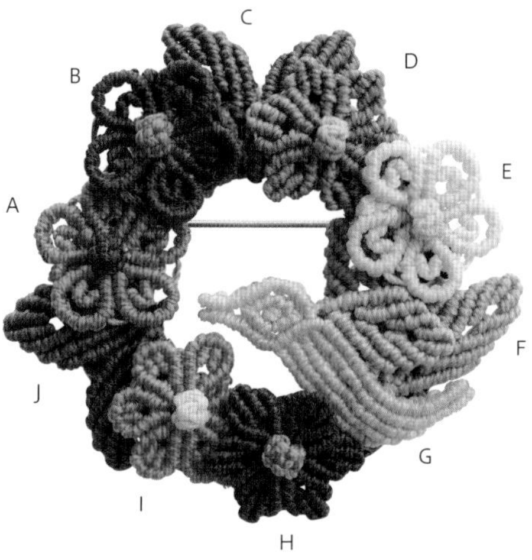

❿シャワーブローチを組み立て完成。

I Stone bracelet
石包みブレスレット

P.14

●サイズ：手首周り 16 ～ 21cm

材料

【I-1】

ワックスコード　0.75mm

ストロー

糸 c 100cm × 4 本

糸 e 30cm × 2 本

ダークブラウン

糸 a 70cm × 2 本

糸 b 120cm × 1 本

糸 d 110cm × 4 本

モザイクシェル　カボション　16mm　1 個

天然石スモーキークォーツ　6mm　2 個

メタルビーズ　3.5mm　シルバー　12 個

【I-2】

ワックスコード　0.75mm

ミントグリーン

糸 a 70cm × 2 本

糸 b 120cm × 1 本

糸 c 100cm × 4 本

糸 e 30cm × 2 本

セージ

糸 d 110cm × 4 本

クリスタルカボション　16 × 13mm　1 個

ファイアポリッシュ　6mm　2 個

メタルビーズ　3.5mm　シルバー　12 個

本結び
(P.121)

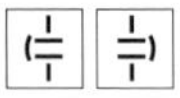
タッチング結び
(P.124)

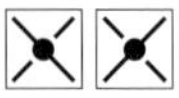
斜め巻き結び
(P.126)

斜め裏巻き結び
(P.127)

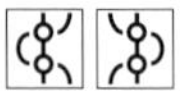
ライン結び
(P.124)

よりひも
(P.123)

ひと結び
(P.121)

作り方手順

❶糸 a2 本、b1 本で⑪シングルフレーム（P.24 ～ 29）を参考に、フレーム包みをする。
本結びの糸は側面と裏で焼き留めで始末する。
【I-1】タッチング結び：表 21 回、裏 20 回 / 帯幅 7mm
【I-2】タッチング結び：表 25 回、裏 24 回 / 帯幅 8mm

❷タッチング結びの渡り糸に糸 c を通し、糸端をそろえる。フレーミングの表の本結びの糸は、帯と石の間に押し込む。

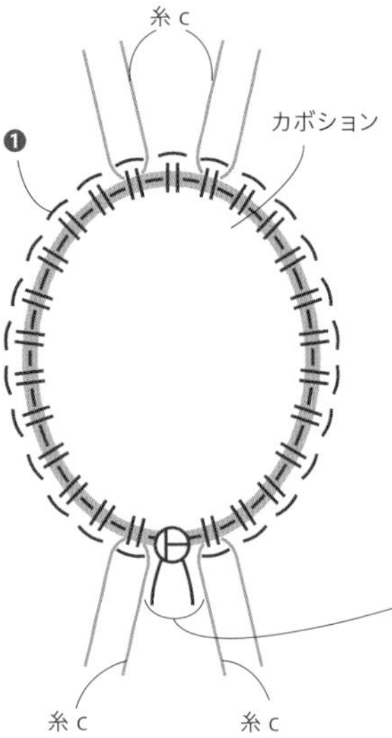

【側面図】

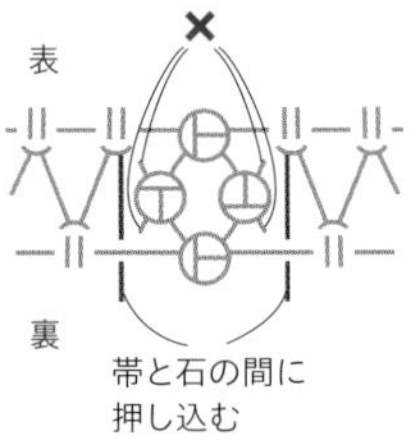

I-1

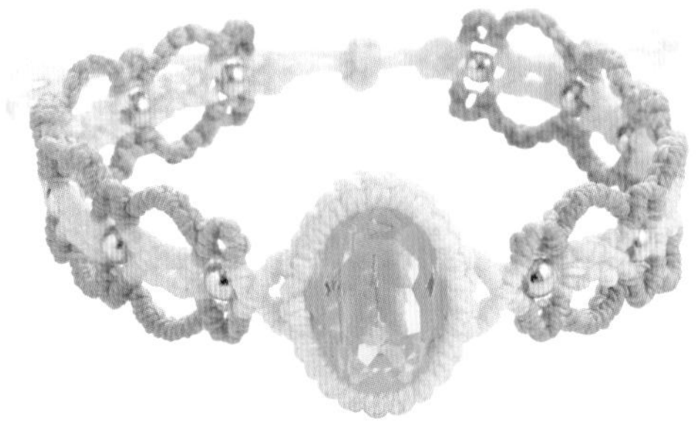

I-2

❸ライン結び、巻き結び、裏巻き結びで、同じパターンを5回結ぶ。途中で糸dを巻き結びで足す。
続けて図のように結ぶ。

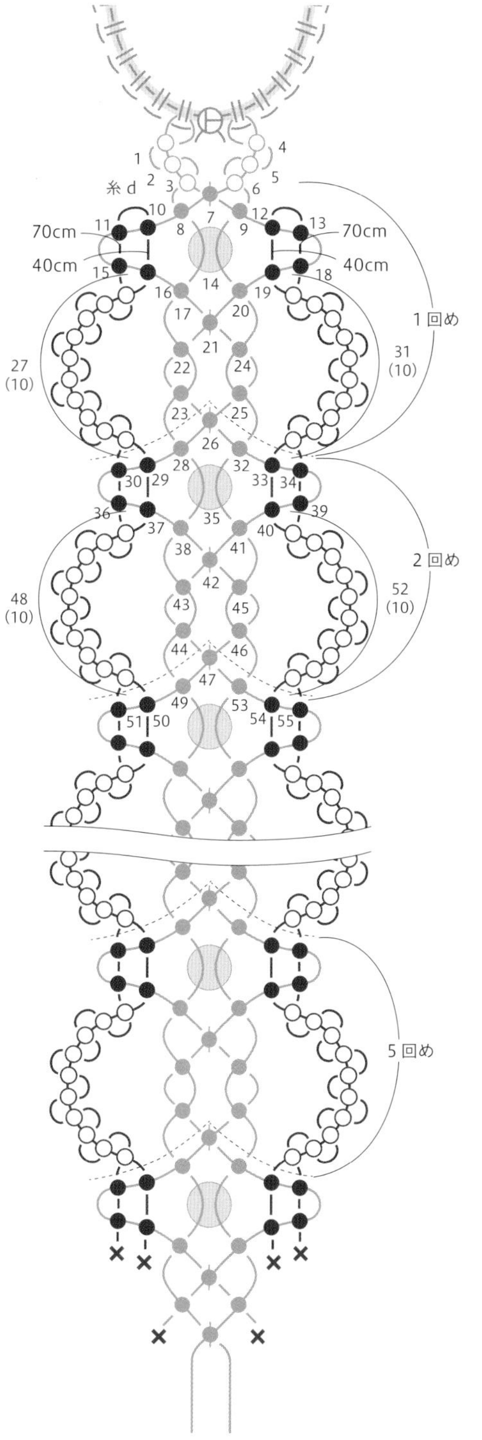

× =焼き留め
(　) =ライン結びの回数

❹糸2本でよりひもを3cm、ひと結びを結ぶ。1本に天然石（ファイアポリッシュ）を通してひと結びする。

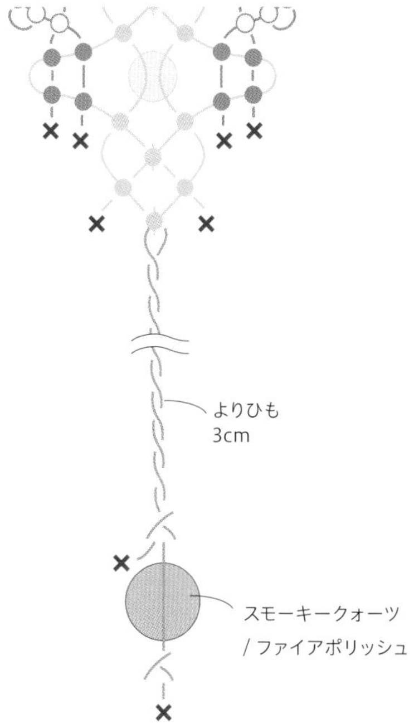

❺反対側を❸〜❹と同様に結ぶ。

❻糸e1本の中心に、もう1本の糸eで左タッチング結びを5回結ぶ。

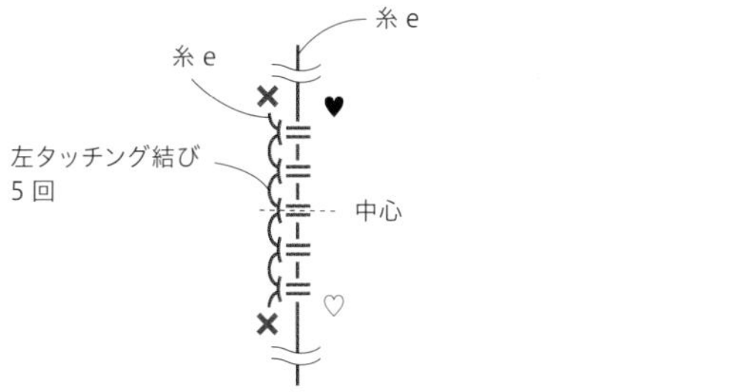

❼よりひも部分を2本交差して重ね、❻を巻き付けて本結びし、糸端をすべて焼き留めで始末する。

J
P.15

Frame pendant
がくぶちペンダント

●サイズ：首周り 40 ～ 68cm
モチーフ長さ 6cm

材料

ワックスコード　0.75mm
ダークブラウン
糸 a 60cm × 2 本
糸 b 190cm × 1 本
糸 c 60cm × 22 本
糸 d 60cm × 2 本
糸 e 50cm × 1 本
糸 f 65cm × 1 本
糸 g 160cm × 4 本
糸 h 30cm × 1 本
糸 i 40cm × 2 本
糸 j 30cm × 2 本
糸 k 30cm × 2 本
モスアゲート　カボション　30 × 22mm　1 個
グリーンメノウ　ラウンドカット　8mm　1 個
メタルビーズ　3.5mm　シルバー　4 個

作り方手順

❶糸 a 2 本、b 1 本で⓪①シングルフレーム（P.24 ～ 29）を参考に、フレーム包みをする。本結びの糸は裏で焼き留めで始末する（P.114 を参考に）。
タッチング結び：表 43 回、裏 42 回 / 帯幅 10mm

❷タッチング結びの渡り糸に糸 c を 1 目おきに通し、糸端をそろえる。

❸糸 d 2 本の中心をフレーミング側面の中心に合わせ、横巻き結びで囲む。

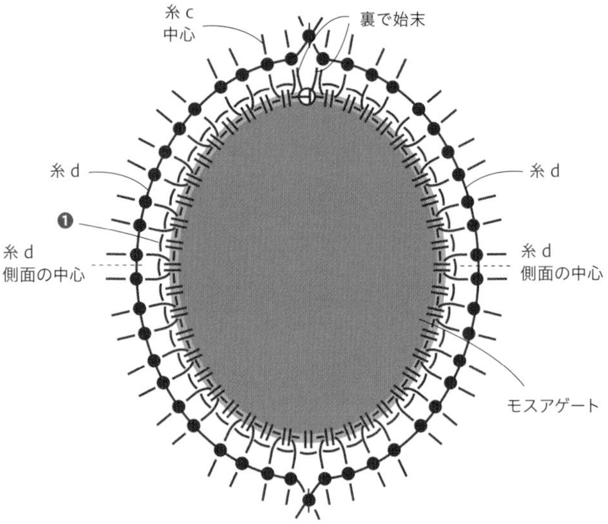

❹図のように数字の順で結ぶ。上下で対称になるため、片側を結び終えたら逆さまに固定し直し、同じ順番に結ぶ。
（各箇所をこまめに固定し直して結ぶ。）

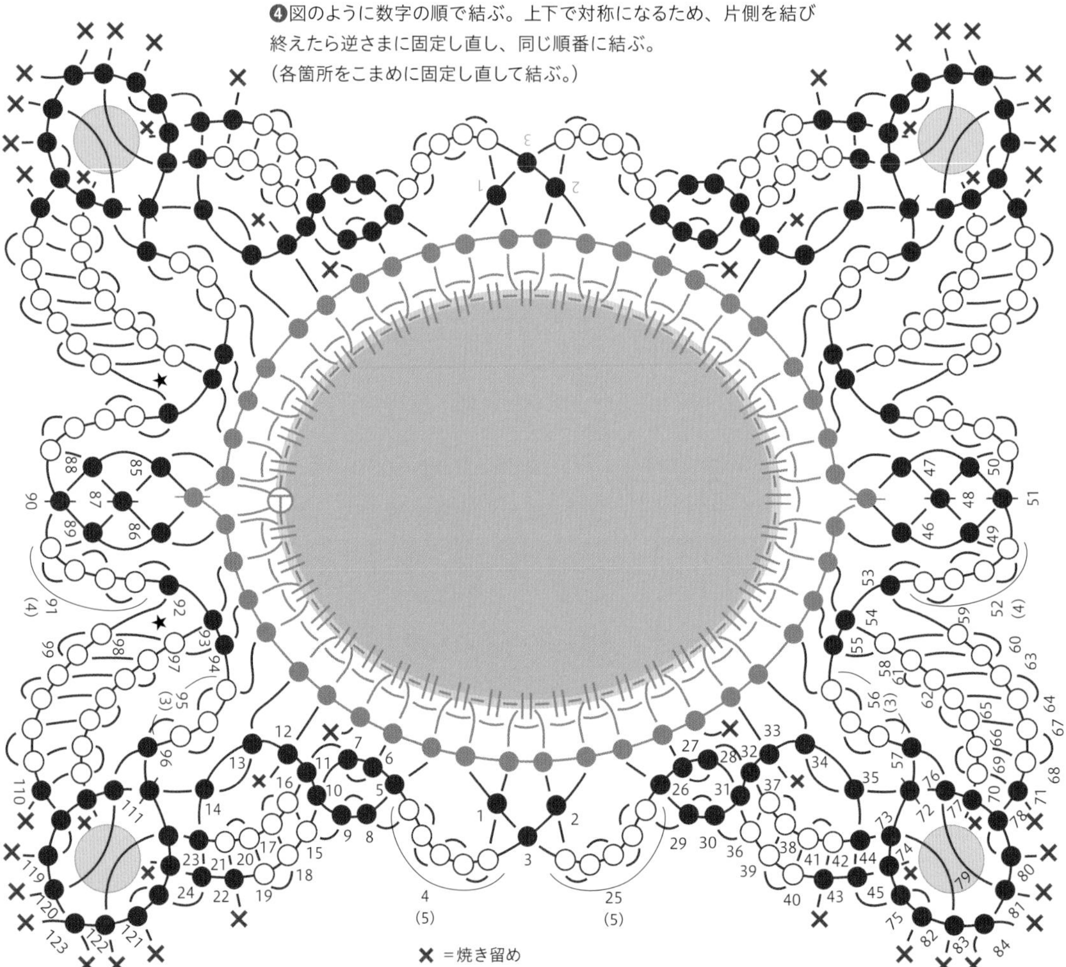

✖ ＝焼き留め
（　）＝ライン結びの回数

❺バチカンを結ぶ。★に糸e、fを通し、ライン結びと斜め裏巻き結びを結ぶ。
裏側に倒して輪にし、●に芯糸を2～3回巻き付け、裏側で本結びを結ぶ。
糸端をすべて焼き留めで始末する。

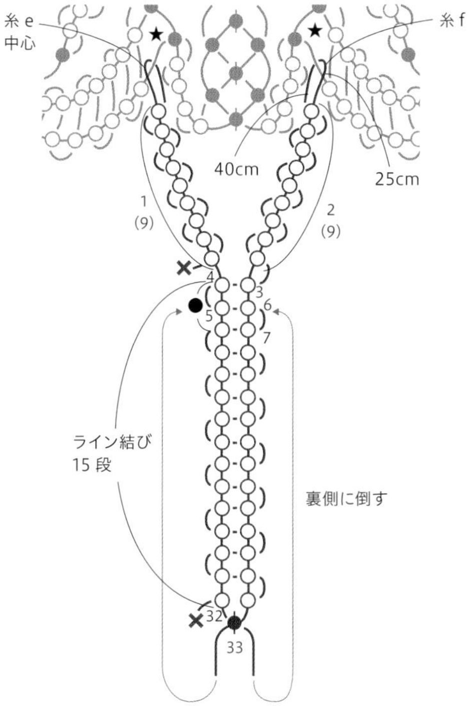

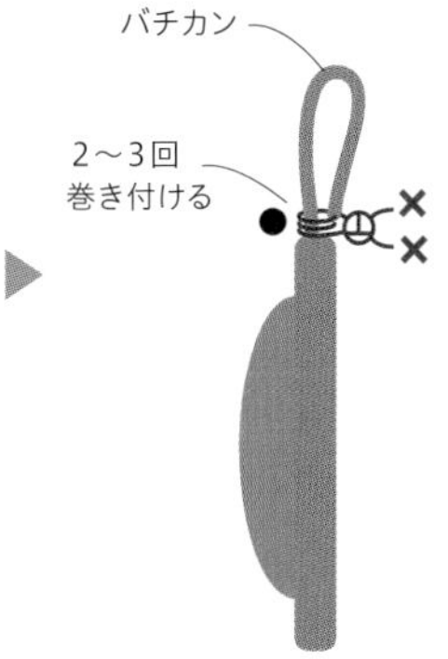

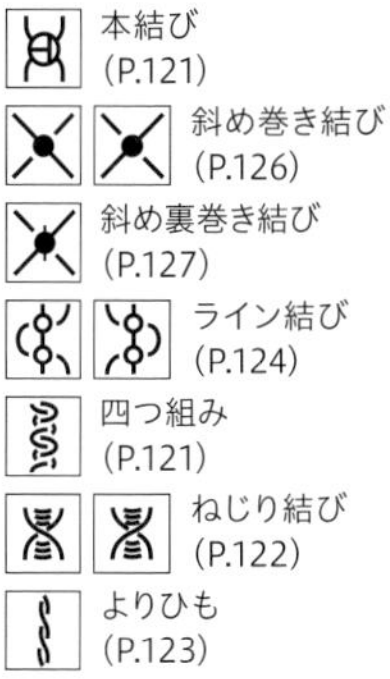

❻ネックレス部分を作る。糸g4本の中心に四つ組みを1cm結ぶ。右上ねじり結び16回、四つ組み18cm、右上ねじり結び16回、よりひもを15cm結ぶ。反対側は右上ねじり結びを左上ねじり結びに変え、左右対称に結ぶ。

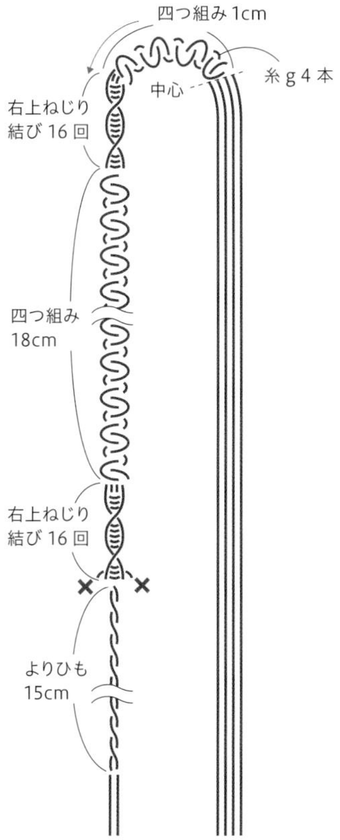

❼両端の 4 本をまとめ、ストッパー部分を結ぶ。

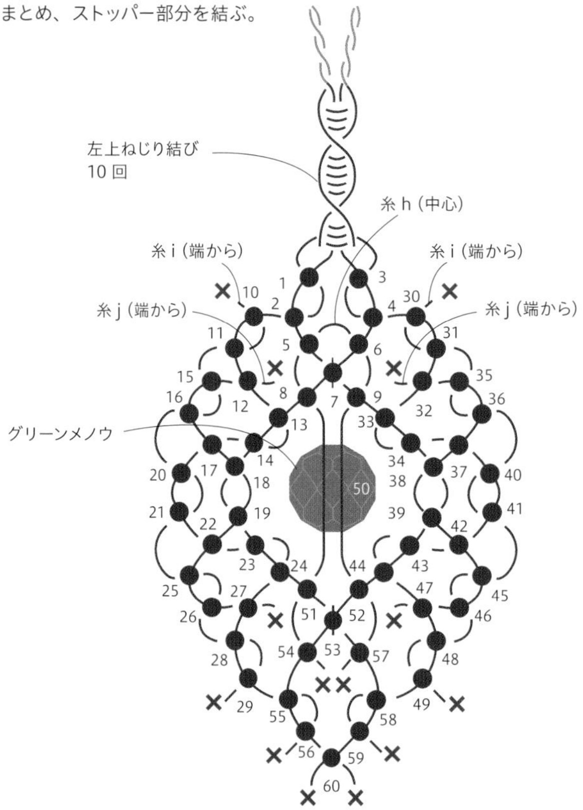

❽糸 k 1 本の中心に、もう 1 本の糸 k で
左タッチング結びを 6 回結ぶ。

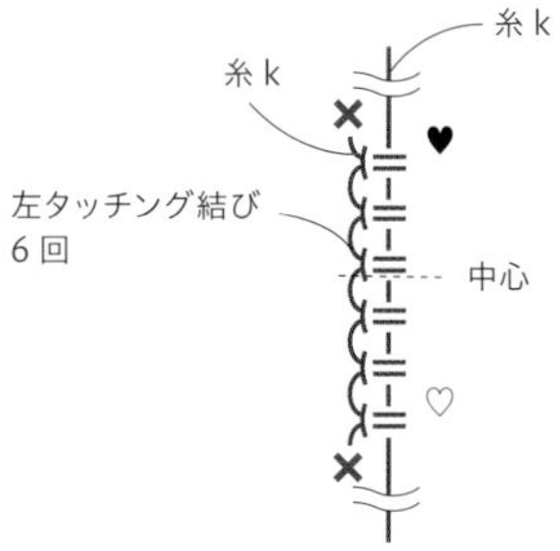

❾よりひも部分を 2 本重ね、❽を巻き付けて本
結びし、糸端をすべて焼き留めで始末する。

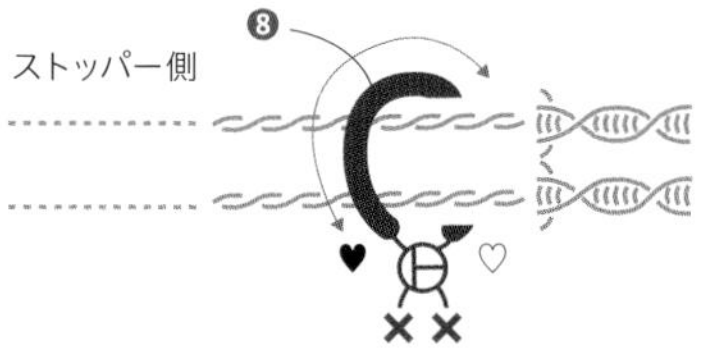

D

P.09

Rectangle ring
ながしかくリング

●サイズ：フリーサイズ
モチーフ縦 2.4 ×横 1.5cm

材料

【D-1】
ワックスコード　0.75mm
コーラルピンク　糸 a 60cm × 1 本
ダークブラウン　糸 b 60cm × 6 本
【D-2】
ワックスコード　0.75mm
セピア　糸 a 60cm × 1 本
オフホワイト　糸 b 60cm × 6 本
【D-3】
ワックスコード　0.75mm
オレンジ　糸 a 60cm × 1 本
グリーン　糸 b 60cm × 6 本
【D-4】
ワックスコード　0.75mm
マリーゴールド　糸 a 60cm × 1 本
ネイビー　糸 b 60cm × 6 本
【D-5】
ワックスコード　0.75mm
オフホワイト　糸 a 60cm × 1 本
コーラルピンク　糸 b 60cm × 6 本
【共通】
リング金具　皿付き　シルバー　1 個
接着剤

D-1

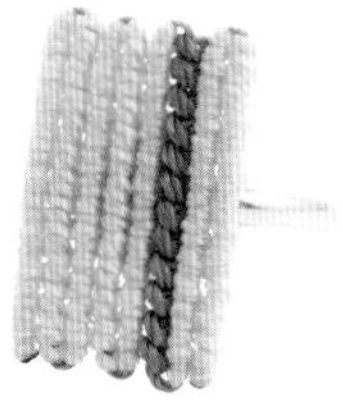
D-2

D-3

D-4

D-5

作り方手順

❶糸 a を固定し、糸 b 6本を芯裏2回の取り付け（中心）で結び付ける。

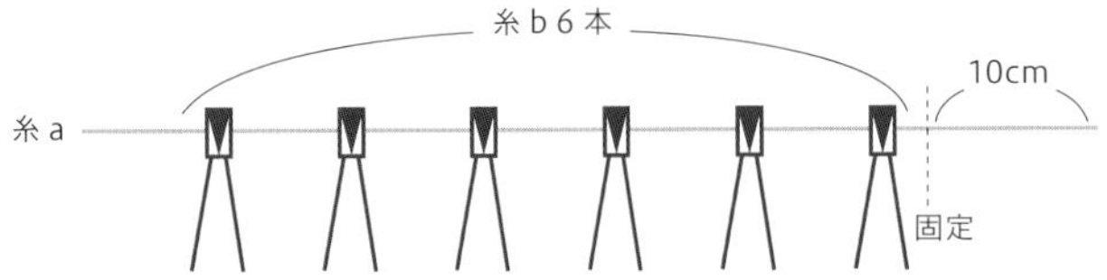

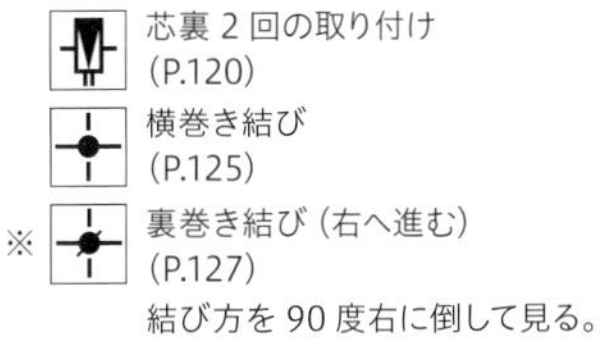

❷芯を折り返しながら横巻き結び1段、芯を縦にした裏巻き結び1段（※）、横巻き結び 5 段を結ぶ。
糸端をすべて焼き留めで始末する。

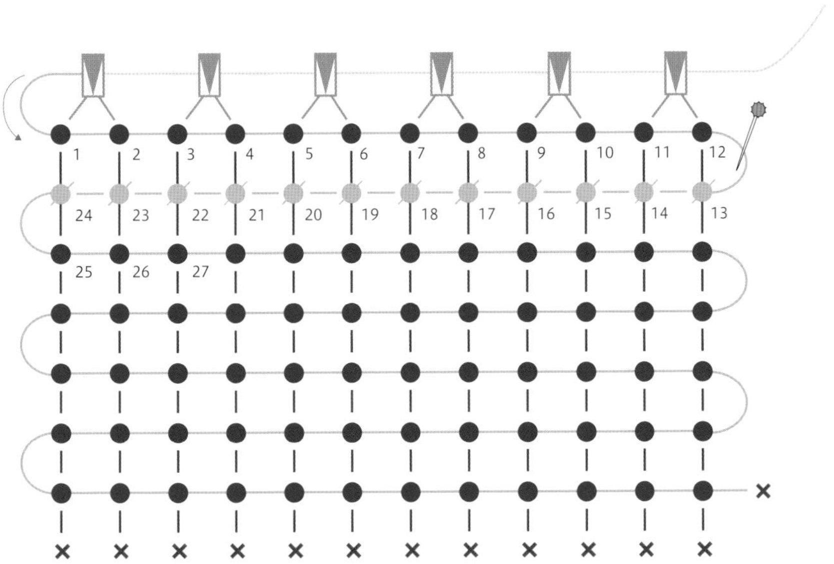

✖ ＝焼き留め

❸リング金具の皿に接着剤をたっぷり付け、❷を貼り付ける。

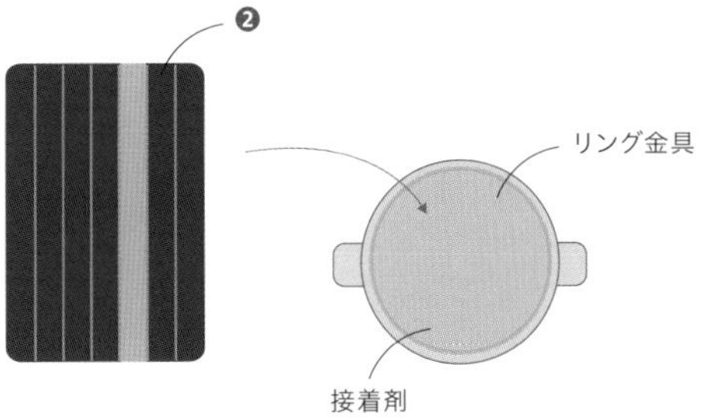

基本の結び方

本書で使用している結び方のテクニックを紹介します。

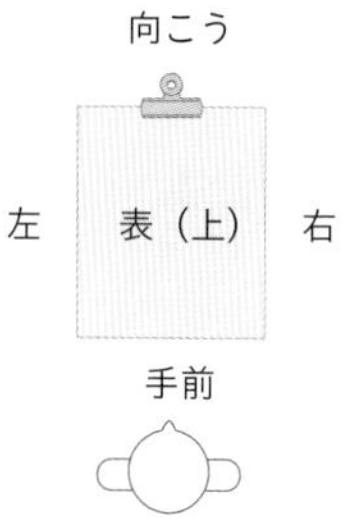

芯表の取り付け

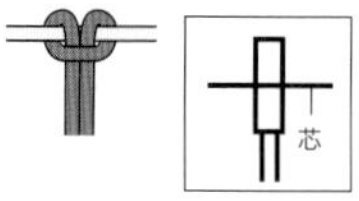

1

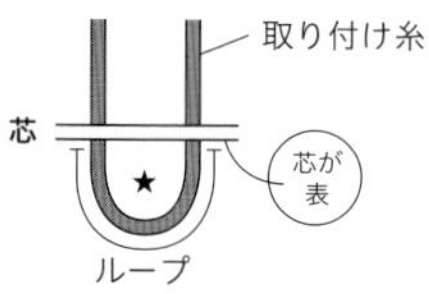

取り付け糸を２つ折りにしてループ（★）を作り、芯を表（上）に配置します。

2

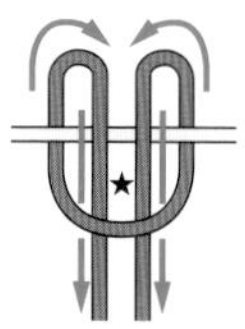

取り付け糸の端を手前に折り曲げ、芯の表からループ（★）の裏に通します。

3

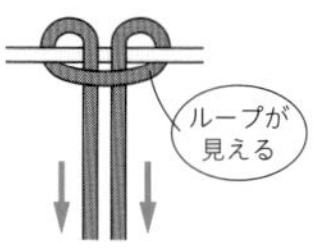

引き締めます。

芯裏の取り付け

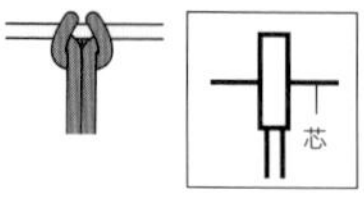

1

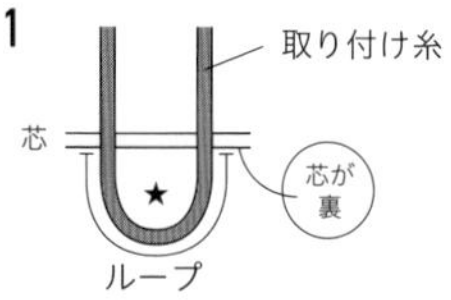

取り付け糸を２つ折りにしてループ（★）を作り、芯を裏（下）に配置します。

2

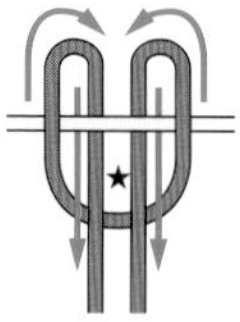

取り付け糸の端を裏に折り曲げ、芯の裏からループ（★）の表に通します。

3

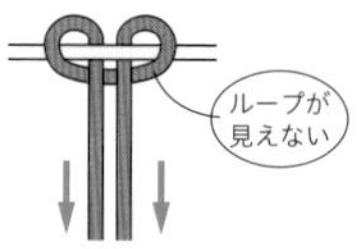

引き締めます。

芯裏2回の取り付け

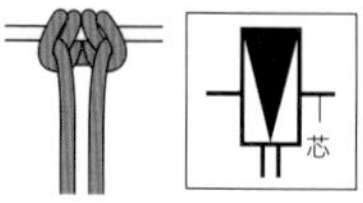

1

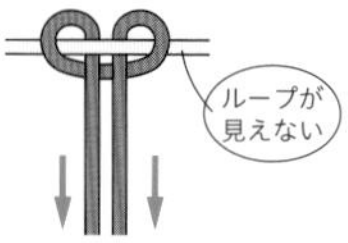

芯裏の取り付けの**3**まで行います。

2

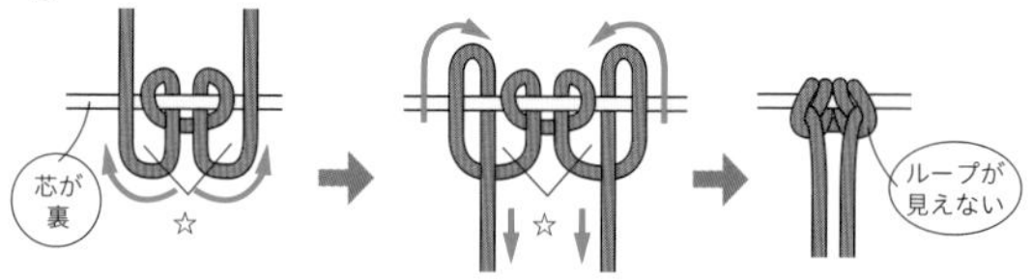

芯の表を通るループ（☆）を作ります。芯の裏からループの表を通し、引き締めます。

芯裏芯表の取り付け

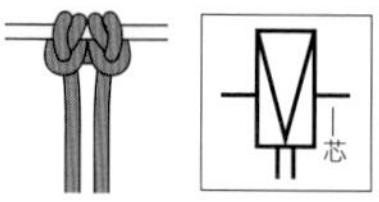

1

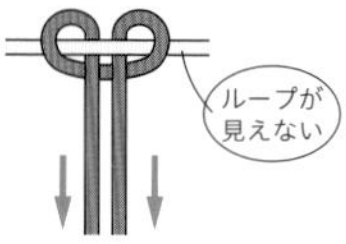

芯裏の取り付けの**3**まで行います。

2

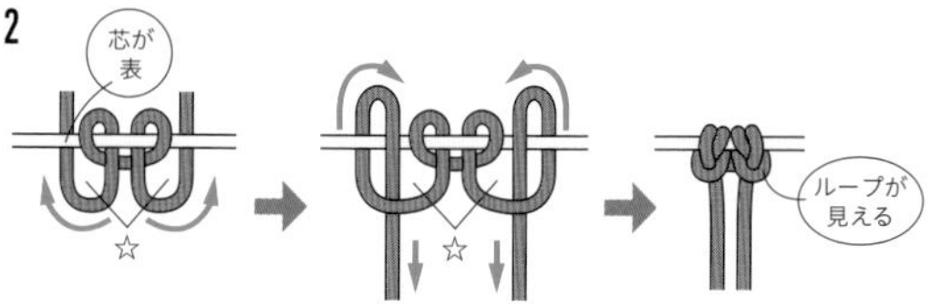

芯の裏を通るループ（☆）を作ります。芯の表からループの裏を通し、引き締めます。

ひと結び

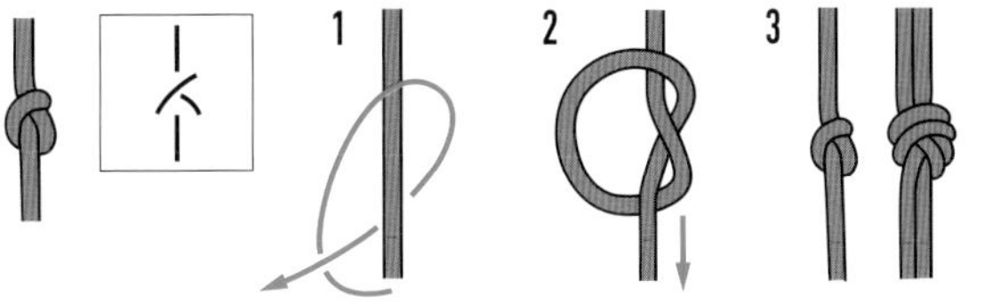

1 ひもをくるりと回して結びます。

2 端を引っ張ります。

3 出来上がり。何本でも同様に結びます。

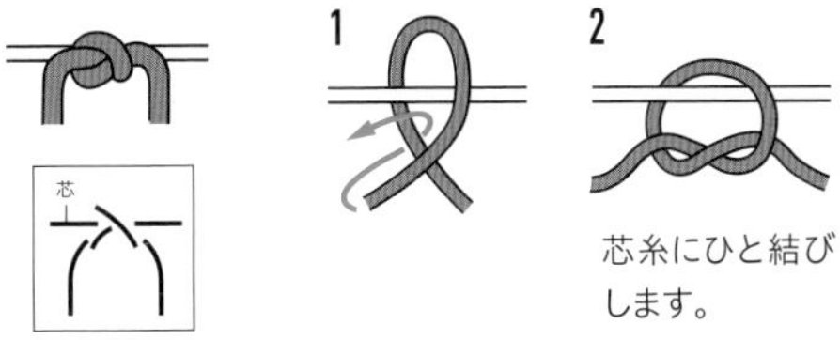

2 芯糸にひと結びします。

本結び

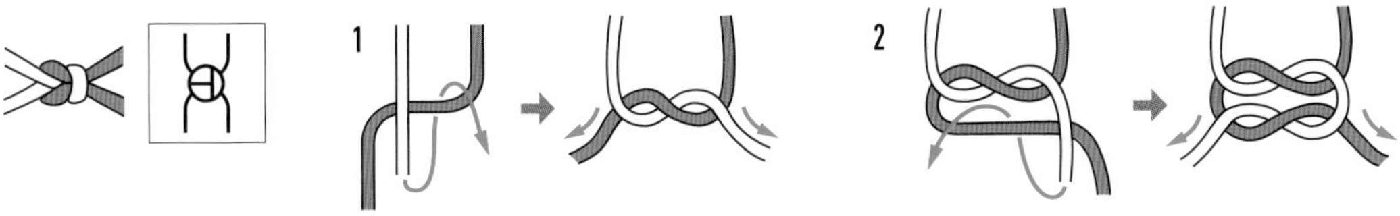

1 左の糸を右の糸に上から絡め、左右に引きます。

2 左右の糸を突き合わせるようにし、右の糸を左の糸に上から絡め、左右に引き締めます。

四つ組み

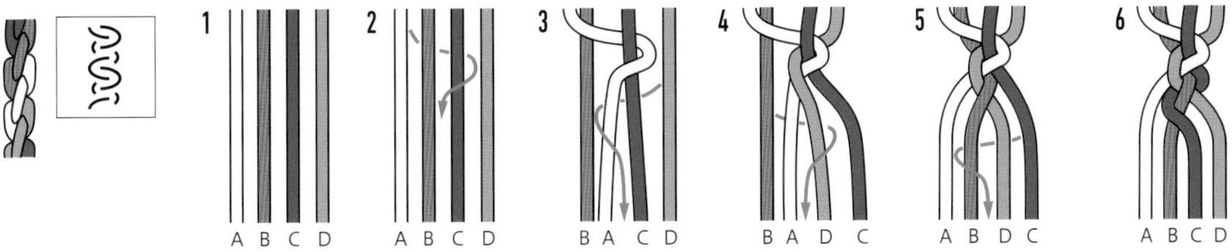

1 糸を4本横に並べます（A B C D）。

2 左の糸Aを中央の2本の下を通して2本めの糸Cにかぶせます（B A C D）。

3 右の糸Dを中央の2本の下を通して2本めの糸Aにかぶせます（B A D C）。

4 左の糸Bを中央の2本の下を通して2本めの糸Dにかぶせます（A B D C）。

5 右の糸Cを中央の2本の下を通して2本めの糸Bにかぶせます（A B C D）。

6 ひと目ごとに引き締めながら、**2〜5**をくり返します。

四つだたみ

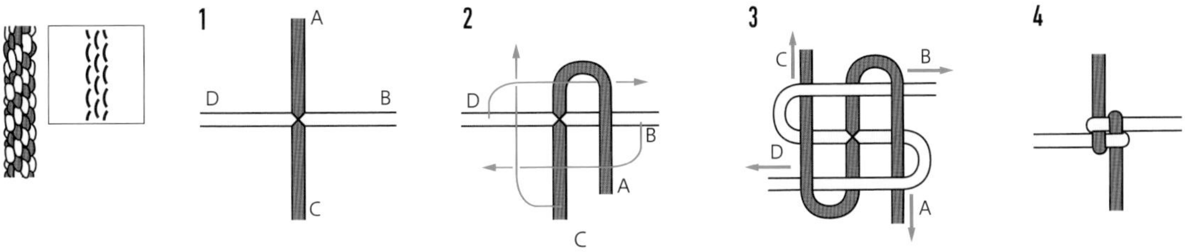

1 糸2本を交差させます。

2 右回りに重ねていきます。AをBに重ねます。続けてBをCに、CをDに重ね、最後のDはAを重ねたときにできた輪に通します。

3 ゆっくりとバランスよく引き締めます。

4 1回結んだところ。**2**、**3**をくり返します。

左上ねじり結び

※芯を張って固定し、結ぶところの裏側に指が入る程度の隙間があると結びやすい。

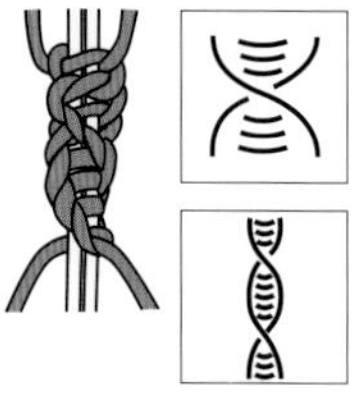

※左上から右下へらせん状にねじれる

1

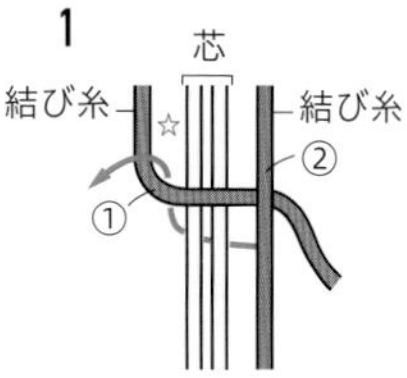

左の糸を右に折って芯にのせ①、右の糸をその上にのせます②。右の糸を芯の裏を通して☆から出します。

2

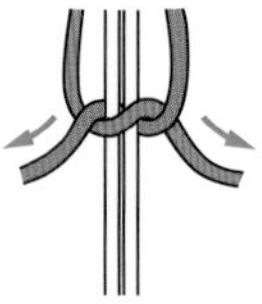

左右の糸を横に引きます。左上ねじり結び1回の完成。**1**と**2**をくり返します。

右上ねじり結び

※芯を張って固定し、結ぶところの裏側に指が入る程度の隙間があると結びやすい。

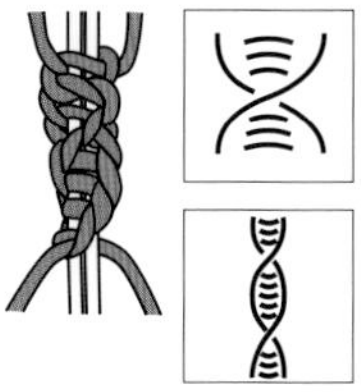

※右上から左下へらせん状にねじれる

1

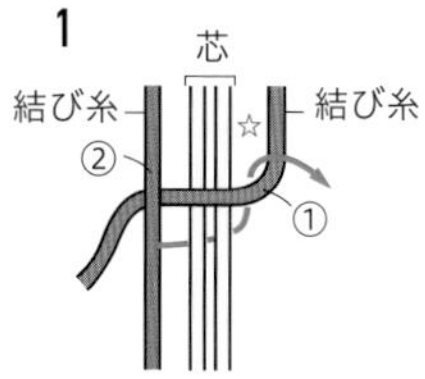

右の糸を左に折って芯にのせ①、左の糸をその上にのせます②。左の糸を芯の裏を通して☆から出します。

2

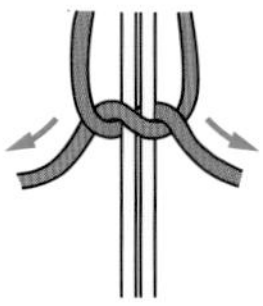

左右の糸を横に引きます。右上ねじり結び1回の完成。**1**と**2**をくり返します。

右上平結び

※芯を張って固定し、結ぶところの裏側に指が入る程度の隙間があると結びやすい。

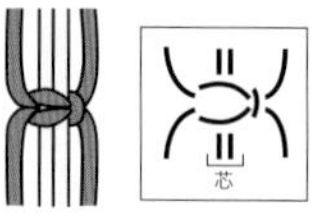

1

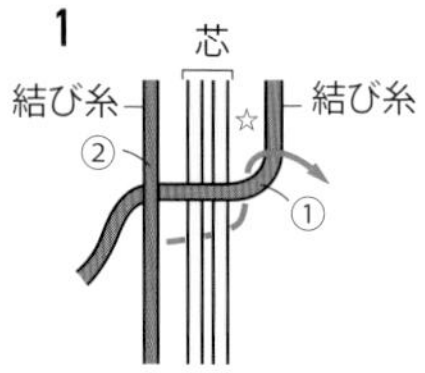

右の糸を左に折って芯にのせ①、左の糸をその上にのせます②。左の糸を芯の裏を通して☆から出します。

2

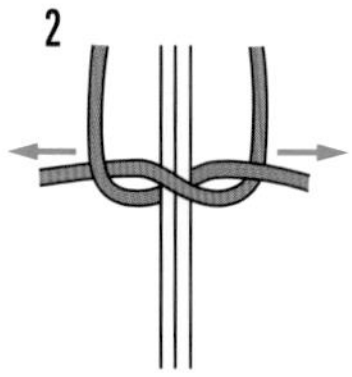

左右の糸を引きます。(ここまでで0.5回と数えます)。

3

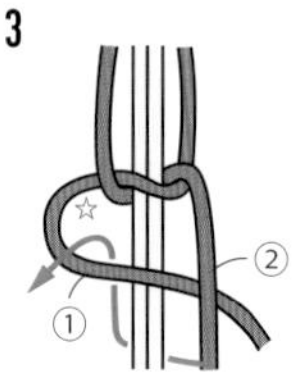

左の糸を右に折って芯にのせ①、右の糸をその上にのせます②。右の糸を芯の裏を通して☆から出します。

4

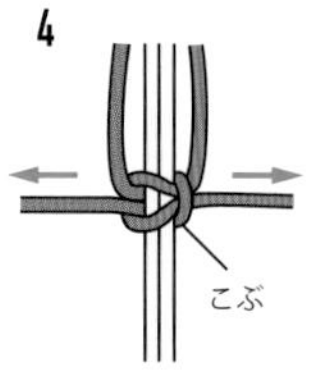

左右の糸を横に引き、ほどけないように引き締めます。右上平結び1回の完成。こぶが右側にできます。

左上平結び

※芯を張って固定し、結ぶところの裏側に指が入る程度の隙間があると結びやすい。

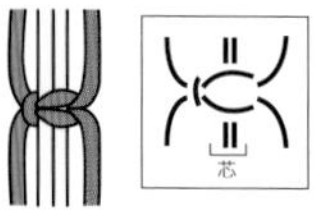

1

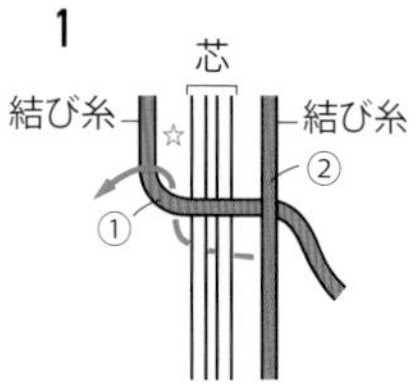

左の糸を右に折って芯にのせ①、右の糸をその上にのせます②。右の糸を芯の裏を通して☆から出します。

2

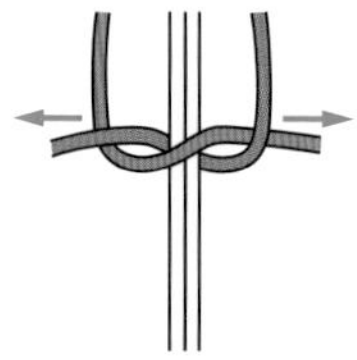

左右の糸を引きます(ここまでで0.5回と数えます)。

3

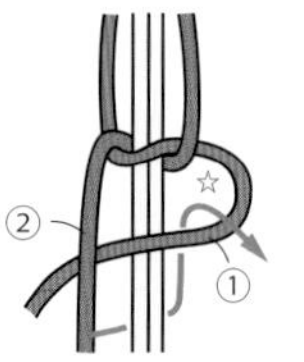

右の糸を左に折って芯にのせ①、左の糸をその上にのせます②。左の糸を芯の裏を通して☆から出します。

4

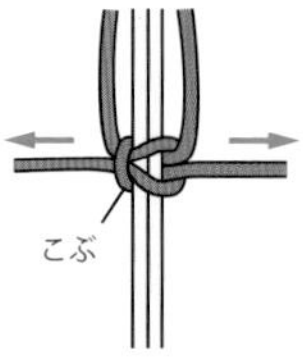

左右の糸を横に引き、ほどけないように引き締めます。左上平結び1回の完成。こぶが左側にできます。

七宝結び

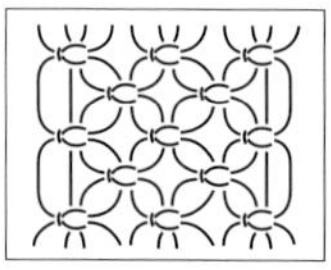

平結びを1段ごとにずらして結び、面を作っていく結び方。

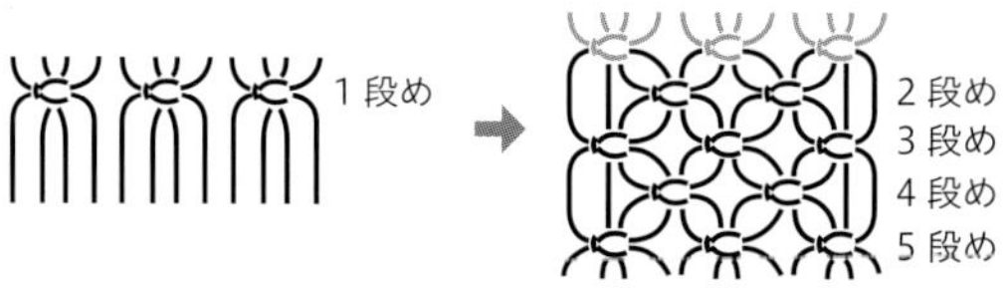

しゃこ結び

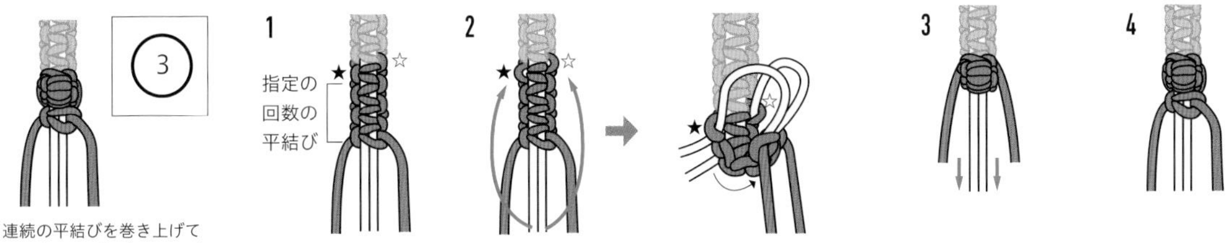

連続の平結びを巻き上げて球状（または輪状）にします。記号図の「3」は平結び3回をしゃこ結びにするという意味です。指定の回数結びましょう。

1 指定の回数で平結びを結びます。
例）3＝平結び3回。

2 指定の回数分の平結びを巻き上げて、1つ前の結び目（図は平結び）にとじ針を使って芯糸を通します。

3 芯を引き、平結びを球状にします。

4 平結びを1回して固定し、完成。

左輪結び

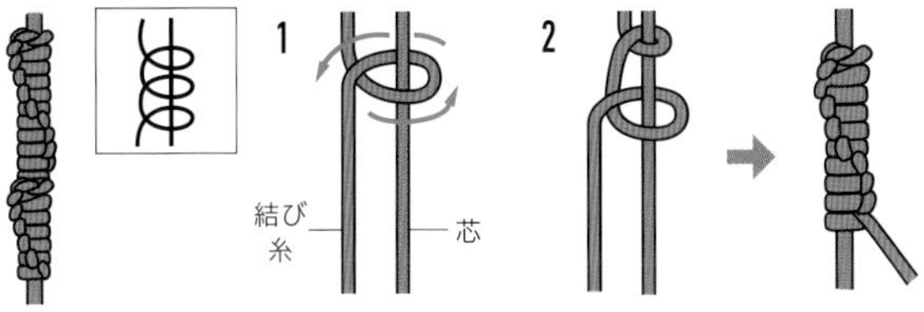

※左上から
右下へ
らせん状に
ねじれる

1 右の糸を芯にし、左の糸を芯の表から裏に巻きます。巻き始めの糸の上を通ります。

2 1回ごとにしっかり引き締めながら**1**をくり返し、らせん状に結びます。らせん状に回転するので途中で糸を交差させます。

右輪結び

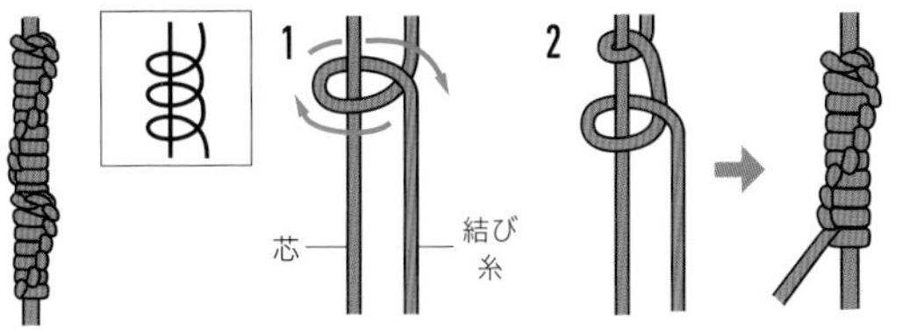

※右上から
左下へ
らせん状に
ねじれる

1 左の糸を芯にし、右の糸を芯の表から裏に巻きます。巻き始めの糸の上を通ります。

2 1回ごとにしっかり引き締めながら**1**をくり返し、らせん状に結びます。らせん状に回転するので途中で糸を交差させます。

左右結び

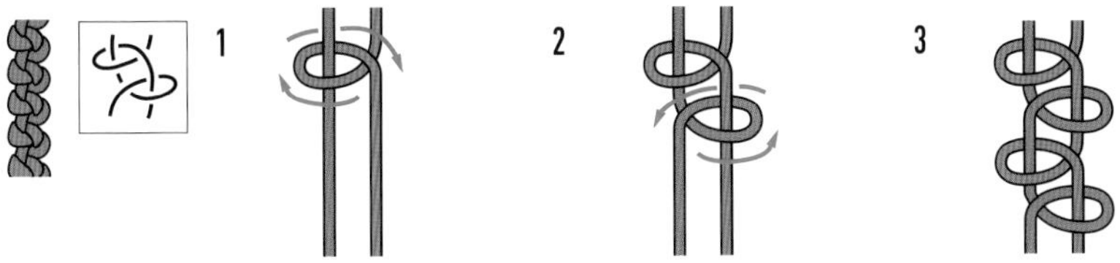

1 左の糸を芯にし、右の糸を芯の表から裏に巻きます。巻き始めの糸の上を通ります。

2 右の糸を芯にし、左の糸を芯の表から裏に巻きます。巻き始めの糸の上を通ります。1回の完成です。

3 **1**、**2** をくり返します。

よりひも

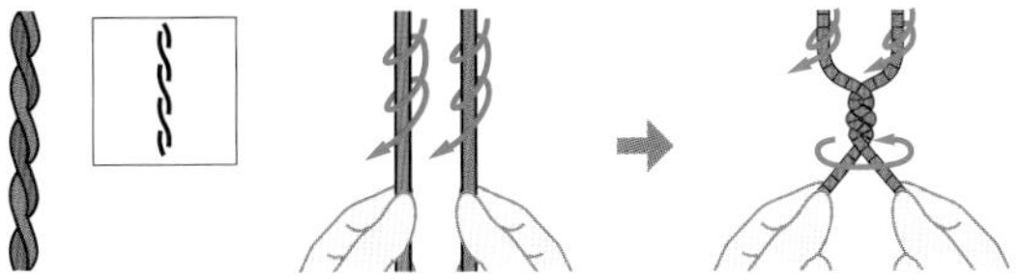

1 左回転で撚られた糸を左右同時に左に回転させて撚りを強くし、左の糸を上にして交差しながら持ち替えます。

2 2本同時に左へ撚って左を上にして、持ち替える動作を指定の長さまで続けます。
※右回転の糸の場合は右に撚ってから右の糸を上にして交差しながら持ち替えます。

ダブルよりひも

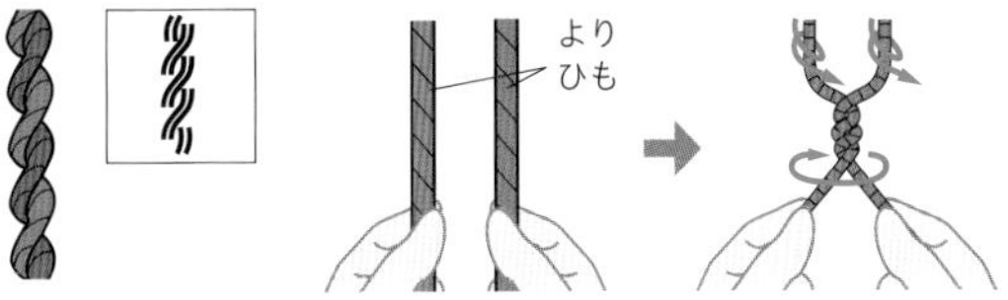

よりひもを2本作ります。
同時に右に撚って右のよりひもを上にて交差し、持ち替えます。
同じ動作を続けて指定の長さにします。

ライン結び（芯が右）

※○1個で1回と数えます。

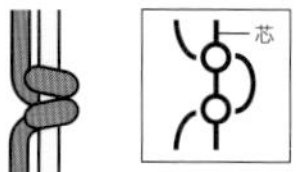

ライン結び
2回の記号図

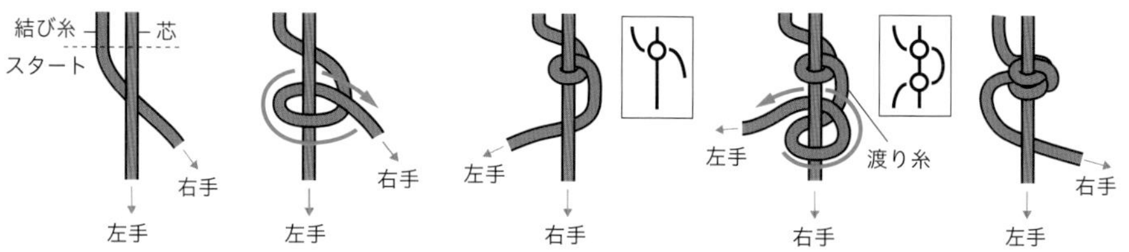

1 芯の裏を通して結び糸を右へ。

2 右側から、芯の表から裏へ１巻きし、始めの糸の上を通して引き締めます。

3 持ち手を替えながら芯の裏を通して左側へ。

4 左側から、芯の表から裏へ１巻きし、渡り糸の上を通して引き締めます。

5 持ち手を替えながら芯の裏を通して右側へ。**2**～**5**をくり返します。

ライン結び（芯が左）

※○1個で1回と数えます。

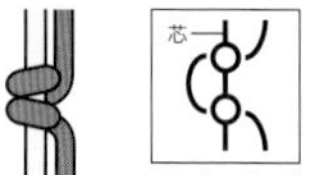

ライン結び
2回の記号図

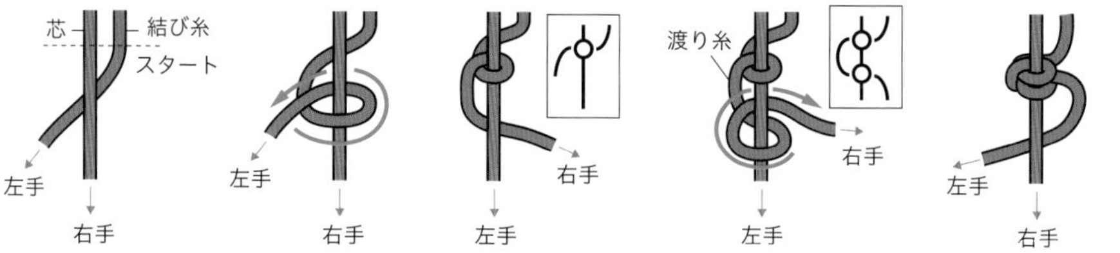

1 芯の裏を通して結び糸を左へ。

2 左側から、芯の表から裏へ１巻きし、始めの糸の上を通して引き締めます。

3 持ち手を替えながら芯の裏を通して右側へ。

4 右側から、芯の表から裏へ１巻きし、渡り糸の上を通して引き締めます。

5 持ち手を替えながら芯の裏を通して左側へ。**2**～**5**をくり返します。

右タッチング結び

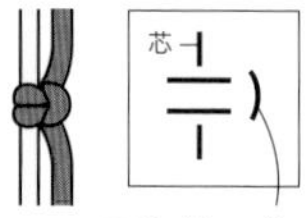

こぶ（ループ）が
右側

1

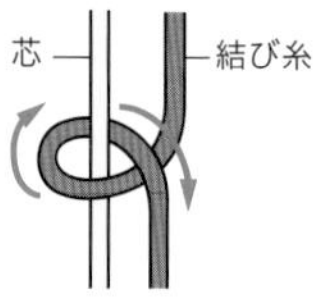

芯の右側に結び糸を置きます。芯に結び糸を表から裏に1巻きし、始めの糸の上を通します。

2

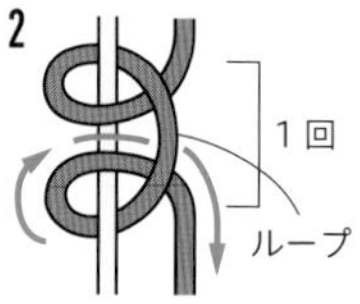

芯の裏から表に１巻きし、ループの裏側に通します。結び目は芯が見えないように引き締め、芯がたるまないように真っ直ぐにすると目がそろいます。

左タッチング結び

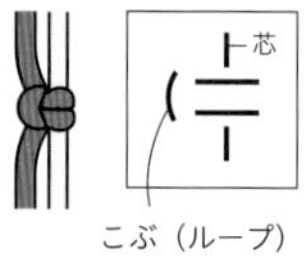

こぶ（ループ）が
左側

1

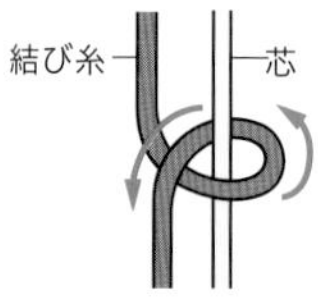

芯の左側に結び糸を置きます。芯に結び糸を表から裏に1巻きし、始めの糸の上を通します。

2

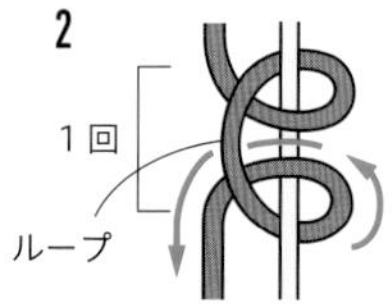

芯の裏から表に1巻きし、ループの裏側に通します。結び目は芯が見えないように引き締め、芯がたるまないように真っ直ぐにすると目がそろいます。

横巻き結び（右へ進む）

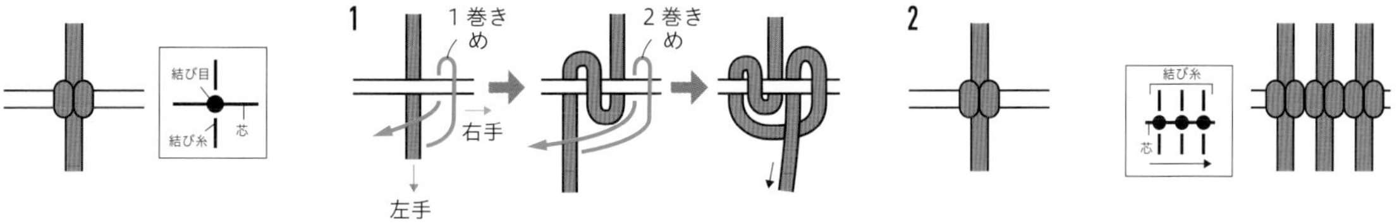

1 芯をピンと張り、結び糸を図のように芯糸に2回巻き付けます。（1巻きめと2巻きめは同じ動き）

2 再び芯をピンと張り、結び糸を引き締めます。

POINT

斜め巻き結びと横巻き結びは角度が違うだけで結び方は同じ

横巻き結び（左へ進む）

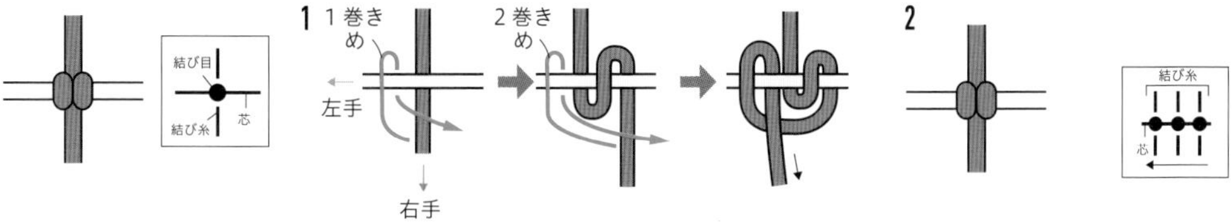

1 芯をピンと張り、結び糸を図のように芯糸に2回巻き付けます。（1巻きめと2巻きめは同じ動き）

2 再び芯をピンと張り、結び糸を引き締めます。

縦巻き結び（右へ進む）

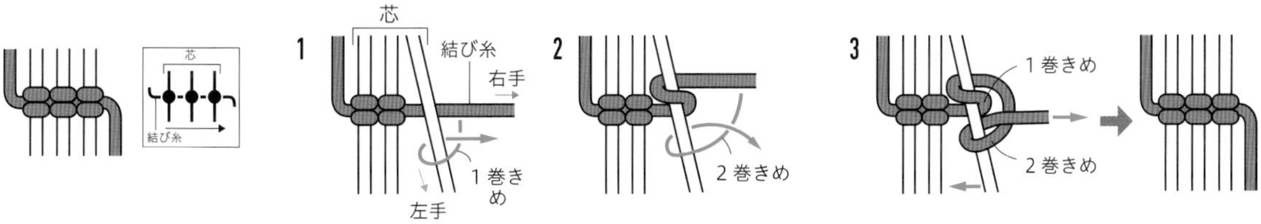

1 芯糸の下に結び糸を置きます。

2 芯をピンと張り、結び糸を図のように芯糸に2回巻き付けます（1巻きめと2巻きめは同じ動き）。

3 芯と結びひもを引き締めます。

縦巻き結び（左へ進む）

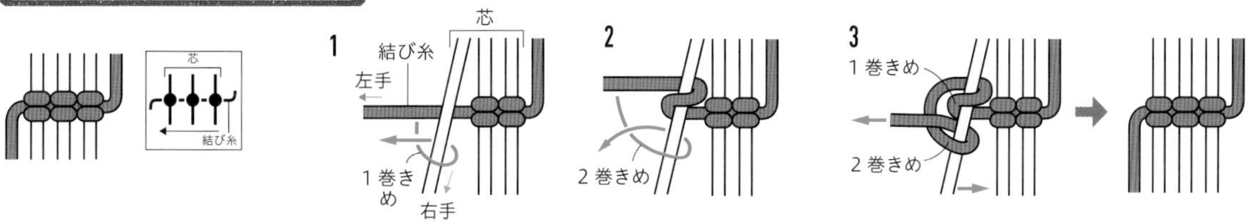

1 芯糸の下に結び糸を置きます。

2 芯をピンと張り、結び糸を図のように芯糸に2回巻き付けます（1巻きめと2巻きめは同じ動き）。

3 芯と結びひもを引き締めます。

斜め巻き結び（右へ進む）

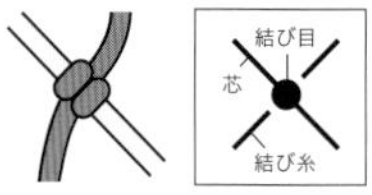

1

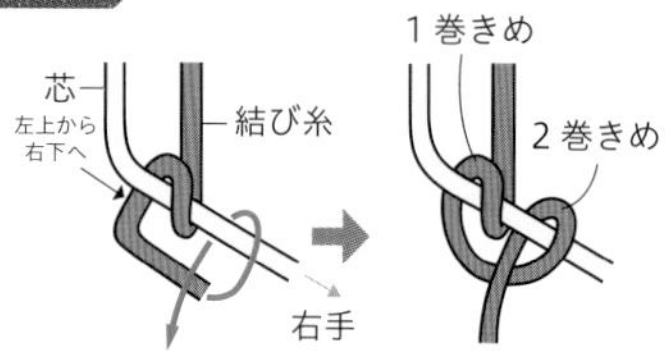

芯を左上から右下へ斜めにして結びます。芯をピンと張り動かさず、結び糸を図のように 2 巻きします（1 巻きめと 2 巻きめは同じ動き）。

2

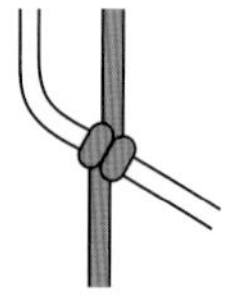

1 回結べたところ。

3

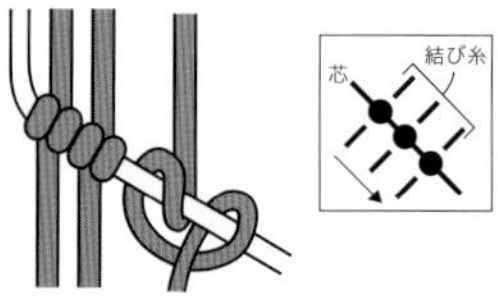

複数回結ぶ場合は左上から右下へ進みます。

斜め巻き結び（左へ進む）

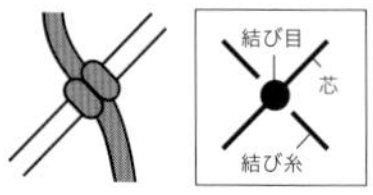

1

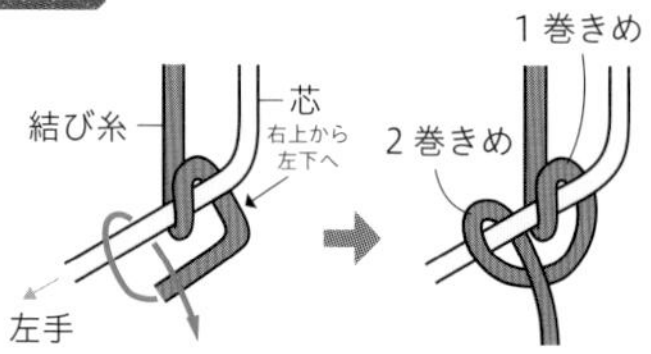

芯を右上から左下へ斜めにして結びます。芯をピンと張り動かさず、結び糸を図のように 2 巻きします（1 巻きめと 2 巻きめは同じ動き）。

2

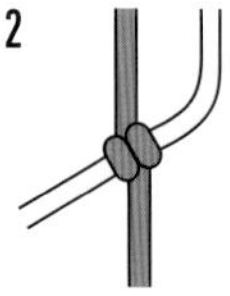

1 回結べたところ。

3

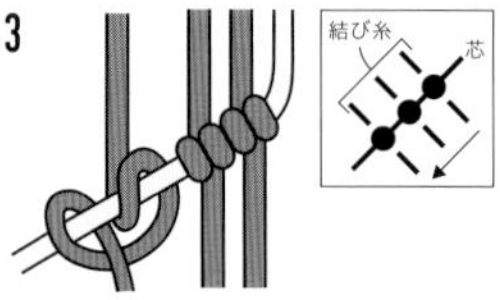

複数回結ぶ場合は右上から左下へ進みます。

巻き結び+1巻き（横巻き結び/右へ進む）

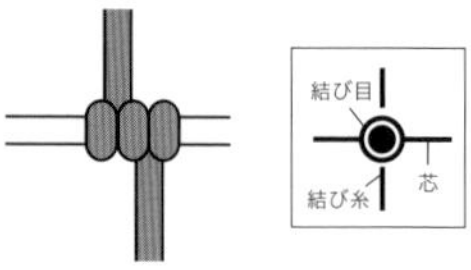

1

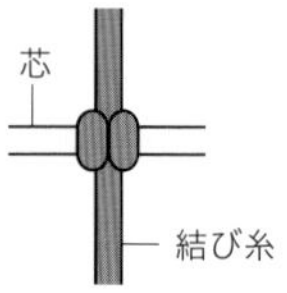

横巻結び（右へ進む）を 1 回結びます。

2

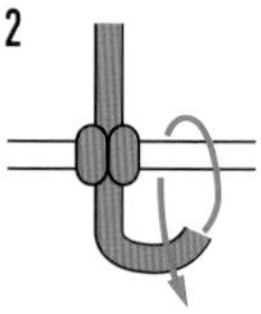

結び糸をもう 1 回巻き付けます。

3

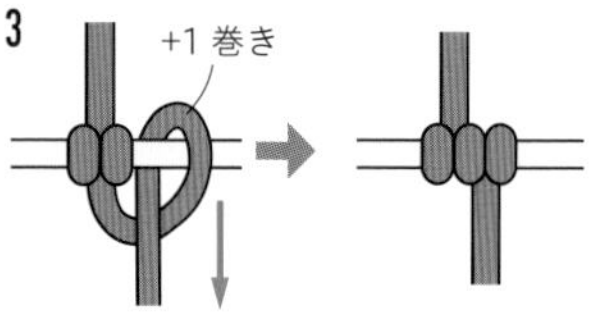

芯をピンと張り、結び糸を引き締めます。

巻き結び+1巻き（横巻き結び/左へ進む）

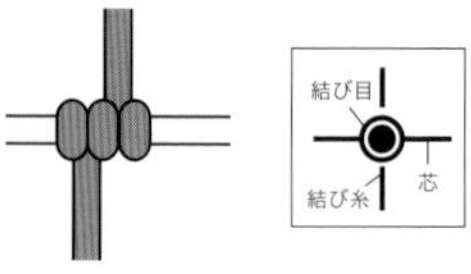

1

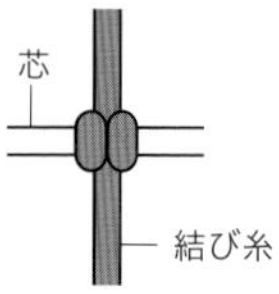

横巻結び（左へ進む）を 1 回結びます。

2

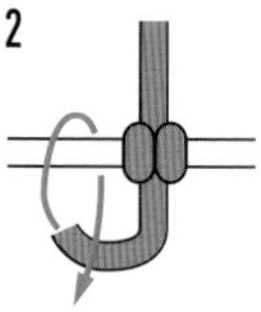

結び糸をもう 1 回巻き付けます。

3

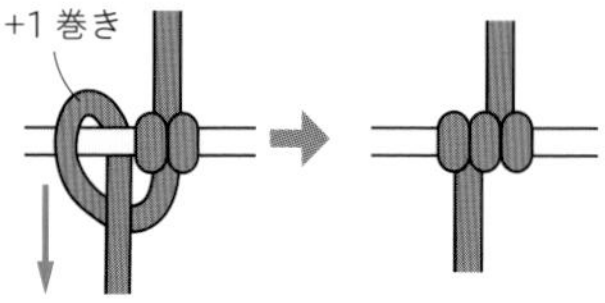

芯をピンと張り、結び糸を引き締めます。

裏巻き結び（右へ進む）

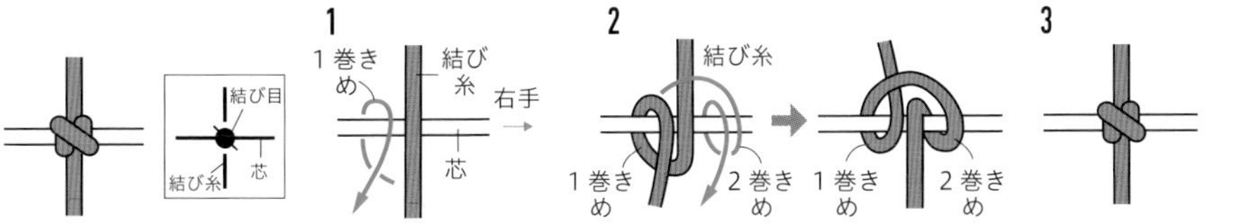

1 芯の上に結び糸をのせ裏から表に1巻きします。

2 1巻きめを引き締めます。2巻きめは最初の糸を越えて裏から表に巻き付けます。

3 結び糸を引き締めます。芯は常に張った状態にします。

斜め裏巻き結び（右へ進む）

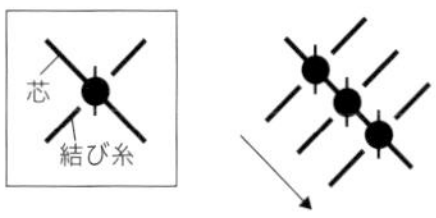

裏巻き結び（左へ進む）

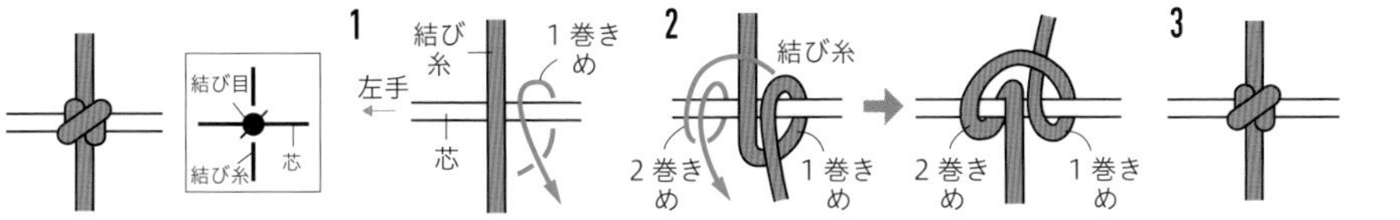

1 芯の上に結び糸をのせ裏から表に1巻きします。

2 1巻きめを引き締めます。2巻きめは最初の糸を越えて裏から表に巻き付けます。

3 結び糸を引き締めます。芯は常に張った状態にします。

斜め裏巻き結び（左へ進む）

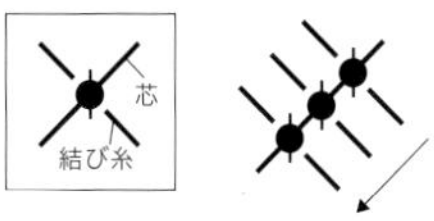

焼き留め

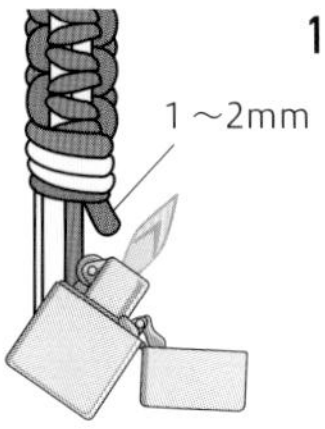

1 結び目を改めてしっかり引き締め、1～2 mmを残してカットし、ライターを傾けて、炎の青い部分の熱で溶かします。火は直接ふれないように注意しましょう。
他の部分が溶けないようによけておきます。
※カットして残す長さが長すぎると、きれいに始末できないことがあります。

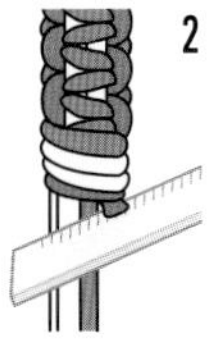

2 素早くライターの本体や金属製の定規などに押し付けるか、指先で整えてなめらかにします。

※3 mm 以上を溶かすときは指先で整えないようにしましょう。

その他のテクニック

カンの開閉

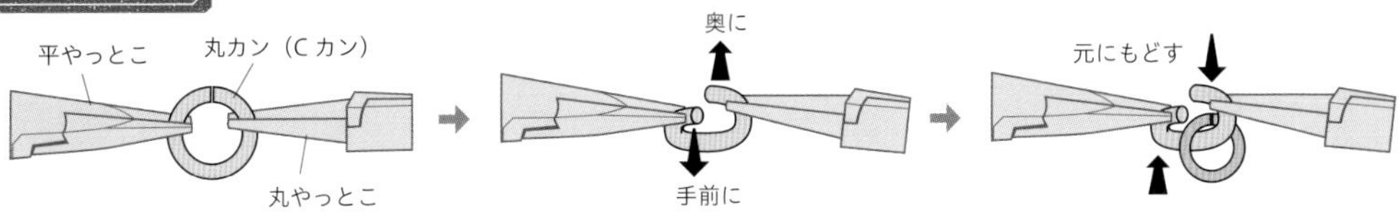

カンの両端を平やっとこではさみ、前後に開閉します。

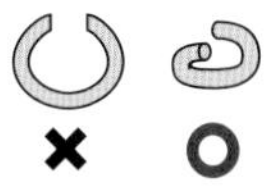

ピンの使い方

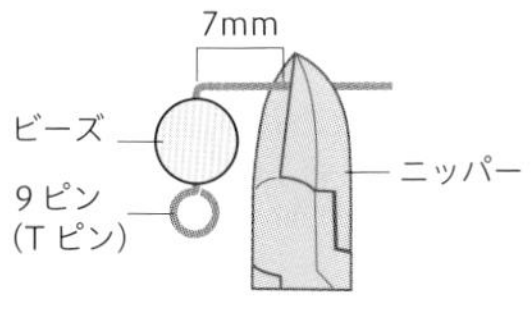

ピンにビーズを通してビーズの際で直角に折り曲げ、7mm 残してカットします。

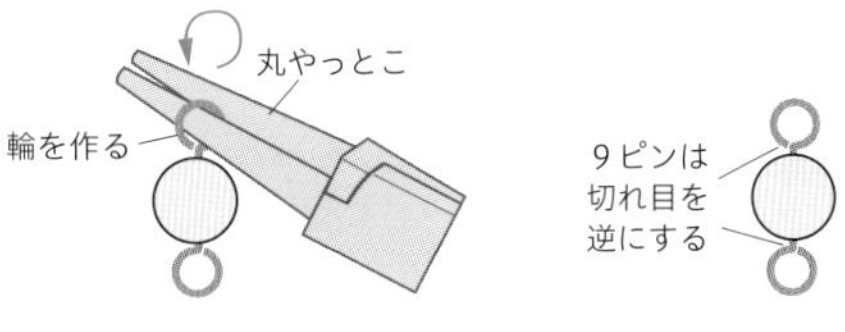

ピンの先端を、手首を上にして丸やっとこではさみ、手首を返して丸めます。

いちむらもとこ（市村幹子）

マクラメ、ワックスコードジュエリー作家

Atelier Ginger 主宰。
マクラメキットの制作や販売を行い、大手ビーズ店のワークショップで講師を務めながら、マクラメ愛好家を増やすべく精力的に活動している。マクラメ編み具 Quadro「クオドロ」で実用新案を取得。【実用新案登録第 3232342】

●オンラインショップ　Waxcord Jewelry 'Quadro'
https://quadromacrame.cart.fc2.com
motoko.ichimura.5
guren.ragan

Staff

撮影	福井裕子　原田真理
スタイリング	木村遥
ブックデザイン	鈴木悦子（プールグラフィックス）
製図・イラスト	渡辺梨里香（Pear Fields）
編集	相澤若菜（Polaris work）

材料協力

※本書の作品に使用しているワックスコード「マクラメワックスコード」【LINHASITA 社　Micro Macrame】に関するお問い合わせは下記まで。
株式会社東京交易
〒 113-0021　東京都文京区本駒込 2-29-22　THS ビル 10 階
TEL：03-6807-9098
http://www.tokyo-koueki.com
●ビーズ X-SENSE　https://x-sense.jp

本書の内容に関するお問い合わせは、お手紙かメール（jitsuyou@kawade.co.jp）にて承ります。 恐縮ですが、お電話でのお問い合わせはご遠慮くださいますようお願いいたします。

マクラメ Lesson Book
結びのモチーフとアクセサリー

2023 年 4 月 20 日　初版印刷
2023 年 4 月 30 日　初版発行

著　者	いちむらもとこ
発行者	小野寺優
発行所	株式会社河出書房新社 〒 151-0051 東京都渋谷区千駄ヶ谷 2-32-2 電話　03-3404-1201（営業） 　　　03-3404-8611（編集） https://www.kawade.co.jp/
印刷・製本	図書印刷株式会社

Printed in Japan
ISBN978-4-309-29281-6

落丁本・乱丁本はお取り替えいたします。